# Así dicho 3

Editorial: BoD · Books on Demand, Calle de Manzanares,
4, 28005 Madrid, bod@bod.com.es

Impresión: Libri Plureos GmbH, Friedensallee 273,

22763 Hamburg (Alemania)


Dirección del festival: Gonzalo Vázquez
Presentación de los autores : Teresa Cuíñas
Transcripción: María del Rosario Bakun
Corrección de los textos: Sergio Gómez
Maquetación y portada: Gonzalo Vázquez


ISBN: 978-84-1373-204-6
Depósito legal: marzo 2025

Gonzalo Vázquez (dir.)

# Así dicho 3

*Actas del III Festival de literaturas hispanoamericanas*
*Paris ne finit jamais*

*París, del 22 al 28 de octubre de 2022*

# ÍNDICE

# La literatura a los pies de la guerra

## FRANCO BERARDI

Conferencia de apertura sobre la literatura en los tiempos de guerra

*Bienvenidos y bienvenidas al Festival de Literaturas Hispánicas «Paris ne finit jamais», que quiere ser de nuevo un punto de encuentro entre la comunidad lectora y algunas de las propuestas de creación y de pensamiento más estimulantes de nuestra contemporaneidad. Durante los días venideros asistiremos a conversaciones y ponencias sugerentes y también acuciantes, como la reflexión obligada sobre la guerra de Ucrania, esa herida que sangra en el mapa de Europa. La contienda bélica es precisamente el punto de partida de la lección magistral con la que el profesor, filósofo y activista italiano, Franco Berardi, inaugura este foro de ideas. Con valentía, Berardi encara la incomodidad de masticar el presente para analizar las causas de esta situación dramática. Halla pautas cercanas al diagnóstico en la patología de esta coyuntura y elabora conclusiones sorprendentes que aluden a un conflicto que va más allá de la política. A continuación, el ejercicio audaz del intelectual nos brinda una oportunidad, una ayuda, para comprender los acontecimientos indeseables desencadenados en esta parte del mundo.*

# FRANCO BERARDI

Buen día. *Ciao!*

El momento en que nos encontramos, sobre todo acá en Europa, en Italia —yo vivo en Italia, en la ciudad de Bolonia—, nos obliga a reflexionar sobre la condición en que nos ha puesto la guerra que están desarrollando en la frontera oriental de Europa. Esta guerra, de cierta manera, está redefiniendo el panorama político, el panorama de nuestra imaginación, de futuro. Pero, al mismo tiempo, nos obliga a reflexionar sobre la herencia cultural que caracteriza la situación europea.

Es difícil definir esta guerra. Es difícil tomar una posición precisa desde el primer momento. Después de la invasión de Ucrania, yo me pregunto a mí mismo qué haría yo si viviera en Kiev, en esos lugares, en una ciudad ucraniana. Me estoy preguntando a mí mismo qué podría hacer, cuál sería la elección. Y me respondo, de una manera muy dolorosa, incierta, que yo no participaría en absoluto en un conflicto como la guerra para defender los valores de la libertad, de la democracia, todas estas palabras mayúsculas y falsas. Pero probablemente combatiría para defender mi casa, mis libros, mis amigos, las personas que amo. Por enésima vez, la guerra, provocada por la invasión rusa, provocada también por treinta años de maniobras americanas de provocación contra los intereses estratégicos rusos, por enésima vez, esta guerra nos obliga a enfrentarnos a una elección imposible: matar o ser matados; destrozar o ser destrozados.

No estoy acá para recapitular la historia de los últimos treinta años, después de la disolución de la Unión Soviética, después de la decisión de abandonar el Imperio, después de la premisa informal de los americanos de nunca expandir [...] y toda esa historia de mentiras. No estoy para contar eso porque me parece una historia que ya hemos visto suficiente, una historia que demuestra que nuestra civilización, la civilización europea, está profundamente marcada por una locura, por una especie de psicopatía que se manifiesta muchas veces. Byung-Chul Han es el nombre de un profesor chino que enseña en la Universidad de Pekín y que enseña literatura alemana en la Universidad de Beijing. He leído una entrevista suya que apareció en una revista italiana hace unos meses. Conoce —desde el interior— la evolución cultural de los últimos siglos de la cultura europea, y dice en esta entrevista: «Vuestro *Sturm und Drang* ha cansado a todos. Vosotros, europeos, que siempre pensasteis ser los fundadores de la evolución moderna, que siempre pensasteis ser los descubridores de los grandes valores de democracia y de libertad, de los que tanto se habla en vuestra literatura y en vuestros discursos, vosotros en un siglo habéis sido la causa de tres catástrofes mayores: en 1914, en 1939 y hoy, por tercera vez, los "valores superiores" de la civilización europea se han demostrado por lo que son: factores de destrucción, de violencia, de muerte».

Este es un poco el punto de vista de un profesor chino que conoce la cultura europea y, particularmente, la cultura alemana: el Romanticismo, los valores de libertad y de heroísmo. *Libertad, heroísmo:* dos palabras sucias, dos palabras que significan 'supremacismo, violencia, muerte, agresión, explotación'. Es así. Es la verdad. Y cuando hablamos de *libertad* siempre olvidamos reconstruir la historia cultural de esta palabra que emerge de la historia de la cultura, sobre todo con el humanismo europeo del siglo XV, cuando Pico della Mirandola, filósofo italiano, nos recuerda que Dios en un cierto punto permitió a los hombres y a las mujeres actuar fuera de un plano providencial, según su libre albedrío, según su libre decisión. Pero, cuando hablamos de libertad, siempre olvidamos considerar que la libertad no es ilimitada. La libertad existe en el interior de la potencia. Es la potencia que tenemos la que define nuestra posibilidad libre de actuación. Parece la historia del Romanticismo moderno, del que el nacionalismo es un producto. Parece que la libertad no tiene límites. Es un concepto de la limitación, de la libertad. Es un concepto muy peligroso, falso, en el fondo. Yo no tengo la libertad de lanzarme del quinto piso de mi casa. Sí, la tengo, pero me mato. Entonces, mi potencia de saltar de la ventana del quinto piso no me permite saltar, efectivamente, porque me muero. Es nuestra potencia la que define los límites de nuestra libertad.

El problema de la libertad se ha puesto en la modernidad como un problema siempre definido por una voluntad de poder, la voluntad de poder que pretende romper la potencia afectiva. Pero esta contradicción entre la potencia real y la voluntad es una contradicción que marca profundamente la cultura europea, la cultura blanca, que pretende una libertad sin límites y que produce una catástrofe ininterrumpida que hoy se manifiesta como un peligro extremo en la historia de la humanidad. La geología de libertad sin límites ha producido la devastación del mundo, de la naturaleza, la destrucción de las relaciones sociales desde el interior del mundo neoliberal y hoy está produciendo una nueva guerra mundial de la que estamos pagando las consecuencias. Nosotros, los pueblos, las poblaciones europeas, las poblaciones de todo el mundo, estamos pagando ya los gastos, los efectos, de esta guerra. Y me parece que vamos a pagar un precio probablemente aún más alto en los próximos tiempos. ¿Qué tan alto? No lo sabemos.

Yo estoy intentando analizar esta coyuntura desde un punto de vista que no es esencialmente político, porque la política no me ayuda a entender lo que está pasando. Me ayuda mucho más la psicopatología porque a lo que estamos asistiendo en este período es el efecto de desencadenamiento de algunas formas de psicopatología, de sufrimiento mental, que se vuelve de forma agresiva. Veamos la cara al señor Joe Biden, el presidente de los Estados Unidos, en el día en que fue obligado a declarar que los Estados Unidos dejaban, partían de Afganistán. Este discurso, del que yo me acuerdo muy bien porque lo he visto muchas veces para entender, me pareció el discurso de un viejo hombre que sufre por su impotencia. La impotencia es una figura política, psíquica, literaria, muy importante, si intentamos analizar lo que está pasando en la cultura europea occidental, en general. La impotencia. La reacción de Biden era la reacción de un hombre que está obligado a bajar la cabeza frente a fuerzas que no se pueden dominar, pero, como tal vez pasa con los viejos impotentes, en el momento sucesivo hay una reacción furiosa, de agresividad. A mí me parece que la decisión occidental de presionar, de provocar una reacción simétrica, desde el punto de vista del otro viejo impotente que se llama Vladimir Putin, esta decisión es necesariamente una decisión psicopática, el efecto de la humillación producida por la impotencia. La humillación, la impotencia, caracteres psicóticos profundos de la cultura blanca de los últimos siglos. No podemos entender la formación del nazismo, del nazismo de Putin, del nazismo de Biden como del nazismo de Hitler, si no pensamos en términos de humillación.

Hay un filósofo judío alemán que se llama Günther Anders que analizó, de manera muy precisa e interesante, este sufrimiento, esta humillación. En sus obras, en sus escritos, muy grandes, Anders dice que la génesis del nazismo de los años 20 y 30 se puede explicar en términos de reacción contra una humillación profunda. Y en los años 60, Anders escribe en sus libros como «Humanidades anticuadas» [título en español: *La obsolescencia del hombre* (N. del E.)] y otros, sobre los años 70, sobre la presión que en él produjo la experiencia de Hiroshima, de Nagasaki, de la bomba nuclear. Frente a la bomba nuclear, Anders dice: «Los hombres, la inteligencia de los humanos ha producido una fuerza que aniquila nuestra voluntad y nuestra potencia. Frente a la bomba nuclear no podemos hacer nada. Es un producto de nuestra inteligencia, pero nuestra inteligencia se encuentra impotente frente a esta arma». Hiperpotencia. Anders, en los años 70 dice también que el nazismo fue como una primera prueba, como una primera manifestación de algo que sigue existiendo en la posibilidad, en la probabilidad del futuro. ¿Hasta cuándo los humanos se encontrarán en una situación de impotencia y de humillación frente a sus propias realizaciones? El peligro de una vuelta del nazismo sigue existiendo. Lo que yo me pregunto es si puede ser que nos encontremos en un momento previsto, predicho, por Günther Anders. Cuando nuestra impotencia y nuestra humillación producen una nueva voluntad de destrucción total, no hay duda de que la agresividad es la agresividad esencialmente nacionalista, fascista. La del régimen ruso es la manifestación de una humillación a largo plazo.

He leído, en los últimos meses, una obra de la premio nobel Svetlana Aleksiévich, una escritora ucraniana que cuenta en sus libros la larga humillación y empobrecimiento de la población de la Rusia postsoviética. Particularmente en un libro que se llama «Tiempo de segunda mano» o *Tempo di seconda mano*, no sé si hay una traducción en castellano [título en castellano: *El fin del «Homo sovieticus»* (N. del E.)]. *Second-hand Time* es en inglés. Bueno, algo similar. Este es un libro fantástico donde Svetlana Aleksiévich nos cuenta de las charlas que se pueden encontrar en las calles de Moscú. Nos cuenta el sentimiento de humillación, de sufrimiento y de empobrecimiento no solo material, sobre todo material, pero támbien psíquico, de la mayoría de los rusos. La humillación de los alemanes después del Tratado de Versalles de 1919 que llevó a la victoria de Hitler. La humillación del pueblo ruso llevó a la afirmación de Putin. Putin no es un fenómeno de locura individual o de agresividad puramente política, es la manifestación de un sufrimiento psíquico, de una patología profunda, que la agresividad económica del neoliberalismo desencadenado en los años 90 de la Rusia postsoviética produjo en la psique de los ciudadanos rusos que hoy en su mayoría siguen soportando, apoyando, la aventura criminal de Vladimir Putin. Pero esa aventura criminal no se puede discutir abstractamente. No se puede discutir sin analizar las causas conscientes que produjeron la humillación y la patología de los rusos. Así, para mí, si queremos hablar de esta guerra tenemos que hablar de una patología de la feminidad blanca en su conjunto. La senescencia de la raza blanca. Ese es un aspecto profundo, fundamental, de la crisis que estamos viviendo. La senescencia de la raza blanca que sigue siendo animada por el espíritu juvenil del Romanticismo, del *Sturm und Drang* alemán o del futurismo italiano o del futurismo ruso. El futurismo vuelve hoy, pero es un futurismo de los viejos.

Cuando leo la prensa italiana, francesa, cuando leo las palabras de «intelectuales» me parece leer las palabras de alguien que desea ser tan potente, que desea ser tan ilimitado como la mitología del futurismo de hace cien años, del futurismo de Marinetti, del futurismo del comienzo del siglo XX. Fue un futurismo agresivo de los jóvenes, la población europea, italiana, población mayoritariamente joven, que se preparaba, iba, hacia la posibilidad de una expansión. Expansión imperial, colonial, económica, política... Hoy la expansión se ha acabado. Esa es la verdad. El crecimiento sin límites que el capitalismo neoliberal pretende imponer al mundo no es posible. *Crecimiento* hoy significa 'devastación absoluta de la naturaleza, devastación de las energías, de los recursos nerviosos de la mente humana'. La raza blanca se está agotando. La raza blanca tiene que desaparecer de la historia del mundo. Esta es la verdad. Es una verdad tendencial que no somos capaces de aceptar, que no somos capaces de elaborar. El fascismo, el nazismo que se está expendiendo en Europa, en una gran parte del mundo, es un efecto de un desesperado intento de oponer, de subvertir, de revertir un proceso de envejecimiento, de agotamiento que, por su parte, es inevitable. Cuando leo la literatura europea de estos días (y no solo de la europea o americana), autores como Jonathan Franzen, para hablar de los Estados Unidos, me parece leer el testimonio, la prueba dolorosa, solo parcialmente consciente, de un agotamiento que se está desarrollando. Y que todas son formas de una depresión masiva, de una depresión que puede volverse suicida o agresiva. La depresión es el verdadero argumento de la literatura blanca contemporánea. Un libro como el de Houellebecq. Pienso en este sentimiento de agotamiento inevitable que no somos capaces de elaborar intelectualmente, filosóficamente, poéticamente. No somos capaces de elaborar nuestra relación con la muerte. Houellebecq es un gran escritor de nuestro tiempo. A mí me encanta. Entre otros, es el autor que mejor ha expresado este sentimiento de autodesprecio de la cultura occidental, un autodesprecio vinculado a una incapacidad de enfrentar la depresión. Cuando leo a Jonathan Franzen, otro autor que me gusta, que leo mucho y que me ayuda a entender lo que está pasando, la profundidad de la psique, de la psicoesfera occidental. Cuando leo a Jonathan Franzen, me doy cuenta de que el problema es el mismo, es la elaboración de una depresión producida por la conciencia o por la inconsciencia de un agotamiento inevitable.

El problema es que la cultura blanca no logra elaborar su propia depresión, su propio agotamiento, y el efecto es que vamos hacia un suicidio de la raza blanca que está desafortunadamente en riesgo de transformarse en un suicidio de la humanidad en su conjunto. Los blancos, si puedo utilizar esta expresión, que me disgusta porque con la expresión «raza blanca» no estoy definiendo nada que exista verdaderamente; es una mitología, una ilusión que produce un efecto imaginario y político muy tenebroso, muy destrozador. La autodefinición de la raza, de una raza que no existe en la naturaleza, pero que existe en la mitología, el efecto de este agotamiento es perecer. Muera Sansón con todos los filisteos. Muera Sansón blanco con todos los otros habitantes de nuestro planeta. Yo creo que la cultura que tenemos que producir sería una cultura de aceptación de resignación, si puedo utilizar esta expresión que me viene de la cultura católica, de la cultura cristiana: *resignación*. La prensa americana utiliza la expresión *resignation* para expresar algo que no es: es y no es. La *resignation* de los americanos significa que los jóvenes han parado de trabajar: «No queremos trabajar por un salario de mierda». Las mujeres de todo el mundo me parece que han decidido parar la producción del mundo: «No queremos producir inocentes para las guerras del futuro, para el infierno del cambio climático». No, pero creamos deserción. Esa es la palabra que puede ayudarnos a salir de nuestra psicopatía asesina, suicida y asesina: DE-SER-TAR. Desertar, como hacen muchísimos jóvenes rusos; desertar, como hacen muchos —menos, claro— jóvenes ucranianos. Los que yo más respeto son los desertores. Desertamos. Gracias.

# Un lenguaje que limita, un poema que se expande

**MARIO MONTALBETTI • CHUS PATO**

Conducido por **José Ignacio Padilla**
(Universidad de Princeton, Estados Unidos)

*Protegidos los tres por sus respectivas bibliotecas, la poeta española en lengua gallega, Chus Pato, y el poeta peruano, Mario Montalbetti, conversan con el escritor y también peruano especialista en literatura latinoamericana, José Ignacio Padilla, para esta tercera edición del festival «Paris ne finit jamais». La agudeza del moderador consigue tejer complicidades entre voces aparentemente tan distantes como la del catedrático de Lingüística y de la profesora de Geografía, que comparten cronología, pero que no se sienten parte de ninguna generación literaria. Llevados por sus observaciones, Pato y Montalbetti «se ensucian las manos» —como bromea Padilla con ellos dos— para despojarse de cualquier interés por las lenguas —objetos históricos, concretos y cambiantes— y enarbolar, en cambio, la pasión compartida por el lenguaje —objeto biológico— que dota a los seres humanos de una capacidad tan revolucionaria como la de hacer preguntas.*

JOSÉ IGNACIO PADILLA: Vamos a tener una conversación —van a tener una conversación— los poetas Chus Pato y Mario Montalbetti. Primero, me gustaría decir unas poquísimas palabras sobre ambos, aunque ya son muy conocidos. Chus ha publicado una decena de poemarios a lo largo de estos años. Entre ellos, creo que destacan especialmente *m-Talá* y *Secesión*. Ella ha recibido el Premio Nacional de la Crítica Española y es una muy reconocida poeta gallega-española —sobre esos matices siempre podemos hablar más adelante—. La publicación de su poesía reunida está en marcha ahora; han aparecido ya dos volúmenes en la editorial Ultramarinos con traducción al castellano. Su obra se ha publicado en varios países y se ha traducido a diferentes lenguas. Ha circulado por Argentina, Chile, Portugal, Francia, Canadá, Holanda, etc. Y —un dato extra— Chus es parte de la Real Academia Galega. Mario Montalbetti es bastante coetáneo con Chus; si no me equivoco, tienen una diferencia de dos años. También ha publicado una decena de poemarios ya. Su obra también se ha reunido: está en *Poesía reunida*. Aquí se ha publicado en México y en España. Han aparecido antologías suyas en Argentina y Ecuador. En los últimos años, Mario está oscilando entre el verso y el ensayo, en la medida en que ha publicado ensayos como *Cualquier hombre es una isla*, pero también en la medida en que sus últimos libros son difíciles de clasificar. Hay una oscilación entre el verso y el ensayo; por ejemplo, en libros como *Cajas*, *Notas para un seminario sobre Foucault* o *Sentido y ceguera del poema*. Mario es catedrático de Lingüística en Lima y dirige la revista *Hueso Húmero*. Y, bueno, esta tarde estamos convocados para conversar un poco sobre la creación poética y, como es un tema tan amplio y que se puede tomar desde tantos puntos de vista, yo había pensado en empezar con algunas preguntas muy abiertas, muy genéricas, simplemente para arrancar y ver por dónde nos lleva la conversación, ver si funcionan o no funcionan. Y pensaba en ir un poco de cuestiones más abiertas, generales —incluso históricas, biográficas— para ir acotando a cuestiones más precisas, poéticas, de versos, de escritura. ¿Eso les parece bien?

CHUS PATO: Sí, sí, a mí sí.

JOSÉ: Muy bien. Entonces, podemos empezar, quizá, por este detalle un poco anecdótico de que ustedes tienen casi la misma edad, con diferencia de dos años. Estuve dándole vueltas a esto antes de empezar y leí que Chus cumplió los veinte cuando moría Franco y empezaba otra etapa. Y pensé qué estaba pasando en Perú cuando Mario cumplía veinte, y en ese momento había una dictadura reformista que rápidamente cambió a un giro más reaccionario. Quiero decir, que son momentos políticos muy fuertes en los países de cada uno y en la vida de cada uno. Así que, más que una pregunta, el tema que les pongo sobre la mesa son dos temas. Si hay una guía, una huella generacional, en su biografía; si sienten esta marca, si podría generar alguna diferencia con las generaciones que ahora están en sus –veinte o veintipocos años–, o si esa línea no les interesa tanto, la otra opción es si se reconocen o no se reconocen en las generaciones literarias de esos momentos, de los 70 u 80. Como les dije, es un poco abierto, vago, pero es un punto de partida solamente.

CHUS: Pues, si quieres, empiezo. Yo reconozco una huella generacional en mí, pero una huella general, biológica, en ningún momento literario. Voy a empezar con la biológica. Yo nací en 1955, y es un momento en España en que, de alguna manera, la gente, quienes nacimos en esa edad, en los años 50, ya no vivimos la crudeza de la posguerra. Y, de alguna manera, al ir creciendo, cuando teníamos cinco o seis años —o un poco más, pues empezaron los planos de desenvolvimiento franquista— se empezó a poder comer en España y a respirar un poco a nivel económico. Así, nuestra generación es una generación que iba a ser un milagro, y de hecho lo fue. Bueno, todas las generaciones lo son, pero se supone que yo pertenezco a la generación top de este franquismo. Es decir, nacimos para todo lo bueno, para eso fue para lo que nacimos —habría que fondear qué es nacer para todo lo bueno, pero bueno—. De alguna manera, sí hay esa marca generacional. Y una generación, también, que tiene una grieta muy grande con sus progenitores, con sus padres. Somos hijos de padres que vivieron la Guerra Civil. Mi padre combatió en el Ebro con diecinueve años. Mi madre no combatió, porque las mujeres no combatían. Y ya sabes que en Galicia, en el Gobierno, hubo represión y asesinato, pero no guerra con frente de batalla. Pero sí que me encuentro marcada por esa generación. Creo que es muy diferente a la gente que tiene veinte años. Yo veo a la gente que tiene veinte años, he sido profesora de enseñanza media toda la vida. Ahora estoy jubilada. Nosotros teníamos todo el mundo por delante, por así decirlo. No teníamos nada, pero fuimos los primeros en ir a la universidad masivamente. Teníamos una revolución por hacer, teníamos montón de cosas que hacer. Tuvimos hijos muy pronto. Y la gente que tiene veinte años hoy se enfrenta a unas situaciones vitales, de partida, muy poco esperanzadoras, muy catastróficas. Y lo que me decías respecto a las generaciones literarias en Galicia, mi generación es la generación de los 80, es decir, está encuadrada. Yo creo que equivale a los novísimos en lengua española —creo, si no me equivoco mucho—. Yo no soy de literatura, soy de geografía, entonces no sé mucho de esas cosas. Lo que ocurre es que yo no publico en los 80, sino en los 90. Se me encuadra en los 90, en lo que se llama «movimiento de los 90». Pero, bueno, es muy difícil que yo pueda estar con los 90 o con los 80. Yo me siento vinculada con algunos autores, con poetas, que tienen o no tienen mi edad, y que escriben en gallego. Y, después, a nivel del Estado, pues me puedo sentir vinculada con personas y poetas que tienen o no tienen mi edad, pero no me siento encuadrada en los 80. Mi poética no responde a la característica de los 80 ni tampoco a lo que se dice que es la poética de los 90.

MARIO MONTALBETTI: En mi caso, no siento ninguna vinculación generacional, nacional, por así decirlo. La historia biográfica —digamos, personal— se enmarca más en [...]. Chus dijo que su padre peleó en la guerra; mi padre no, no había una guerra que pelear —al menos no en ese momento—. Mi padre era médico cirujano, y tal vez eso sí me marcó de alguna manera, el uso del bisturí. Otra cosa que dijo Chus que a mí me llamó la atención es que ella no estudió literatura y yo tampoco. Yo estudié Lingüística y ella estudió Geografía. Creo que esta especie de distancia con la literatura como forma cultural oficial, en mi caso, fue saludable. Y siempre me pareció que estudiar lingüística me da una cierta distancia que, al mismo tiempo, era una distancia en relación con los grupos generacionales literarios de esa época. Cuando yo comencé a escribir —esencialmente, en la universidad— lo que reinaba era lo que se llama «la generación del 60 peruano», que tenía dos figuras muy importantes, tutelares, que eran Antonio Cisneros y Rodolfo Hinostroza. Y yo creo haber empezado a aprender a escribir leyéndolos a ellos, la incursión de un lenguaje conversacional, la incursión de un lenguaje que es político. Al mismo tiempo, Cisneros trajo al Perú a los abuelos de Robert Lowell, que era todo literatura anglosajona en realidad, y ese contacto era muy refrescante, frente a una generación muy importante en el Perú que fue una generación anterior, la llamada «del 50». Aunque todo esto de las divisiones generacionales por décadas es más un ejercicio de críticos que quieren clasificar cosas que otra cosa. Y, luego de eso, luego de mis años de aprendizaje, nunca me sentí partícipe de ningún grupo poético. No he participado en ninguno ni en ningún grupo generacional poético literario en el Perú de esos años. Al contrario, siempre tuve una especie de placer por tratar de hacer las cosas por mi cuenta, no ser parte de un club social, de una iglesia, de un ejército, no, nada de eso. Y así… Lo que se hace ahora —la segunda parte o la última parte de tu primera pregunta—, en efecto, creo que lo que hacen ahora los chicos o las personas que tienen veinte años es muy distinto a lo que hacíamos nosotros cuando nosotros teníamos veinte. A pesar de que creo que, a fin de cuentas, siempre se trató de escribir un buen poema. Las circunstancias pueden cambiar más o menos, pero la idea central era tratar de escribir un buen poema. Qué cosa es un buen poema, eso puede cambiar históricamente, pero esa especie de aproximación más o menos seria al hecho de escribir algo, me imagino que está presente hoy y que ha estado presente siempre.

JOSÉ: Hago estas preguntas a riesgo de quedar como que estoy esperando que la respuesta sea positiva. Uno sabe que la respuesta va a ser más bien desde la distancia, porque tenemos el deseo de encontrar algún tipo de agarre, de explicación de por qué algunas obras y algunos poetas son peculiares, particulares, qué está ocurriendo alrededor. Ese es el motivo de esta pregunta. Y, evidentemente, creo que es una suerte —o, por lo menos, una circunstancia favorable— que ustedes se hayan formado y que hayan circulado en otros ámbitos, no necesariamente literarios. Porque eso trae aire fresco, trae otros diálogos —o incluso otros monólogos, también—. Si no, estaríamos todos repitiendo siempre lo mismo. Otra pregunta, que es un poco continuación de la primera, es esto de la identidad, de cómo se sitúa uno o una frente, en contra, de la identidad. Y esto, por supuesto, tiene un montón de aristas. Es evidente que en la poesía de Chus no hay voces singulares, cerradas. No. Al contrario, hay voces que se escinden, toman diferentes formas todo el tiempo. En el caso de Mario, Mario explícitamente ha enunciado algunas veces que uno no es uno con la lengua, que uno es muchos con muchas lenguas. Creo que aquí están siempre los diferentes niveles, desde la escritura en sí a la figura pública. Ustedes son personajes que operan en sus ámbitos culturales y que tienen que tomar posición en un momento u otro. La misma decisión de Chus de escribir en gallego ya es una toma de posición; y Mario pues decide no escribir en otras lenguas peruanas, por ejemplo, es una decisión implícita. No sé, también la poesía reunida de Chus aparece en castellano. Todo ese tipo de decisiones, como que forme parte de la Real Academia Galega, me imagino que los ponen después a ustedes en posiciones complejas, que no son unívocas, que tienen que desdoblarse o matizar en un nivel ciudadano, cívico, y que operan de manera muy diferente al nivel de la escritura, del papel, de la voz. No sé. No sé si podrían decirnos algo de cómo se sitúan ustedes: en o contra la identidad.

MARIO: Para mí, la identidad nunca fue un problema. Alguna vez leí que alguien dijo: «No hay ningún peligro de que no seas lo que eres. Olvídate del problema de la identidad». Mi identidad —ni siquiera la identidad lingüística— nunca ha sido un problema especial. Tú me preguntas o afirmaste que yo no escribí en ninguna de las lenguas originarias del Perú. Es que no las conozco. Es decir, no puedo escribir en jaqaru; no puedo escribir en aimara. Para mí, ahí hay un problema que ahora se manifiesta de otra forma y es que, sí, tal vez por mi formación de lingüista, distingo entre lengua y lenguaje. Nosotros escribimos en lengua. De hecho, Chus escribe en gallego y yo en castellano —o como se llame— y otra persona escribe en inglés o en francés. Esas son lenguas. Son objetos históricos que cambian con el tiempo, que se modifican, que tienen reglas absurdas o reglas convenientes o consensuadas. Por ejemplo, que en mi lengua el sujeto y el verbo concuerden es un hecho arbitrario, realmente. Hay lenguas en las que el sujeto y el verbo no concuerdan y no pasa nada. En mi lengua hay una serie de reglas de acentuación extraña sobre cuándo se pone la tilde, por ejemplo, a una palabra, con esta excepción rarísima en la lengua: que salvo *n* o *s*. Y yo recuerdo que —fue la primera vez que casi me expulsan de una clase— cuando yo dije: «¿Por qué *n* y *s* y no *p* y *r*?». Y les pareció una pregunta totalmente tonta. Me demoró mucho tiempo averiguar por qué la regla de acentuación gráfica en castellano tiene a la *n* y a la *s* como excepción. Pero, digamos, estas son las lenguas. Son objetos históricos, básicamente, creados por el *sapiens*, y que se mueven con el tiempo y que cambian con el tiempo. En el siglo XI, en España se podía decir: «El mío libro», poniendo un posesivo después del determinante, cosa que no se puede hacer ahora. *Il mio libro* se puede hacer en italiano. Las cosas cambian. Me interesan más las cosas que no cambian, que son las cosas del lenguaje. El lenguaje no es un objeto histórico, sino —creo— un objeto biológico. Hay una serie de determinaciones históricas que hacen que los *sapiens* hablen como hablan. Por ejemplo, por poner un solo ejemplo que a mí me parece crucial: la posibilidad de hacer preguntas, que nosotros hagamos preguntas. Casi nos constituye como seres humanos la posibilidad de hacer preguntas. Esto existe en todas las lenguas históricas que conocemos. Y la forma de hacer preguntas, todas las formas de hacer preguntas, en todas las lenguas históricas, es muy similar. Hay dos o tres variantes, pero, esencialmente, es muy similar. Así, cuando digo: «El lenguaje es mi patria» o «la lengua es mi patria», en realidad, es el lenguaje el que es mi patria: esta especie de constante humana que puede variar en lenguas históricas concretas. Pero eso no me interesa tanto cuanto esta especie de invariante universal de las lenguas humanas. Y si tengo un problema de identidad —que creo que no lo tengo, pero, si existiera un problema de identidad, por decirlo así—, estaría más relacionado con lo que es el lenguaje, no con lo que es la lengua, a pesar de que —como dije al comienzo— escribimos en lenguas históricas concretas determinadas.

CHUS: El problema de la identidad es una cuestión que he tenido, por fuerza, que reflexionar, en la medida en que yo soy capaz de reflexionar esta cuestión de la identidad. A lo mejor, porque nací en el año 1955. Llego en un momento donde la ofensiva hacia el gallego empezó a ser brutal, cuando acabó la Guerra Civil. Yo vengo de una familia en la que mi padre y mi madre tenían como lengua materna el gallego, pero a nosotros nos educaron —es decir, elegían educarnos— en castellano, y los abuelos y el resto de la familia toda era monolingüe en gallego. Mi madre y mi padre eran bilingües, evidentemente. Cuando eres niña no te enteras, no tienes palabras para decir esta situación. O sea, no es que yo fuese una niña que dijera: «¡Ah!, este habla en gallego y aquel no». No. Lo vivías como algo lingual normal. Era una confusión de lenguas: unos hablaban en una, unos en otras, pero realmente tú no sabías lo que estaba ocurriendo. Creo que el primer poema que escribí fue a los diez años y lo escribí en castellano. Como es normal, porque toda la escolarización, en aquel momento, era en castellano. Bien, va pasando el tiempo, y a los diecisiete años tomo la decisión de escribir en gallego, y es una decisión evidentemente política. Es escoger. Porque yo sí podía escoger escribir en gallego o en castellano. Podría haber escrito en cualquiera de las dos, son dos lenguas en que me resulta posible escribir poesía, tanto en una como en la otra. Pero, bueno, escribí en gallego, por razones políticas, evidentemente, y por razones muy biográficas y muy personales. Me parecía que no había derecho a que a todo un pueblo se le negase su lengua. En aquel entonces, se podría decir que un 90 % de la población gallega hablaba en gallego, cosa que hoy no ocurre en absoluto. Así pues, mi decisión fue de un pensamiento del tipo de: «Si no hubiera habido una Guerra Civil, yo escribiría y hablaría en gallego, lo cual sería normal». Y eso es una especie de justicia, de hacer justicia. No es que me guste más el gallego que el castellano, me resulta completamente indiferente. Ahí sí coincido muchísimo con Mario Montalbetti, que a mí me interesa mucho más el lenguaje que la lengua. Muchísimo más. Bueno, él lo dijo claramente, y no voy a ahondar en esa reflexión porque es así. El hecho de hablar el lenguaje a mí me parece fascinante. Me parece increíble que podamos hablar y eso me interesa mucho más que las lenguas. Las lenguas a mí no me interesan nada y ahí está mi aburrimiento absoluto de aprender lenguas. Las únicas lenguas que aprendí realmente fueron el latín y un poco de griego, y el resto me las traigo muy al pairo: me interesa el lenguaje. La cuestión de la identidad en mí es importante porque también toda esa reivindicación de la lengua gallega, de esa historia, está atravesando mi poesía y, como muy bien decías, el hecho de escribir en gallego es ya una toma de posición. Y eso, se quiera o no se quiera, se ve así. Es una toma de posición, igual que escribir en castellano también es una toma de posición si estás en Galicia, si eres gallego. Son momentos. Los momentos que toca vivir, que atraviesan la historia, y yo no tengo ningún problema con eso. Y, después, sobre la identidad… Bueno, la identidad me queda un poco atrás. La mía, personalmente. Ya son tales los procesos de desidentificación con una misma, que ya tengo bastantes años y no es posible que ande buscando identidades. O sea, eso es completamente inverosímil para mí, pensar en un tipo de identidad. No, no es algo que me preocupe lo más mínimo. Después, dijiste algo de la poesía reunida y la Real Academia Galega. Eso no lo entendí muy bien. No falló la conexión, pero es que no lo entendí. Mi obra de poesía reunida es algo que tiene que ver con la editorial Ultramarinos y la persona de Velasco. Es decir, una ocurrencia que tuvo Velasco, que cuando me la planteó yo le dije que si estaba loco, qué era eso, pero no, él se empeñó en hacerlo. Y este año se publicará el tercer volumen. Está todo en castellano porque uno ya entiende que debe ser así y yo no discuto con nadie de esas cosas y estoy muy contenta de que lo haga. Pero eso no tiene nada que ver con la Real Academia Galega. No sé si entendí mal, pero son dos cosas muy diferentes. Lo de la poesía reunida es una cosa de Velasco, una persona que dirige una editora y que quiso hacer […] y la Real Academia es una institución tremenda, a la que pertenezco, efectivamente.

MARIO: Quisiera complementar a este tema —el tema de la identidad—, muy brevemente. Y es que no desconsidero el lado político de la cuestión. Chus decía que, claro, haber nacido en los años 50 en España, en Galicia, te hace poner, te coloca, en una especie de batalla, en el enfrentamiento para la represión del gallego. Y eso, obviamente, no es cosa de broma. En el Perú actual inclusive, tenemos el mismo problema en relación a las lenguas originarias. Es decir, por más que proclamemos oficialmente el quechua como una lengua oficial del país, en la práctica no es así. Hay una batalla política que es importantísima y que no quiero desconocer. Pero creo que, así como existía una ofensiva contra el gallego en los años 50 —o inclusive ahora— contra el quechua, digamos, las lenguas originarias en el Perú, también existe una ofensiva contra el lenguaje. Ya no contra la lengua. Es decir, creo que el sistema capitalista es de una perversidad tal, que ahora la defensa no solamente va a tener que ser del gallego o del quechua o del aimara, sino del lenguaje como tal. Y esa es mi preocupación ahora. Es decir, Deleuze y Guattari lo vieron claramente en el 72 cuando dijeron que el lenguaje era el enemigo público número uno del sistema. El sistema es este que nosotros estamos viviendo. Al sistema no le gusta que nosotros hagamos preguntas. Para regresar a mi ejemplo anterior, preguntar es algo esencialmente humano y, entonces, creo que sí hay un lado político en esta preferencia o interés por el lenguaje versus las lenguas; aceptando que hay un problema de identidad y de mucha política del lado de las lenguas, también lo hay del lado del lenguaje. Simplemente quería mencionar eso.

JOSÉ: Yo creo que convendría, más bien, no ser breves con esto, sino ampliarlo. Es el tema que yo quería seguir, porque cuando me invitaron a acompañarlos en esta conversación dije: «Pero ¿cómo vamos a juntar estas especies tan distintas? ¿Cómo conectamos?». Entonces había pensado llevar la conversación hacia un punto común. Y revisando anoche el libro… No sé cómo lo pronuncias… ¿*m-Tala*? [ˈemˈtala (N. del E.)]. No sé, la verdad.

CHUS: Mira, yo lo pronuncio *m-Talá* ['eme. ʈɑˈla (N. del E.)], pero todo el resto del mundo lo pronuncia como tú: «Em-Tala» ['emˈʈɑla (N. del E.)].

JOSÉ: Entonces, lo estaba revisando, y hay una página que me chocó porque, también, la fecha es el año 2000. Creo que literalmente dices esto que está diciendo Mario, que hay un ataque del capitalismo a la capacidad lingüística misma.

CHUS: Es el poema de *Kapital-Killer.*

JOSÉ: Claro. Entonces, estas preguntas anteriores de sus biografías y la identidad desembocan en esto, en un ataque a la capacidad misma del lenguaje. ¿Y esto qué significa para la escritura? ¿Y qué significa para los afectos? ¿Y cómo se inscribe este daño psíquico? O este daño lingüístico, no sé cómo llamarlo. ¿Cómo se inscribe eso en nuestra vida, en nuestros cuerpos y en sus obras? No sé si Chus quiere decir algo sobre esto y si Mario quiere luego continuarlo, sin quedarse en la brevedad.

CHUS: Pues hablando de *m-Talá* y ese poema —que, si les parece bien, podría leerlo porque es un poema muy breve— toda escritura de *m-Talá,* que es un libro —a mí no me importa decirlo, es lo que pienso— muy peculiar, muy diferente a todo lo que se hacía en España en ese momento. Y es un libro enorme, por así decir, es un libro muy grande —grande, materialmente grande, es un libro muy grande—. Y, precisamente, es toda una respuesta a esta pregunta. Es saber que la época en que vivimos quizá haya sido siempre una constante histórica. También que los sistemas de dominio no soportan el hecho de que hablemos o, como dice Mario, el hecho de que hagamos preguntas. Lo que pasa es que el capitalismo lo que hace es privatizar el lenguaje. No las lenguas, sino el lenguaje, efectivamente. Bueno, voy a coger el poema —que no sé si lo tengo aquí— y lo leo, y así evito hablar y decir cosas. Mientras tomo el libro, Mario puede seguir hablando.

MARIO: No. Esperemos que venga con el libro.

CHUS: ¡Ya estoy aquí! Yo hace una temporada que no estoy en esta casa, estoy en otra, y aquí no lo tengo en castellano. Lo voy a leer en gallego, pero no creo que haya ningún problema. Es un poema, bueno, que es como un manifiesto. Pues, dice así: *PORQUE NON É SÓ O IDIOMA O QUE ESTÁ AMEAZADO/ SENÓN A NOSA PROPIA CAPACIDADE LINGÜÍSTICA, sexa cal sexa/ o idioma que falemos/ A LINGUA É PRODUCIÓN, a lingua produce, produce COMUNICACIÓN/ PRODUCE PENSAMENTO, PRODUCE CAPACIDADE POÉTICA,/ produce ganancia e beneficio, PRODÚCENOS como HUMANOS,/ prodúcenos como FELICIDADE/ A lingua é PRODUCIÓN, de aí os intentos do CAPITAL por PRIVATIZAR/ a lingua, por deixarnos SEN PALABRAS/ A LINGUA, calquera LINGUA NO CAPITAL, tende ao esvaecemento,/ tende a converterse en algo que se consome. En algo que xa non/ PRODUCIMOS os falantes, senón que o CAPITAL, no seu intento de/ privatizarnos, PRODUCE PARA NÓS/ No CAPITAL os creadores da Lingua, os falantes, pasan a ser/ CONSUMIDORES; a Lingua, calquera Lingua no Capital, pasa a ser un/ produto de consumo, o mesmo que calquera outra MERCADORÍA/ LINGUA-SERVIDUME LINGÜÍSTICA/ KAPITAL-KILLER/ ASASINA.* Y este poema tiene una parte que es con Paco San Pedro. Voy a hablar de esto porque es curioso. Paco San Pedro es un filósofo gallego que es muy *lacaniano* y este poema… Yo estaba en una conferencia que estaba dando Paco. Paco hablaba. No hablaba del lenguaje, para nada, habrá estado hablando del capitalismo y cosas de estas él, de esnobistas y estas cosas. Y, entonces, a mí me salió el poema así, ¡plaf! Uno de los pocos poemas que yo hice en columna. Fue: ¡pa, pa, pa, pa!, y salió el poema. Yo creo que esto también es porque Mario también es algo *lacaniano,* y creo que hay algo *lacaniano* en este poema, esa construcción de: ¡pum, pum, pum, pum! [Hace un movimiento de cascada en gesto escalonado con la mano (N. del E.).] Y, bueno, ya está. Y sí, claro, esto lo escribí antes del 2000, porque el libro es de antes del 2000.

MARIO: El lado… Perdón. No, sigue, sigue.

CHUS: Iba a decir que *m-Talá* es tan grande, tan grande el libro, que tú dices: «¡¿Y esta señora qué escribió aquí?!». Y ahora lo veo y es un libro que habla de todo. Creo que es la respuesta, decir: «Bueno, voy a hablar de todo y voy a hacer un libro que tenga tantas palabras como la obra completa de Shakespeare, como respuesta a esta cuestión de la privatización del hecho de que hablemos». Ahora sí ya me callo.

MARIO: El lado complementario a eso es por dónde ha ido. O sea, además de la intención del sistema de arremeter contra el lenguaje como tal, como capacidad lingüística de los seres humanos, por dónde nos ha distraído, digamos. Y creo que hay algo en lo que yo he insistido varias veces. Hay un foro que ocurre en San Francisco en 1995, sumamente interesante, que se llama Foro sobre el Estado Actual del Mundo, algo así. Y está Gorbachov, está Bush padre, están *«the usual suspects»* —como dicen—. Todos están ahí, conversando sobre en qué anda el mundo en 1995, y la conferencia de este foro se llama 80/20. Y 80/20 son porcentajes: 20 es el porcentaje de la población mundial que se requiere para que el mundo funcione eficientemente, de acuerdo a los sistemas, al sistema, y hay un 80 % que está de más, por así decirlo. Y el tema del foro era qué hacer con el 80 %. Y entonces el personaje que era un asesor político del presidente Carter viene con el término *entetamiento,* que es que hay que «entetar» al 80 % de la población. La idea es que hay que entretenerlos porque, si no, se van a revelar, va a haber violencia o va a haber desempleo, etcétera. Entonces, ¿qué hacemos? La idea era volcarse hacia Hollywood: vamos a crear el mundo visual. Esto que nosotros decimos, vivimos una época visual. Y, así, se fueron hacia el cine, hacia la visualidad en general en las artes plásticas, visuales, etcétera. Y lo que ocurrió en literatura fue algo fantástico, y es que la novela —y ahí comienza una especie de paraguas con el poema— se convierte en un arte visual. De hecho, varios de los elogios para las novelas contemporáneas es que se diga: «Pronto será una película», «será puesto en el cine», y los escritores, muchas veces da la impresión de que escriben novelas como si fueran guiones ya, pensando que va a ser una película. Creo que esto yo lo exagero, para ver el contraste, pero creo que esta tendencia hacia la visualidad, hacia la pantalla, hacia la imagen, etc., es justamente una de las arremetidas del sistema en contra del lenguaje. Podemos discutirlo muchísimo, pero con el lenguaje visual no se pueden hacer preguntas, y con el lenguaje visual tampoco se puede negar, que es la otra gran actividad que tiene el lenguaje verbal que nosotros empleamos. De este modo, esa especie de desviación de la atención hacia la visualidad es la otra parte de la arremetida contra el lenguaje, porque el lenguaje es —insisto una vez más en cosas que he dicho antes— ciego. La ceguera del lenguaje no es algo malo, es algo… no voy a decir *bueno,* pero es muy constitutivo de lo que tenemos como arma de expresión. En el lenguaje —que lo manifiesta en lenguas particulares, sin duda— creo que lo que está en juego, sin duda, es la arremetida contra el lenguaje, como decía en ese poema Chus, como capacidad cognitiva, expresiva, del ser humano.

JOSÉ: Sin duda. Y ustedes, evidentemente, no hacen guiones. Aunque en sus poemas hay un paisaje, hay espacios, creo. En la poesía de Chus, tengo la impresión de que hay más verde, y en la de Mario antes había más desierto y ahora hay más Perú y más peruanos. No lo sé, es más una pregunta que una afirmación, pero, bueno, para no continuar por ese lado, sino por lo que mencionaba Mario de la novela, la poesía, ustedes escriben finalmente en verso. Aunque ambos incorporan, en diferentes libros, diferentes registros y formas, entonces, quería pedirles que digan algo sobre esto. ¿Cómo es que siempre vuelve uno al verso? En todo caso, ustedes se han mantenido en esta forma, con los matices e incorporaciones múltiples que vienen a cuento, ¿hay una vitalidad del verso? Una pregunta, también, un poco para entrar finalmente en el tema de la mesa, que es la creatividad poética. ¿Cómo se da esta fidelidad del verso? ¿Hay una vitalidad ahí? En el verso propio, de los demás… La vocación es radical. ¿Reencontrar formas tiene que ver con la naturaleza del verso? No sé, es otra vez una manera muy vaga de abordar esto, pero solo para darles pie, o pedirles que si pueden decirnos un poco sus intuiciones, sus impresiones. ¿Cómo se detienen frente al verso?

MARIO: No sé. Lo primero que se me ocurre es que esta especie de fidelidad, por así decir, al verso, es una fidelidad de la oreja. O sea, yo creo que si no tienes oído, tu oreja, no se puede escribir poesía. Pienso, por ejemplo, que hay gente que escribe muy mal, pero que tiene grandes ideas. Y pienso en Kant. O sea, hay poca gente que haya escrito peor en la historia de la humanidad que

Kant, pero, digamos, el tipo sabía lo que estaba diciendo. Hegel no es un artista especialmente poético. Sin embargo, sí hay filósofos que escriben bien. Nietzsche, por ejemplo, escribe bien. Pero ahí creo que lo que está en juego —y se puede hacer la misma distinción en novela y en poesía— es que hay un pacto. Un pacto conspirativo. Con la música, en el caso de la poesía, al menos es mi caso. Para mí, esto tiene que sonar bien, no solamente tienes que decir ciertas cosas, o hacer ciertas cosas, sino que todo esto debe sonar bien, y esta conexión con la música creo que es constitutiva de mi fidelidad. Hablo a título personal, de mi fidelidad con el verso como instrumento para decir cosas. Hay que escribir bien, en el sentido de que suene así, no es simplemente el no ser malsonante —como diría la Academia de la Lengua—, sino que hay una música del pensamiento que se expresa en la lengua y que no se expresa de otra forma salvo en la música. Pero son variantes, completamente distintas.

CHUS: Ahí está la mesa de Ishigami para hablar del cálculo, esta música de la que hablas, Mario. Yo diría que es el cálculo. Es el cálculo el que hace que el poema no colapse. ¿Y qué es un cálculo? ¿Qué lleva al lenguaje al extremo de rozar, de ser fronterizo, de tener una ósmosis con la música? Yo creo —y es algo que me parece haber aprendido en Agamben, pero no estoy segura de eso, en todo caso, si la idea de Agamben es o no de Agamben, a mí me da igual— que los extremos del poema son: por un lado la música y por otro el concepto. Es decir, la cifra, la capacidad conceptual, lógica. Y que la poesía que está ahí, hay una que se va para un lado y una que se va para el otro. Pero aunque se vaya para un lado o para el otro o se quede en el centro de la tormenta, entre la música, el cálculo o la capacidad lógica… No me refiero a avanzar lógicamente, al pensamiento, sino a esa cosa que hacen los filósofos, que son capaces de avanzar con un silogismo, por ejemplo. Aunque, bueno, un silogismo sea algo muy atrasado. Bien, eso, que el poema está ahí entre esos dos extremos, y que lo que define el poema —si le quieres llamar *verso* le llamas *verso* y, si no, le llamas *tramo* (yo creo que escribo en tramos)— es un cálculo, un cálculo de llevar los lenguajes hacia sus extremos, hacia sus fronteras, sus límites, y conseguir que el poema no colapse. Como le pasaba a ese poema que Mario analiza, de Vallejo, en el que lo que está ausente es la sintaxis. Bueno, es una grandeza esa idea, que a mí me apasiona, la sintaxis, ¡es un temazo! Me estoy perdiendo porque me quedo admirada.

MARIO: Vamos a ensuciarnos las manos entonces. A mí siempre me llamó la atención la admiración —correcta— que la gente tiene al famoso *Soneto a Cristo crucificado,* atribuido a Juan de Ávila: *No me mueve, mi Dios, para quererte/ el Cielo que me tienes prometido,/ ni me mueve el Infierno tan temido,/ para dejar por eso de ofenderte*. Entonces, claro, este misticismo entra no a propósito de este poema, pero en general. Foucault, por ejemplo, dice que toda literatura lo que hace es que te lleva a otro lugar. Los poemas no significan lo que significan, sino que significan otra cosa. Este es un soneto que dice exactamente lo que dice. O sea: *No me mueve, mi Dios, para quererte/ el Cielo*. ¿Y cuál es el enigma ahí? No hay ninguno, está clarísimo. Lo que dice el poema no te lleva a otro lugar. Sin embargo, «no te lleva a otro lugar» no es metafórico, no. Porque es… Bueno, porque es místico. Es por eso. Por este motivo, si uno se fija —a mí siempre me da mucha risa esto, claro— son endecasílabos perfectos los de Juan de Ávila. Y como dice Chus, hay un juego con el concepto también. Y el concepto ahí —semántico, fuerte— es el de *mover*. ¿Que qué cosa? Existe el movimiento. Y este movimiento, que está en el verbo *mover* —*no me mueve*, etcétera— ocurre también en el endecasílabo. Sabemos que el endecasílabo español tiene esencialmente tres acentos, y que los acentos son en las sílabas dos, seis y diez. Seis y diez es más fija; diez es más difícil de romper. Casi siempre hay un acento en diez, pero en el poema, en el soneto de Juan de Ávila, lo que se mueve es el primer acento: *No me mue-ve* (3), *mi Dios, para quererte, / el-Cie-lo* (2) *que me tienes prometido, / ni me mueve el Infierno tan-te-mi-do* (4). Cuatro, y regresa a tres. Es decir, el movimiento conceptual de mover el amor hacia Dios se replica en el movimiento de los acentos en cada uno de los endecasílabos que él produce. Yo creo que eso es parte del truco del poema, y eso es parte de estar cerca de la música, digamos del cálculo musical del que hablaba. Eso me parece consustancial a la experiencia de escribir. Y leer poemas, que es el otro tema del cual podríamos hablar. El poema se completa con la lectura, no solamente con lo que hacemos nosotros escribiendo, sino cómo se lee eso como una obra conjunta. Pero, regresando a lo otro, sí, creo que hay un cálculo musical-conceptual, por así decirlo, que está en el fondo de la grandeza del poema como expresión.

CHUS: Yo añadiría que es el placer de solo pensarlo. Para mí, mi mente es como si se ampliara: de un lado se extiende y produce placer. Un placer absoluto. Y es puro cálculo. Y eso: si le pones un objeto de más a la mesa de Ishigami, y si la rozas… ¡A mí me encanta lo de la mesa de Ishigami! Si la rozas con la yema de un dedo, colapsa, y ya no está, ya no está hecho. Es muy bonito.

MARIO: El público, obviamente, no ha leído todo esto. «La mesa de Ishigami» es un texto que yo tengo en un libro que saqué en Pre-Textos en Valencia, que es acerca de la forma, y es una mesa construida. Es un análisis de una mesa construida por un arquitecto japonés, una mesa que tiene una serie de propiedades que son muy curiosas, que son muy poetizables en términos estructurales. Gracias por la referencia, Chus.

JOSÉ: Es linda, y muy potente, la imagen de que el poema avanza. Es una expresión a la vez intuitiva y antiintuitiva, según dónde se posicione cada uno. Un poco para ir empezando a cerrar, Mario acaba de mencionar que el poema se completa, continúa o termina con la lectura. Y, en tanto ustedes mismos —que luego les pediremos que lean alguna cosita— como por nosotros, lectores, yo creo que es otro momento en el que aparece el afecto. Les pregunté, pero ninguno respondió, sobre cómo se depositan los afectos en la escritura, que es una pregunta muy difícil de responder también, pero que se puede ver desde otro lado, cómo el poema activa los afectos en quien lee, muchas veces. Especialmente cuando funcionan en voz alta, la música y el sonido activan, remueven, los afectos. No sé si tienen ustedes alguna experiencia, alguna anécdota o alguna reflexión sobre esto.

CHUS: ¡Yo qué te puedo decir! Lo de leer en alto, lo de leer en público los poemas, yo paso una vergüenza terrible siempre que leo —y mira que leo y me paso la vida leyendo los poemas por ahí adelante—. Lo cierto es que ese contacto sí que es afectivo. Y sí que cambia. No la forma de escribir, porque la forma de escribir es imposible de cambiar, es como si te pusieran una cordillera en la cabeza y no te cambia, o un bloque de hielo, y eso no cambia. Eso debe de ser congénito, genético. Yo qué sé. Pero, sí, el poema… Tuve hace poco una experiencia. Es la primera vez que tuve una experiencia de ese tipo. Estoy escribiendo ahora un libro interminable sobre la muerte de mi madre —que ya lleva cuatro años—, y en un momento determinado, un profesor en la Facultad de Traducción de la UVigo, que es alemán pero da clases de portugués, me propuso que hablara, que leyera, que dijera algunos poemas y que hablara. No me quedó más remedio que leer los poemas pensando en cómo podría doblarlo, decir algo de ellos ante un público de un alumnado de veinte años —esos veinte años que hablábamos antes—, y fue toda una experiencia. Fue brutal, realmente. Y me interesó muchísimo. Y sí que creas un vínculo con la gente. Pero, claro, al margen de eso, lo importante es escribir y leer el yo (¡no leerle yo a los otros!). Son cosas que parecen, así, de personas que se creen mucho o algo, pero no es así, es que es irremediable. Es que… es lo que dije antes. Tienes una cosa ahí, que no eres muy dueña de eso que es. Como naces con los ojos castaños, no los tienes verdes. El poema es algo así. Me parece que no te contesté.

MARIO: A mí me ocurre algo —no sé si está vinculado a lo tuyo, Chus—. Y es que, sí, a mí me encanta leer poemas y aprendo mucho. Y gozo mucho leyendo poemas. Excepto los míos, los míos no me enseñan nada a mí. Es algo que tengo que hacer, que los hago, que parece que están bien o mal, en fin, los corrijo, los publico. Pero esos no son los poemas que a mí me edifican o me hacen algo o… etc., sino los de otros. Sí. Y hay… Los *lacanianos* dirían que hay goce, no placer, pero hay algo inexpresable en la lectura, porque la lectura es esto. Es muy curioso, porque muchas veces los poetas más radicales, más rebeldes, más revolucionarios cuando escriben, son unas ovejitas mansas cuando leen. Entonces, estos grandes poetas revolucionarios leen un poema y se preguntan: «¿Y qué significa?» o «¿cuál es la metáfora?». No. Esas son justamente las preguntas más reaccionarias y conservadoras que podemos hacer. Háblame de lo que José Ignacio estaba preguntando. Háblame del afecto, de qué produce, de cómo avanza, qué mueve —para regresar al soneto—. Por eso, por cada taller de escritura creativa debería haber diez talleres de lectura creativa, de cómo se leen estos poemas, qué hay que hacer para complementar la creatividad del poeta, que tiene que complementarse con una creatividad del lector, no solamente repetir en voz alta lo que dice el otro. Hay que hacer cosas para leer —con la ele mayúscula— un poema. Creo que ahí está la gracia. Y no es tan fácil como escribirlos.

JOSÉ: Para ir terminando, yo les pediría que lean. Pero si a ninguno le gusta leer poemas, les propongo y ustedes decidan. La primera opción es que lean un poema y la otra es que nos cuenten en qué están trabajando o qué piensan publicar. O, finalmente, algunas reflexiones sobre esto de las poesías reunidas, qué pasa con la propia obra cuando retrospectivamente uno la ve, publicar todo otra vez. No sé. Ahí les pongo múltiples opciones en el menú para que, por favor, nos digan algo sobre esto que les parezca.

CHUS: Yo te voy a contar que, como sabía que ibas a pedirnos un poema, yo iba a traer un poema, pero me lo olvidé. Me olvidé del poema. Era un poema que me apetecía mucho leerlo, pero me lo olvidé. Aquí no creo que lo tengan. Y te contesto lo de la obra reunida. Voy a hablar de una antología en la que estuve trabajando. Saldrá en portugués, en Portugal, y es universal. ¡Un coñazo universal! O sea, yo lo único que tengo es ganas de cambiar todos los poemas, pero no porque me apetezca, sino por librarme de corregir los poemas y volver a leerlos otra vez. Pero, bueno, es así. Y es necesario, si no, te quedas en tu casa y evidentemente no publicas. Así publicas. Ocurre que hay antologías que tienen trescientas hojas, como esta —que a mí casi me da un infarto—.

Me libré de ella ayer. Y, bueno, pues, yo, como ya leí el poema, ya no leo otro. Entonces… Mario lee un poema, ¡y ya está!

MARIO: Yo tengo la misma aversión *performativa* de leer en público, pero es algo que tenemos que hacer. Es parte del asunto. Así que lo hago, ¿no? Digo, a regañadientes, pero, en fin, leeré un poema. Porque es lo que hacen los poetas: leer sus poemas.

CHUS: Mario, los poetas también lo que hacen es vivir en los aeropuertos.

MARIO: Sí. Es verdad, es cierto. Hablando de eso, de la lectura, voy a leer un poema que salió justamente en ese libro en Pre-
-Textos, se llama *Cabe la forma* y es uno de los poemas de la sección que se llama «Teoría de los poemas» y esta es la teoría del poema de Herta Müller. La teoría del poema de Herta Müller: *Al final todo el mundo es un delator,/ esa es la teoría del poema de Herta Müller/ todos terminamos redactando informes para el Estado./ Yo mismo pasé tres informes/ dos de ellos están, supongo/ están aún, en carpetas verdes/ que se guardan en archivos grises/ dispuestos en sótanos mojados/ de orina y hez./ Uno se hizo público/ y apareció con el título de* Quasar/ *en una revista limeña./ Mi tío dijo que había hecho bien./ Mi mujer hizo arroz (que no sabe hacer) para celebrar/ pero* Quasar *no era un poema sino una delación./ Cayeron varios compañeros debido a* Quasar./ *Había, no debo decirlo, pero había en él/ indicaciones precisas/ para hallarlos en sus casas,/ escondidos,/ escribiendo poemas contra el Estado./ Solo que esos poemas que ellos escribían/ eran también informes/ que terminaron por delatarme./ No importa si escribes que la nieve es blanca,/ siempre serás un delator/ porque la delación no está en las palabras/ que escribes/ sino en las palabras que otros leen./ Escribir nunca fue un acto político/ pero leer siempre lo es./ En algún momento pensé que esa era la teoría del poema de Herta Müller.* Ese es el poema. Sí.

JOSÉ: Muchas gracias a ambos por este rato tan agradable. Me quedo con la sensación de que estamos agarrando ritmo y de que estamos empezando. Siempre sucede esto, cuando estamos empezando, tenemos que terminar. Muchas gracias, otra vez, por su tiempo, por su energía, y esperemos que el público lo disfrute tanto como lo he disfrutado yo. Espero, Chus, que coincidamos alguna vez.

CHUS: Ojalá, ojalá que sí.

JOSÉ: Y con Mario, pues, ahora coincido. Así que espero que eso suceda otra vez.

# Un París venido de allá: recuerdos y ficciones de una vida

## ELENA PONIATOWSKA

### Conducido por **Carmen Perilli**
(Universidad Nacional de Tucumán, Argentina)

*El periodismo y la literatura conviven con naturalidad en la trayectoria, tan dilatada como reconocida, de Elena Poniatowska. La autora, nacida en París y refugiada en México con su familia a causa de la Segunda Guerra Mundial, echa la vista atrás en esta entrevista con la profesora de Literatura Latinoamericana de la Universidad Nacional de Tucumán, Carmen Perilli. La conversación, titulada «Un París venido de allá: recuerdos y ficciones de una vida», transita, en su identificación súbita con su país de acogida, el aprendizaje a través de la gente humilde y su afán por visibilizar la relevancia de las mujeres. En su espacio de trabajo, desde donde divisa las flores de una buganvilia, a sus noventa años, Poniatowska revela que le gustaría viajar a la frontera de México y Estados Unidos para contar la vida de las mujeres en la actualidad y, también, que se siente una privilegiada, que, cuando le toque, se despedirá de esta tierra agradecida y feliz.*

CARMEN PERILLI: Elena, buenas tardes. En Tucumán disfrutamos lo que llamamos «siestita».

ELENA PONIATOWSKA: ¡Ay, yo también! Aquí en México, también. Estoy en la capital, no sé a cuántos metros de altura, que dicen que se respira más difícilmente que en otras ciudades.

CARMEN: ¡Es muy difícil! Me he puesto a revisar para hacerte preguntas, sobre todo porque esta entrevista es una obra tan basta. Realmente, alguien que ha escrito, publicado, producido y hecho todo un continente de textos como el que vos tenés, solo puede sentirse muy orgullosa. Realmente. Cada rincón de la obra suscita preguntas, y está todo interrelacionado. Me faltaba leer *El amante polaco* y lo devoré entero. Quedé fascinada con ese personaje de Estanislao. Todo un personaje trágico, además, me pareció. Pero fascinante, realmente. Me había dicho Gonzalo que querían que hablásemos un poco de los vínculos con Francia, que, en tu caso, son absolutamente pertinentes.

ELENA: Claro.

CARMEN: Naciste en París, tu familia materna, asentada en París a mediados del siglo XIX, antes de Maximiliano, y solamente Ian nació en México. Como dices en una entrevista tuya, tu viaje fue «de la dulce Francia, plena de jardincitos tamaño pañuelo y tiernas verduras, a un enorme llano bordeado de montañas y volcanes, atravesado de zopilotes». Y en *La flor de Lis,* Mariana clama: «Mamá, ¿dónde voy? ¿Dónde está mi patria?». Sé que lo has contado otras veces, pero ¿cómo fue ese traslado de Francia a México?

ELENA: Fue un poco súbito, yo creo. Mi mamá estuvo en la guerra, tengo fotografías de ella manejando una ambulancia. Incluso tenía un uniforme militar. Mi padre también. Los dos, eran muy guapos. Así que se aparecían en la casa donde mi hermana y yo vivíamos con nuestros abuelos. Una abuela norteamericana, Elizabeth, que yo quise muchísimo y que hablaba mal. Hablaba mal el francés, siempre conjugaba mal, decía *la* en vez de *el,* y era muy bonito. Era muy bonita. Ella nos cuidó hasta que nos vinimos. Y yo creo que nuestra partida fue tan grave para ella, que murió al año de dejar nosotros Francia. Nos avisaron de que se había muerto del corazón. Yo creo que las dos niñas llenábamos las dos partes de su corazón y que al irnos, pues… Nosotras teníamos diez años. Yo cumplí diez al llegar a México y mi hermana nueve. Somos dos hermanas muy cercanas. Y fue descubrir. Venir de un país —como lo dije— pequeño, un país que era un jardín, en que todo estaba cultivado. Me acuerdo que hasta los rieles del tren llegaba un pastito, había pasto verde, que caía ahí, de casualidad, en un país que era como Francia. Francia como una inmensa flor. Bueno, igual que Inglaterra, es un inmenso jardín verde. Son países verdes. México no es tanto. Y llegamos a un país inmenso, vacío, muy vacío. Y a una ciudad también que no tenía puntos defensivos. Solo después se comenzaron a construir los grandes, como los llaman, «rascadores del cielo». Esos que rascan el cielo no había, era todo chaparrito y color de tezontle, que es rojo sangre, pero sangre como seca. Es muy bonito ese color de la piedra.

CARMEN: Claro. Era un México mucho más tranquilo, ¿no?

ELENA: Sí, un México casi provinciano. La gente caminaba en la calle, las mujeres. Me acuerdo que había mujeres descalzas. Me llamó muchísimo la atención ver gente descalza. Niños descalzos. Y mujeres que se tapaban la cara con su bolso para que uno no las viera, no sé, la vergüenza de que hubieran venido de otros estados a ver si les iba mejor en México. Todo eso fue una novedad que me marcó para toda la vida. Así como la relación con las sirvientas que trabajaban en la casa. Con ellas aprendí español. Yo decía muchas palabras mal dichas, porque así creía yo que se tenían que decir. Obviamente, tenía un español que no tenía nada que ver con el castellano, no tenía nada que ver con España, tenía que ver con la calle.

CARMEN: Claro. Yo leía un libro muy bello, de Sylvia Molloy —que acaba de morir—, que se llama *Vivir entre lenguas.* Es un libro pequeño, pero muy bonito. Y ella —que vivió entre el francés y el castellano— dice algo con respecto a que el inmigrante y el hijo de inmigrante se piensan en términos de lengua, que son su lengua. No pareciera ser tu caso. ¿Cómo viviste la relación entre el francés y el español? Yo pensaba, al releer parte de tu obra —e inclusive al leer *El amante polaco,* donde vos hacés esa ficción autobiográfica—, qué interesante la cuestión de los idiomas ya que, además del francés y el español, hablaste luego el inglés… Pienso que también hay una suerte de lengua fantasma ahí, que no sé cómo funciona, que es el polaco.

ELENA: Sí. Del polaco no sabemos nada. Porque, finalmente, Poniatowski, el rey, salió exiliado a Florencia y, luego, toda la familia, en 1700 —hace más de doscientos años (bueno, ya trescientos o casi cuatrocientos)——. Entonces, los Poniatowski son franceses. Un mariscal de Francia fue Józef Poniatowski que ——con todo y su ejército, su batallón—— se tiró al río antes de entregarse al enemigo. Un gesto polaco. Porque los polacos son muy de gestos heroicos así.

CARMEN: Por lo que he visto, sí.

ELENA: Eso fue hace más de… No sé, siempre añado doscientos, pero a medida que avanza el tiempo tengo que decir trescientos, cuatrocientos años. Pero yo no tenía cómo. Nunca aprendí polaco. Quise aprender, pero ya era demasiado grande. Me costaba mucho trabajo. Y unas amigas que me lo enseñaban, una que se llamaba Alejandra Baker, me dijo: «No, no, Elena. Mejor dedícate a escribir, que yo me voy a ir». Ella era diplomática. «Yo me regreso a Polonia ¿y tú con quién vas a hablar?» Nadie de mi familia, de los Poniatowski. El único que hablaba fue Michel Poniatowski, que fue el secretario de Estado en París. Así, se fueron a Francia en 1700 y pico, y su nacionalidad es francesa. Mi nacionalidad al nacer era francesa y llegué a México con un pasaporte francés. Después ya me nacionalicé mexicana al casarme. Pero yo siempre me sentí mexicana. Casi desde los diez años amé al país, a la gente, sobre todo la gente que trabajaba en la casa, que era muy humilde, muy inteligente, y me enseñó muchísimo. Y así yo creo que me hice mexicana, a través de ellos, a través de la gente de la calle.

CARMEN: Claro, eso noto en tu obra, que no hay una herida de separación entre lo que dejaste atrás y México, sino que vos sos, digamos, todo en tu obra es, respira, México. Está México presente y la lengua mexicana. Y, bueno, se escucha. Esa escucha de México, que es tan importante como la escritura, el haber podido escuchar el mexicano, que es el caso de Jesusa, digamos. Vos la escuchás mucho, la escuchás muy bien.

ELENA: Sí, claro. También —de veras— de la cercanía de un país, a través de su gente. Durante la guerra, cuando nosotros llegamos, llegaron otros europeos que hacían su vida también muy europea en México. Llegaba gente, pues, yo creo, provocada por la guerra. Saltaban el océano o lo cruzaban en barco —no lo saltaban, ese es un cuento loco mío—. Llegaban y seguían, un poco, en su cultura. Y para una niña es muchísimo más fácil, yo creo, y muchísimo más normal adaptarse. Adaptarse o incluso querer, desear, muy profundamente, ser parte de un nuevo país, de un nuevo país con el que se identifica. Sí, yo me identifiqué muchísimo con México.

CARMEN: Claro, ahí está la figura, que es tan importante en tus textos, de la Nana, de Marta, de Magda, y de las mulitas.

ELENA: Sí, claro. La gente que me abría puertas a un mundo desconocido. Y a un mundo muy entrañable, porque, bueno, la vida de no tener nada suscita en mí mucha pasión, mucho interés, mucho: «¿Y por qué?», y finalmente, la gente, las amigas de mi madre, mi madre… Bueno, mi madre no, porque mi madre, como lo digo, era una heroína para mí… pero… las amigas, lo que decían, yo ya me lo sabía, ya lo había oído, no me interesaba. Claro, me interesaba que hablaban de muebles, de vestidos, de estilos y de chismes, y tal. Pero a mí me interesaba muchísimo la gente que me decía palabras muy como… por ejemplo, una vez a Jesusa le dije: «Bueno, ¿y cómo era su papá?». Su papá era un revolucionario que, además, murió debajo de un árbol con su escopeta, así, en el hombro. Y me dijo: «Bueno, mi papá no era ni alto ni chaparro, ni gordo ni flaco, mi papá era una cosa, así, *apapochadita*». Y a mí me gustó mucho. Y decía… ¿Qué podía ser una cosa *apopochadita*? Nadie que yo conocía me hubiera descrito a su padre o a su madre como Jesusa me podía describir ella a su familia. Me llamaba, tenía algo como de chino, de japonés, de oriental, del cielo, de otra cultura. Es una cultura que me provocó una enorme curiosidad y que tenía también que ver con las pirámides, con el pasado, con las piedras de México, con la inteligencia muy humilde, muy de la gente con quien yo hablaba. Hablar con una niña es muy fácil. En la calle, en todas partes.

CARMEN: Sobre todo en aquella época.

ELENA: En aquella época, sí. No había automóviles. Y yo veía muchísimos mexicanos descalzos —o con huaraches, pero, a la mayoría, sobre todos los niños, descalzos— en la calle. Era una sorpresa enorme para una niña que viene de otro país y que, además, viene de un medio raro, de un medio donde los títulos son importantes, los títulos nobiliarios. Bueno, no sé si era tan importante.

CARMEN: Tampoco debe de haber sido fácil para vos ser distinta en ese medio, ¿no?

ELENA: No, para mí… A mí nada me fue difícil. Me es un poco más difícil la vejez, no caerme por la escalera, ese tipo de cosas. Pero de niña, de niño, nada es difícil. Ves a alguien y le preguntas. Bueno, yo siempre he sido muy preguntona, desde chiquita. La gente no es mala, la gente no va a rechazar a una niña nunca.

CARMEN: Pienso, por ejemplo, cuando tratas de ir a la universidad y cuentas tu ingreso al periodismo. Realmente, yo no conocía ese lado tuyo del que había leído en tus novelas donde aparecen ficciones autobiográficas como *La flor de Lis*. Pero, en esta, en *El amante polaco* y otras, aparece un poco esa mujer valiente que pelea para conseguir un lugar, un espacio. Y sin los instrumentos, porque ha sido educada de una manera destinada un poco para lo que era en ese momento una clase media o una clase alta, que era casarse, ser bien educada, y pasaste a pelear en una redacción. O sea, eso me pareció. Y pelear para entrar a Sociales, primero, para hacerte un nombre, lo que sos hoy: la periodista, probablemente, más importante de América Latina.

ELENA: ¡Ay!, Dios mío, ¡gracias!

CARMEN: Totalmente.

ELENA: Pero hay muchas muy notables en México.

CARMEN: Pero vienen después que vos.

ELENA: ¡Ah!, bueno.

CARMEN: Todo el cambio que vos has producido en la crónica, el uso de la entrevista, las innovaciones, son maravillosas. Las crónicas, todas las crónicas tuyas tienen una vida propia. Y, además, algo que me parece muy importante, que es propio de lo que postula el feminismo, las mujeres, es que pones el cuerpo en las crónicas. Siempre estás en algún rinconcito. Aunque tratas de que hable el otro, se te ve en algún rincón, ponés el afecto, y eso me parece que es algo muy importante.

ELENA: ¡Ay!, muchas gracias, Carmen. Muchas gracias.

CARMEN: Es así. Es así. O sea, en casi todos los casos es algo que se puede contar, que alguien podría decir «sentimentalismo feminismo» (entre comillas), sabés que a las mujeres siempre nos atacan de ser sentimentales, pero vos has convertido ese gesto en un instrumento de indagación, de acercamiento al otro, lo cual es muy importante. Por ejemplo, a mí me gustan mucho las crónicas de Monsiváis —con el perdón de Monsiváis del cielo—. Tus crónicas me parece que tienen algo, un toque distinto. Se me acercan más.

ELENA: Pues, sí. Yo creo que también por el lazo o la visión de la mujer. No de la mujer sobre otras mujeres, porque Monsiváis se ocupó menos de las mujeres. Por ejemplo, yo hice las crónicas de *Las siete cabritas*, de mujeres mexicanas. Unas destacadas y otras no. A mí no me importa tanto que destaque, sino me importa tantísimo su posibilidad de creatividad, de cada una: la pintora o la escritora. Siento que Rosario Castellanos fue una escritora a la que se llamó «indigenista» porque se ocupaba de la gente de Chiapas. Ella provenía de allí, de San Cristóbal, y entonces ya la catalogaban como indigenista, cuando era una mujer de una sensibilidad extraordinaria que abarcó la poesía, abarcó el ensayo, era maestra y era de una cultura mucho mayor que la de los que la criticaban. La criticaban porque era mujer. Tenía críticos que la hacían menos, pero yo creo que fue muy importante. Y ahora mismo hay escritoras en América Latina que son muy valiosas, muy importantes. Está el gran éxito de Isabel Allende, que fue así una locura de ventas y de apariciones públicas y todo esto. Pero sí hay escritoras que, quizá como Elena Garro, en su vida… Ella fue la esposa de Octavio Paz. Quizá ser esposa de Octavio Paz era su calificación en la vida: «fue esposa de Octavio Paz» o «actual esposa».

CARMEN: Pero tiene obras magníficas. Las memorias de la guerra de España son excelentes. Es una obra de ella que me gustó mucho.

ELENA: Hay una gran cantidad de mujeres que fueron opacadas, olvidadas, a pesar de que, finalmente, nuestro continente es el del mayor poeta en habla hispana aquí en América Latina, que es Sor Juana Inés de la Cruz.

CARMEN: Totalmente de acuerdo. Creo que es insuperable. Ahora, te quiero hacer otra pregunta. Por ejemplo, a mí me ha encantado la trilogía de Tina, Leonora y Lupe. Curiosamente, si bien, por supuesto, me ha fascinado la construcción que haces de los entornos de Tina y de Leonora, la figura de Lupe Marín tiene algo de natural, no sé qué, pero me ha impresionado mucho, esa relación con Rivera y con Cuesta. Me ha parecido muy bello ese libro, y muy importante. Recuerdo cuando te visité en México —ya no sé si te acuerdas—.

ELENA: Sí.

CARMEN: Vos me dijiste que estabas por escribir la historia de Lupe Marín, que la tenías. No sé en qué momento la has escrito, pero yo me quedé fascinada porque realmente tiene fuerza el texto. Y, además, esa figura extraña de Marín, que le pasa algo extraño. Esa figura incómoda, que tiene algo de monstruosa, de anormal, que, en medio de todo eso, golpea. Es muy interesante.

ELENA: Claro, sí. Es una figura muy principal porque, bueno, ella se construyó al lado de Diego Rivera. Entró en un grupo en el que todos (como decimos en México, así, entre comillas) eran «genios» y ella no quería que la pisaran, que la sacaran fuera del grupo, que la pisotearan o la maltrataran. Así que ella creció, finalmente, a partir de lo poco que sabía. Se creció a partir de su niñez en Guadalajara, y de esas dos palabras que son muy mexicanas: *no dejarse*. No dejarse maltratar. No dejarse, finalmente. Es una combatiente, es así, como Juana de Arco.

CARMEN: Claro, está combatiendo todo el tiempo.

ELENA: Sí, ella está combatiendo. Y hace todo para que este hombre… Ella ya después ve que todo el mundo le rinde a Diego Rivera, que es importantísimo, que el presidente de la República lo busca, que todos lo envidian. Eso ella lo ve y dice: «Este hombre es mío», y se apropia de él. Se le vuelve indispensable. Diego Rivera solo tuvo —con ella y con nadie más— dos hijas, que eran Cruz Rivera, la primera arquitecta de México, fue la primera mujer arquitecta graduada en una facultad para hombres; y Lupe Rivera, que todavía vive (hoy no sé cuántos años tiene, pero, desde luego, tiene más años que yo).

CARMEN: Otro personaje que me ha resultado interesante. Y en realidad el libro —te digo, yo he enseñado casi 45 años Literatura Latinoamericana—, cada vez que lo he dado a ese libro tuyo, es y ha sido un éxito —que, te digo, Diego te abraza—. Por alguna razón prendía más. Les gusta Tina, les gusta lo otro, pero… A mí me fascinó la figura de Kiela también. Porque a través de todas estas figuras que lo rodean a Rivera, estás armando la constelación

Rivera, es como que esas figuras van mostrando aspectos o constelaciones de Rivera.

ELENA: Sí, bueno, Angelina Beloff fue la primera mujer de Diego Rivera. Lo fue en París, en Francia. Tuvo un hijo con él, que se murió de frío. Bueno, quizá por razones económicas también. La vida de Angelina era muy dura, muy difícil. Y luego ella vino a México, aconsejada por amigos, y ya se quedó aquí. Y la única vez que vio a Diego Rivera fue en Bellas Artes —en un teatro que se llamaba Bellas Artes—, y Diego Rivera pasó junto a ella. Ella estaba en una butaca de la orilla, en el pasillo, y él pasó junto a ella y ni siquiera la reconoció. Pero también ella hizo su carrera aquí en México. Hay cuadros y pinturas de ella aquí en México. Y ella vivió aquí. Vivió una vida muy bella, muy digna, que la iban a visitar, tuvo alumnos, enseñó, pero fue, bueno, después de la gran gran pasión que ella sintió —y provocó también— en Diego Rivera. Pero, finalmente, pues, sí, es una historia triste.

CARMEN: Claro. Yo creo que atrae mucho la forma de la construcción del texto, de cartas y respuestas. Eso es, un poco cómo se va construyendo Diego a través de las cartas de ella. Es realmente un libro muy bonito. Evidentemente, a lo largo de toda tu obra, una de las palabras claves me parece que es la palabra *vida* o *historia de vida*, porque vos andás coleccionando vidas, digamos, cosa que me parece fascinante. O sea, uno podría decir vidas de los muchos, vidas de los pocos, vidas tipo mitológicas, y también vidas oscuras, ¿no? Y al mismo tiempo, la palabra *memoria*. Me encanta esa frase de Jesusa que dice: «Para no comer olvido». O sea, el comer olvido, el perderse. Eso, digamos, lo que veo mucho en tu obra. Es que siempre, las vidas estas, están de alguna manera vinculadas con tu propia vida. O sea, hay una relación ahí, en general.

ELENA: Hay que pensar que yo llegué a México siendo francesa, una niña francesa, y apenas pude entrar a un periódico, y ya después estudiar, curiosamente. Pero no, ingresamos mi hermana y yo en un colegio para aprender inglés, porque el español lo aprendimos en la calle, como lo he contado varias veces. Por eso, el querer pertenecer fue el que me acercó a mujeres como Jesusa. Jesusa era lo más fácil, porque era una gente que yo podía visitar aquí, que podía yo escuchar. Jesusa es una mujer real, es Josefina Borges. Sí, ella me contó su vida y así fui armando la novela, que se llama *Hasta no verte Jesús mío*. Pero después vi que en el mundo, entre los intelectuales nunca, jamás, hablaban de mujeres. Además, no solo no hablaban de ellas, sino que apenas una mujer destacaba, todo el mundo masculino o la explotaba o la aplastaba o la quería hacer desaparecer. Por eso fue muy importante para mí escucharlas. Yo escuché a Tina. Nunca la conocí porque era italiana, pero sí conocía a otras mujeres, a una gran fotógrafa (hoy medio olvidada) que se llama Lola Álvarez Bravo y a todo un mundo en torno a Tina, mundo de mujeres olvidadas, de mujeres muy importantes, mujeres que yo sentía que eran tan valiosas como el hombre. Lupe Marín, aunque no pintaba, escribió dos novelas, una se llama *La única*, y son novelas que te dan muchísimo de ella misma, de su condición de mujer, pero también de la vida del México que ella vivió y de los aspectos de egoísmo de Diego Rivera o también de los afectos de inteligencia, su cualidad, y sobre todo —algo que siempre me importó muchísimo— de amor a México, de amor al país.

CARMEN: Claro. Vos hablás mucho, en algunos textos, de Carlos Fuentes. Yo me imagino ese grupo letrado de Fuentes y Octavio Paz, muy exquisito, pero, al mismo tiempo, supermasculino. O sea, muy masculino.

ELENA: Muy masculino. Pero yo creo que, si alguien amó a Octavio Paz, y lo admiró —yo vi varias veces a Fuentes sentado a los pies de Octavio Paz— fue Carlos Fuentes. Él, de veras. Cuando Octavio Paz regresó de París a México, Carlos Fuentes —que era el secretario— le ofreció una gran fiesta en su casa de la calle de Tíber e invitó a todos para que vieran a Octavio Paz joven, guapo. A los pocos meses tendría que llegar su mujer, con su hija Helena, también (la Chata, le decían, porque era una niña víctima de sus padres, finalmente). Todo eso era un mundo. A Rosario Castellanos la consideraban provinciana porque escribía sobre los indígenas o los indios. En fin, no pertenecía al grupo. Sí fue un grupo muy creativo, de mucho talento, en el que, desde luego, el que más destacó y el que más llamó la atención fue Juan Rulfo. Tuve el privilegio de entrevistarlo, de hablar con él. Yo recuerdo que le dieron una enorme recepción también a Rulfo, en la embajada de Italia, y se le acercó una muchacha, muy admirativa, y le dijo: «Señor Rulfo, señor Rulfo, ¿qué siente usted cuando escribe?». Y él, así, todo encogido, respondió: «Remordimientos». Así que era, de veras, un mundo que giraba, que estaban haciendo. Aunque hubo grandes autores de la Revolución mexicana, pero que estaba, como dije, hirviendo de talento. Y entre ellos estaba Fuentes, que era generoso, que era muy bien informado, hijo de diplomáticos, que hablaba inglés, pues, como si hubiera nacido en Estados Unidos (de hecho, creo que él nació en Panamá). Era un encanto, Carlos Fuentes, porque siempre estaba lleno de admiración y dispuesto totalmente al afecto de los demás. Él formó parte de la colección de los presentes y tenía, de veras, una vitalidad y un entusiasmo muy contagiosos. Siempre quería ser mejor que él mismo, y que los demás fueran algo que quizá no eran y que él construía, por eso la ruptura de Carlos Fuentes con Octavio Paz. Yo creo que para la literatura mexicana es no solo una equivocación, sino una muy dolorosa. Lo fue para Carlos Fuentes y también lo fue para Octavio Paz.

CARMEN: Claro, Octavio Paz fue una figura muy difícil porque tiende a acaparar mucho. O sea, en *Las palabras del árbol* hay momentos en que puede llegar uno a querer atacarlo. Pero era un personaje un poco mandarín de la cultura, en general.

ELENA: Bueno, claro, él era Dios.

CARMEN: Gran poeta, gran poeta.

ELENA: Él era Dios. Gran poeta, gran escritor, gran analista. Pero él, sí, en su época, cuando era joven, él sí caminó al lado de Carlos Fuentes. Y Carlos Fuentes caminó con él. Si hubo dos amigos, uno mayor —el que enseñaba, el maestro— y otro con menos años —el alumno admirador, el alumno lleno de respeto y lleno de cariño—, fueron esa pareja Octavio Paz y Carlos Fuentes. Y es de veras un desastre, una tristeza, de veras una tragedia que se haya roto esa amistad.

CARMEN: Claro. Ha habido muchas peleas en las historias de América Latina, también. Y la política ha suscitado muchos conflictos, ¿no?

ELENA: Sí.

CARMEN: También…

ELENA: Claro, entre países de América Latina, también.

CARMEN: Entre países, también.

ELENA: En cambio, entre las mujeres ha habido unidad. Ha habido apoyo, unidad. Yo lo sentí salvo… Por ejemplo, Elena Garro, que no quería a Rosario Castellanos, y en realidad, Rosario Castellanos me dijo: «Yo le tengo terror a Elena Garro». Pero, salvo eso, no había nada así. Yo creo que las mujeres caminaron de la mano, se trataron, y cada quien escribía lo que quería o lo que podía. Yo nunca he sabido de una poeta o una escritora tratando de destruir a otra.

CARMEN: Claro, es como que las mujeres tienden a hacer redes por necesidad, también, de ser contenidas, y por las dificultades, porque trabajan desde otro lugar, también.

ELENA: Claro.

CARMEN: Vos hablás de la necesidad. Un poco del tema de la mujer estamos hablando, ¿cómo vos pensás que hay alguna posibilidad de que salgamos de esta escalada de violencia que estamos viviendo con las mujeres? Porque acá nunca ha habido tanto cuidado.

ELENA: En América Latina sí se ha visto. Lo importante, finalmente, es la educación. Ahora, por ejemplo, en México, en la Facultad de Letras, en la Facultad de Filosofía, el número de mujeres es mayor que el de hombres. Y en otras facultades también hay una gran presencia de mujeres, tanto en la Universidad Nacional Autónoma como en otras universidades privadas, hay mujeres que se están educando y que no van a aventar su título a la basura al salir de la universidad y de la carrera. Entonces, sí hay una presencia femenina superimportante. Yo creo, y sé, que no solo sucede aquí, sino en Chile, en toda América Latina.

CARMEN: ¿Vos qué opinás de todos estos crímenes de mujeres —y sobre todo en el caso de México— que se han dado por el tema de Ciudad Juárez y toda esa parte? El tema de las maquilas, que acá también se está dando. Acá, digamos, los asesinatos de mujeres son diarios. O sea, la cantidad de mujeres asesinadas no tiene nada que ver con la fiesta de los hombres. A pesar de que se han hecho marchas, ha habido mucho movimiento con el «Ni una menos», pero es muy difícil.

ELENA: En México, lo que sí hay es una cantidad de mujeres que salen de su casa, que ya no se quedan en ese perímetro, no, en ese cuadrado, que salen de su casa y salen a las fábricas a trabajar. Sobre todo, eso se da muchísimo en la frontera de México con Estados Unidos, donde están las grandes fábricas. Así pues, las mujeres ya tienen también una oportunidad de trabajo y de salario que no tenían antes. Además, claro, de concebir a los hijos y de levantarlos de la tierra y de criarlos. Pero, finalmente, se ponen sus situaciones más difíciles porque siempre les dan un trabajo menor al de los hombres, menor al de los otros trabajadores, su situación, ¿no?

CARMEN: Claro. Pero, además, evidentemente hay algo que se dice en este matar mujeres. Digamos que hay una tendencia a la eliminación de cuerpos, como… que seamos. Llama un poco la atención, por supuesto, que también el asesinato está, la muerte de periodistas, de estudiantes. O sea, un poco vivimos en un tiempo muy difícil en ese sentido, porque son como guerras soterradas. Antes se moría más en la guerra. Es decir, hay guerra en el mundo pero acá, aparentemente, no hay guerra. Pero hay guerra, guerras silenciosas, digamos, de alguna forma, largas guerras silenciosas. ¿Y cómo ves el tema del feminismo en México? ¿Se ha trabajado en el tema del aborto? ¿Se ha avanzado algo?

ELENA: Sí, se ha trabajado. Tenemos, aquí, en México, una feminista ejemplar, de nombre Marta Lamas, que tuvo una revista a cuya redacción pertenecí. Trabajamos. La revista no se pudo mantener por razones económicas. Pero, finalmente, sí, hay una presencia de las mujeres importante. La hay en la cámara y la hay en los puestos públicos. Hay varias mujeres, muy destacadas, que, empezando por Claudia Sheinbaum, que es la jefa de Gobierno y es una mujer muy excepcional, en el sentido de que es, bueno, obviamente, una universitaria, pero es también una hacedora, es una mujer que sabe hacer, que es algo que las mujeres pueden aportar a la política, naturalmente, porque las mujeres sabemos coser, sabemos cocinar, sabemos levantar a un niño de la tierra y hacerlo crecer, que es importantísimo; sabemos mantener un jardín, sabemos sembrar. En fin, la lista es infinita, de todo lo que hacen las mujeres, pues, se echa a andar. Y, desde luego, a través de una mujer joven y una mujer bella, hermosa moralmente, que es Claudia Sheinbaum.

CARMEN: Y el Gobierno de López Obrador, desde acá se la ve medio lejos, ¿vos lo apoyaste en su momento?

ELENA: ¡Ah!, sí, yo lo apoyo, lo sigo apoyando con el Gobierno. Él dijo, y lo sigue diciendo: «Primero los pobres». Y es cierto que se ha ayudado muchísimo a las comunidades más alejadas de la Ciudad de México. Porque una cosa es esta enorme capital, que tiene ese dudoso privilegio de ser una de las ciudades más grandes del mundo, y luego tienes todo lo que llamamos la provincia, son otras ciudades que también dan trabajo a mujeres que se vuelven fabricantes, que van a las fábricas, como es en el caso de Monterrey, de Nuevo Laredo, de Laredo, de las ciudades cercanas a Estados Unidos. Y muchos trabajan en la frontera. Desgraciadamente, ya son de condiciones que yo no conozco. Aunque, sí, a mí me encantaría poder ir a hacer reportajes en la frontera y ver el trabajo femenino, que es enorme. Se utiliza mucho a las mujeres porque son más delicadas en las cosas de electrónica, son mucho más delicadas con sus manos, que son de una gran finura.

CARMEN: Y otra problemática que tiene toda América Latina es la de los migrantes, ¿no?

ELENA: Sí, todos son migrantes. Tú estás hablando ahorita con una migrante, porque Poniatowska no es un apellido realmente español, ni mexicano, y, además, Amor es mi apellido materno. Pero yo tenía una tía poeta, Pita, que me gritaba: «No te compares a tu tía que es la dueña de la tinta americana», y por eso yo nunca utilicé mi apellido materno. Pero, entonces, eso habla de los migrantes, finalmente, pues, los apellidos, también Perilli.

CARMEN: No, no. Yo tengo cuatro abuelos de distintos lugares: abuelos judíos sefardíes, de Turquía, tengo un abuelo italiano y dos abuelas malagueñas.

ELENA: ¿Ves? ¡Qué maravilla! ¡Qué maravilla!

CARMEN: Una mezcla importante. Pero yo me refería, más que todo, a estas masas de migrantes centroamericanos, que están desesperados por llegar a Estados Unidos porque huyen de la violencia, fundamentalmente. El tema acá es la guerra. O los migrantes venezolanos. También en Argentina hay ese problema. Ahora hay mucha gente que se está yendo porque la situación económica es tan mala que se van. El migrante existió siempre. En muchos casos, detrás, buscando la paz, y, en otros, detrás, buscando el dinero.

ELENA: Sí. Bueno, pero, países muy avanzados —o de un enorme progreso en el mundo— también tienen ese problema, se puede ver en Francia cómo odiaban a los argelinos los franceses. A los famosos no, al piel negra; el odio que había hacia ellos y el odio que hay a todos los migrantes en el mundo. En general, las grandes masas que se mueven de un país a otro, por hambre o por desesperación —en fin, todas las razones que tú puedas enumerar— pues, es finalmente la historia de la tierra, de nuestro planeta. Además, también estamos buscando migrantes que vengan, pero marcianos, que lleguen también, si pueden llegar.

CARMEN: Vamos a tratar de migrar nosotros. Ya no nos tocará, les tocará a los nietos, ya.

ELENA: Sí.

CARMEN: Quería decirte también que, con gran admiración —y, además, ya había leído *La piel del cielo*— he leído el libro que le dedicaste a Guillermo, a tu marido, el último.

ELENA: ¡Ah!, sí. Bueno, le hice un primer libro sobre que el personaje era un astrónomo, que se llamó *La piel del cielo*, pero después, como ahí le atribuí muchas amantes y muchas historias de amor y aventuras a él, escribí después una biografía muy en serio, muy bien documentada, que se llama *El universo o nada*. Y esa es su biografía, y una manera de rendirle homenaje. Y, sobre todo, que mis tres hijos lo recuerden y lo tengan presente. Cuando yo también ya tengo —no, voy a cumplir— 91 años, pues, que ya lo puedan recordar y me recuerden a mí a su lado.

CARMEN: ¿Y cómo hacés para escribir esa cantidad de textos? ¿Trabajás vos sola?

ELENA: Yo trabajo aquí, donde estoy hablando contigo. Un cuarto chiquito, pero veo una buganvilia, que es una flor de México.

CARMEN: La buganvilia mexicana acá se llama Santa Rita. Yo tengo cuatro.

ELENA: ¡Ay, qué bonito! Pues aquí hay muchas, que quieren entrar, las flores de la buganvilia que me hablan, y me acompañan hasta las cinco o seis de la tarde, cuando ya oscurece. Y vivo en un barrio muy bonito que se llama Chimalistac, con calles empedradas. Yo creo que soy una privilegiada, una privilegiada de tener un oficio que amo, pero creo que si fuera zapatero también amaría ser zapatero, aunque no tengo las manos chiquitas, eso no me ayuda mucho, pero sí para escribir, puedo escribir como una hormiga, rápidamente. Yo soy una mujer cubierta de bendiciones, cubierta de flores, de felicidad. Y tengo diez nietos (que es mucho) y tengo tres hijos muy buenos —que yo les he dado más problemas a ellos que ellos a mí—.

CARMEN: Ay, no creo, no creo.

ELENA: Sí, pues, así que yo creo que me voy a despedir de este pedazo de tierra que ocupo, pero me voy a despedir con mucho agradecimiento. Y, finalmente, con mucha felicidad, a diferencia, por ejemplo, de Frida Kahlo, que dice: «Espero que la salida sea rápida y espero sobre todo no regresar nunca».

CARMEN: Claro, Frida es interesante porque es toda una construcción, un cuerpo tan tremendamente golpeado, pero hoy en día ya no sabemos qué es Frida porque está tan mistificada la figura. Sí, ella dice que prefiere no volver. Borges también decía que prefería no volver.

ELENA: Sí, ella lo escribió, es algo que dijo y escribió. Pero hay una muy buenísima biografía de ella, que hizo una norteamericana, Hayden Herrera.

CARMEN: Sí, la leí.

ELENA: Es un libro muy valioso, que estoy segura de que Frida reconocería como que le hace justicia.

CARMEN: Bueno, Elena, podríamos terminar acá —si estamos hablando hace una hora y diez minutos—. ¿Te parece?

ELENA: Me da mucho gusto. Te lo agradezco muchísimo. Y ha sido una conversación muy agradable, muy bonita. Y, además, muy fraterna. Bueno, muy amable.

# Literatura y mercado: las ferias del libro en el contexto hispano

**MARISOL SCHULZ • ANDRÉS SARMIENTO VILLAMIZAR**

Conducido por **Ana Gallego Cuiñas**
(Universidad de Granada, España)

*Ana Gallego Cuiñas, especialista en Literatura y Cultura Hispanoamericanas y en Estudios de Mercado, Edición y Género, entrevista a los directores de dos de los eventos culturales más importantes de América Latina, la mexicana Marisol Schulz, al frente de la edición de la Feria de Guadalajara desde el 2013, y el colombiano Andrés Sarmiento Villamizar, quien coordina la Feria Internacional del Libro de Bogotá desde este año. Sus reflexiones en el marco de este capítulo profundizan en las razones que condicionan la presencia de autorías emergentes, editoriales independientes y géneros minoritarios, y en la capacidad* performativa *de la literatura en asociación con otras disciplinas artísticas y otras áreas del conocimiento. Y, como telón de fondo, comparten desafíos como el equilibrio comercial, la creación constante de públicos nuevos y los cambios culturales y sociales que derivan de la evolución tecnológica.*

ANA GALLEGO CUIÑAS: Bienvenidas, bienvenidos, *bienvenides,* a la tercera edición de este festival, «Paris ne finit jamais», que, año a año, a golpe de vanguardia, transversalidad y calidad en la nómina de participantes y temas, se ha convertido en un referente europeo para la producción y circulación de la cultura literaria actual en lengua castellana. La actividad que hoy nos convoca está centrada en las grandes ferias del libro en español. El acontecimiento, junto con la proliferación de festivales más significativos en el campo literario de la última década. Las feria del libro globales, como la FIL de Guadalajara, o las locales, como la de Bogotá, son efectos de la globalización del mercado literario y el desarrollo exponencial de las industrias creativas de los 90. Actúan como un dispositivo de autolegitimación pública de la función social de la literatura. Es decir, de su valor social, al tiempo que se erigen como icono de la espectacularización de la imagen del escritor, de la celebridad literaria y de la consagración. De hecho, las políticas de la literatura, como las entiende Rancière, que están desarrollando ferias como la FIL, ostentan el criterio de legitimidad que antes ejercía la Academia o incluso el Estado. Es decir, hoy día, jerarquizan, prescriben el gusto o, mejor, el valor literario. De ahí que, paulatinamente, tanto la crítica como estos mismos espacios estén prestando cada vez más atención a la reflexión, la función y el efecto de estos objetos en el campo, y esto lo sabe muy bien nuestra primera invitada, que es Marisol Schulz, editora mexicana, directora de la Feria Internacional del Libro de Guadalajara desde 2013, la más importante de Iberoamérica. Estamos hablando de una feria con más de ochocientos mil asistentes, con una oferta cultural que contempla alrededor de mil horas en actividades y más de dos mil casas editoriales de 47 países distintos. Verdaderamente, abracadabrante. Muchas gracias, Marisol, por participar hoy aquí con nosotras y con nosotros. Es un placer y, para mí, un auténtico privilegio compartir pantalla contigo. La primera pregunta que me gustaría hacerte está relacionada con esta pequeña introducción que he hecho; es decir, con las políticas de *festivalización* —podríamos llamarla así— que están llevando a cabo en estas últimas décadas las grandes ferias como la FIL. Si antes el epicentro de la actividad de la FIL era el objeto libro, en su faceta más comercial y profesional, funcionaba primeramente como una instancia de mediación económica enfocada en derechos de autor y tradiciones, en los últimos lustros asistimos a un giro social, simbólico y consagratorio de la imagen del escritor, que se ha ido haciendo más presente en las secciones públicas de la FIL, cuyo comportamiento se asimila, en este sentido, al de los festivales literarios. De hecho, tú, en algunas de tu entrevistas, hablas directamente de la FIL como festival o literalmente dices «feria de ferias», que toma las calles, que sale hacia afuera, que se extiende hacia el área metropolitana. Mi pregunta es, Marisol, ¿a qué se debe y por qué es necesaria esta apertura de la feria hacia la esfera pública, hacia el festival o hacia esa fiesta de la cultura? ¿Tiene que ver con el desplazamiento del aura del objeto libro a la imagen del escritor? ¿Qué efectos simbólicos y económicos tienen estas políticas en la visibilidad de la FIL?

MARISOL: Son varias preguntas en una. Antes que nada, me gustaría agradecer esta oportunidad de hablar con ustedes —contigo, en particular, Ana—, pero sobre todo también festejar que hay un festival literario en nuestro idioma en otro país.

Nosotros mismos, como feria, tenemos una feria del libro en español en Los Ángeles, California. Así que entendemos lo que implica realizar una feria en otro país, en un país en el que el español no es el idioma oficial. Y yo celebro que existan este tipo de actividades. Así que, muchas gracias por la oportunidad. Pues, efectivamente, me haces varias preguntas en una, pero te voy a decir algo, la FIL Guadalajara, desde sus inicios —hace 36 años— tuvo la misma vocación. Ciertamente, se han ido consolidando algunos temas, pero desde un principio se consideró tener una feria cuyo eje rector fuese la literatura y, por lo tanto, los libros, si no no sería feria del libro. Es decir, ¿cuál es la diferencia entre un festival literario y una feria del libro? Una feria del libro convoca editoriales, convoca al espacio editorial, a las grandes editoriales y a las pequeñas también, a estar presentes y exhibir sus catálogos, estar a la venta y en contacto con un público lector. Es por eso feria del libro, pero, a la par, esto es festival literario porque —y ha sido uno de los núcleos de nuestra feria, una de nuestras preocupaciones principales desde un inicio justamente— convoca a escritores de todos los géneros y, quizá, de todas las asignaturas. Algo que, sí, es verdad que es diferente, es que —por lo menos desde 2013 para acá— también estamos haciendo un trabajo con conciencia, con científicos, con temas del pensamiento, que antes se hacía pero de una manera diferente. Así, la feria tiene la misma vocación desde su inicio […] inició en el 87, pensando en el gran público, sobre todo regional —o local, pero que se ha ido extendiendo a otras partes de México—, pero también, y sobre todo, a los profesionales del libro en nuestro idioma. Y, poco a poco, fue consolidándose. Obviamente, en el 87 fue una feria austera, incipiente, pero la fama de la feria y, probablemente, lo bien que se hizo desde un principio —que no me corresponde a mí, por eso lo puedo decir— que se tomaron muy buenas decisiones, fue consolidándose y, ya a 36 años de distancia, hemos llegado a ser lo que somos, una feria reconocida por todo el mundo editorial. Definitivamente, por el mundo de la cultura y, sobre todo, el mundo de la cultura en nuestro idioma. Pero esta vocación no ha cambiado, se ha ido consolidando, es cierto, ha ido moviéndose. Una de las ventajas que hemos tenido como comités organizadores es ir dándonos cuenta de lo que es el consumo cultural y las necesidades culturales. Treinta y seis años atrás, treinta y siete años atrás, nadie hubiera pensado, ni siquiera en la mente más futurista, en que podríamos leer en un *smartphone,* que leeríamos en un aparatito, que tendríamos un aparatito en el que podríamos leer, algo tipo película de James Bond, para que lo entienda todo el mundo. En esa época, quienes estábamos trabajando en el mundo editorial lo hacíamos de una manera que ahora nos parecería como de la Edad de Piedra, pero así fue como comenzó todo. Además, el uso de las tecnologías, que cambian con una velocidad que de repente nos puede apabullar, todo eso lo tenemos que ir viendo. También para entender qué es lo que demanda un público que viene a la feria, un público, además, juvenil. Tenemos un promedio de edad muy bajo de los asistentes de la feria, gente muy joven tenemos aquí. Una feria del libro para niños, al mismo tiempo, es parte de la feria. Por eso hablo yo de «feria de ferias», porque tenemos una feria, un festival literario, un festival cultural, tenemos FIL Joven, FIL Niños, FIL Pensamiento —que es el programa académico, etcétera— y FIL Profesionales del Libro, para todo el mundo de los negocios. Por eso es una «feria de ferias», porque tiene distintos objetivos y distintos públicos, y todo se concentra en nueve días del año.

ANA: Me gustaría ahora, Marisol, que hablásemos de las políticas de la literatura que, de alguna manera, encontramos en los programas de la FIL. A mí me gusta imaginar que los programas de una feria son textos significantes y que si hacemos una lectura de cerca, un *close reading*, hay una serie de valores literarios en esos programas, una toma de decisiones. Hace poco llevé a cabo un estudio sobre las ediciones de la FIL entre 2016 y 2020, y ahí pude observar que hay en la FIL una apuesta ascendente por escritores noveles; a medida que avanzan los años, en 2019, por ejemplo, llegó a un 7 %, y, de repente, en 2020, a un 12 %. También tenéis el Concurso para Jóvenes Creadores en las ediciones de 2017, 2018 y 2019. Marisol, ¿a qué se debe este interés en los noveles, en los jóvenes? ¿Qué valor tiene para la FIL lo emergente, lo nuevo, teniendo en cuenta que la mayoría de escritores que suelen participar en ferias son escritores muy premiados que, en su edad media, rondan los cincuenta años? Cuéntame un poco de esto, Marisol.

MARISOL: Se concatena con lo que acabo de contestar. Quienes organizamos la feria, quienes la programamos directamente, pensamos mucho en cómo han cambiado los consumos culturales y las necesidades culturales de la gente, y viene un público joven. Es, pues, un asunto de equilibrio. Por un lado, el público sí nos pide nombres muy reconocidos; es decir, a mí todos los años la prensa me pregunta que quién es el premio nobel que va a venir. Es decir, como si todos los festivales literarios tuvieran que tener por fuerza un premio nobel para ser, para existir, cuando yo no creo que sea el deber ser. Perdón por la redundancia, pero no creo que sea lo que tienes que hacer permanentemente. ¿Es bueno tenerlo? Sí, claro. Lejos de cerrarles las puertas, que, bueno, eso te va a traer otro público. Pero todo nuestro trabajo tiene que ver con equilibrios, el traer a un premio nobel, a un autor reconocidísimo que no haya ganado el Nobel, implica poder cobijar a los autores que se van a dar a conocer y que vas construyendo, les vas construyendo un público. Y hay autores, muchísimos autores, que, gracias a que han venido muchos años a la FIL de Guadalajara, han construido un público, un público que no tenían. Y hablo de autores que son ahora muy muy reconocidos en nuestro idioma, hablo de autores españoles. No quiero dar ejemplos, porque no quiero que se malentienda, o que no se entienda, en el sentido amplio de la palabra. Es decir, son autores que han venido y han construido, justamente, público que los está demandando hoy en día. Por lo menos en México o en Latinoamérica, porque es cierto que la FIL es un escaparate para toda América Latina. Eso es un hecho. Es un tema de equilibrios: al mismo tiempo que sí queremos darles voz a los autores emergentes, porque son los que van a seguir con esta faceta en la vida, son los que va a seguir leyendo la gente, no podemos tampoco dejar fuera los grandes nombres que la gente nos pide, nos demanda. A lo mejor, por venir a ver —te doy un ejemplo que hemos tenido— a Paul Auster, al mismo tiempo te quedas y en el salón que sigue encuentras a un grupo de chicos nacidos en los años 80, que tienen mucho que decir y que van para arriba también, como escritores que van consolidando su carrera y su trayectoria literaria. Insisto, es un tema de equilibrio.

ANA: Claro. Y el tema también de los *youtubers*. Bueno, de todas formas, yo ahora quería pasar a un tema que me interesa especialmente. Marisol, tú eres una de las pocas mujeres directoras de una gran feria del libro y esto ya de entrada me parece una conquista. Si, además, hacemos esa lectura de cerca, que te he dicho, de los programas de la FIL entre 2017 y 2020, observamos que la participación de mujeres escritoras también va creciendo. En estos cinco años, 1236. No se alcanza nunca el 50 %, pero casi se llega en el 2020, estamos hablando de un 48 %. Además, acogéis actividades con temáticas de género, de mujeres, de feminismo, mesas redondas, presentación de libros, premios literarios para mujeres, talleres. Estas políticas de igualdad que vemos implementadas y que van creciendo, ¿exactamente a qué responden, Marisol? O sea, ¿es una cuestión de la agenda de la FIL, una agenda feminista, o de género? ¿O es una cuestión de mercado? ¿Pensáis también en la visibilización a futuro de otras subjetividades disidentes o escritores LGTBQ+, por ejemplo?

MARISOL: Es que los hemos tenido. Mira, yo primero te quiero decir que corresponde nuevamente a las necesidades de nuestros lectores y del público que tiene la feria. Siendo muy feminista, porque no es un tema, ahorita, de una moda; quiero decir, por mi edad —he sido feminista desde hace mucho más tiempo de lo que mucha gente se puede imaginar— no creo en las tarifas, en las cuotas, yo creo que la mujer vale *per se*, independientemente de si es un porcentaje. Esto es, tener que tener un 50 % de mujeres, valgan o no valgan, a mí me parecería denostar a la mujer y denostar a la escritora. Yo creo que la escritora vale por ser escritora o por escribir, independientemente del género. Hemos tenido, tenemos, el Premio Sor Juana Inés de la Cruz, que, por cierto, la primera mujer trans que se ha premiado lo dio también la FIL, que es Camila Sosa Villada. Es decir, creo que los temas de apertura han estado siempre y que, ciertamente, pues, ahora hay más énfasis en fijarse en estos temas. Cuando comenzó todo el asunto de #MeToo tuvimos un par de reflexiones sobre lo que era el #MeToo, pero no es lo único que hemos reflexionado sobre el feminismo. Somos, por lo pronto, una feria que surge de una universidad pública mexicana, donde tenemos estos intereses porque es una universidad y, entonces, como tal, las profesoras, las estudiantes, tienen esa temática como parte de su interés personal. Nosotros damos la bienvenida a todos estos temas y somos muy abiertos y somos muy receptivos a esta temática, pero, te insisto, desde el punto de vista de programación, a mí me parecería injusto, por ejemplo, dar un premio a una persona porque es mujer o porque es hombre. El género no importa, no. Importa la calidad. O porque es trans… O sea, lo que se premió en el caso de Camila Sosa Villada fue su novela, fue la calidad de su novela, que, encima fue una chica. ¡Qué maravilla!, porque es una persona encantadora y le ha dado muy buena prensa a la feria, pero no fue ese el objetivo. El objetivo es premiar la calidad y privilegiar la calidad literaria por encima de todo. ¿Qué es lo que ha ocurrido? Que las mujeres tienen más visibilidad, cada vez más —por supuesto, en nuestro mundo literario—, y, por lo tanto, tenemos más mujeres que podemos presentar y las propias editoriales nos proponen más mujeres. Es una tendencia a la que nosotros nos subimos, pero nunca denostando a la mujer. Es decir, nunca vamos a programar a alguien porque es mujer en lugar de porque es hombre.

ANA: Claro. O sea, que puedes tener 60 % de mujeres como antes tenías un 20 %. Algo que se ha denunciado mucho también en España, o sobre todo por la plataforma de las mujeres del libro, es el techo de cristal, que sigue existiendo en el mundo de la edición. En el mundo de la dirección de ferias, ¿también existe el techo de cristal?

MARISOL: No lo creo. Curiosamente, nosotros tenemos un grupo de Directores de Feria Internacional en el que yo estoy. Es un grupo raro, porque es un grupo que es un grupo de amigos, no es un grupo abierto. No es que sea un club, sino que es un grupo que lleva muchos años y a mí me invitaron hace diez años. Y en este grupo creo que somos tantas mujeres como hombres; es decir, no he hecho yo la cuenta pero está la directora de la Feria del Libro de Gotemburgo, de Suecia; está la directora de la Feria del Libro de Bolonia, que es mujer; la subdirectora de la Feria del Libro de Frankfurt, que, al final, es la que lleva todo en español, que es mujer, y hemos ido cambiando de tener directoras a directores, como la de Londres, que antes era mujer y ahora es hombre; o sea, ha ido cambiando; la de Taiwán es mujer. Entonces, de los que participamos, te puedo decir que es el mismo número de personas de un género y del otro. No hay una distinción.

ANA: Ajá, qué bien. Bueno, para ir terminando —y en relación justamente a esa vocación abarcadora de la FIL—, ahora ponemos el énfasis en los géneros que son menos comerciales, por ejemplo, en la poesía, en el teatro, en el cuento, en el ensayo. Antes hablabas de tu interés —esto es algo tuyo, como tu sello, algo que todos reconocemos— por apostar por el pensamiento y la ciencia. O sea, todo lo que no es novela, que es el género más comercial o por lo menos está bastante presente. Entre el 10 % y el 15 % de las actividades que organizáis, el género que es más menor —en el sentido de los que más visibilidad tiene— es la poesía en la FIL, seguida del teatro, después el cuento. Y están como muy vinculados a lo oral, a los recitales. Es decir, en el estudio que hice podemos concluir que la FIL es una de las ferias más bibliodiversas en lengua castellana. De nuevo te pregunto lo mismo, ¿hay una política detrás de esto, Marisol? ¿Qué papel crees que pueden jugar o están jugando las ferias y los festivales justamente en la revitalización simbólica y económica de la poesía y de su puesta en valor? ¿Cómo la FIL está ayudando a poner en valor, acumular capital, a determinados escritores que pueden ir pasando a grandes grupos justamente por pasar por la FIL? O sea, ¿crees que tiene algo que ver también esta especie de revitalización con el surgir de la poesía, con el papel, tan importante, que tienen las ferias y festivales?

MARISOL: Mira, pienso que sí, aunque todavía es muy acotado. Nosotros tenemos el salón de la poesía y, la verdad, no es un salón masivo tampoco. Sí hemos tenido grandes poetas que vienen a un salón mucho más grande, pero todavía la parte poética es muy íntima. Hemos tenido, por ejemplo, un Raúl Zurita y —por darte muchos nombres— a Gamoneda, etc. Pero tenemos el salón de la poesía que lo trabajamos más como algo íntimo porque es como un registro. Estando en Guadalajara, nos patrocina una marca de tequila y no podemos abrirlo al gran público, porque los niños no podrían entrar, porque estamos sirviendo alcohol. Simplemente por ese detalle. Pero tiene una esfera más íntima todavía. Podemos hacer mucho para llevar la poesía a una población mayor. Creo que eso es parte de lo que queremos hacer. El cuento no, porque tenemos el Encuentro Internacional de Cuentistas desde hace mucho tiempo y, la verdad, tiene un gran espacio y tiene un gran público que ya lo sigue año tras año. El teatro es un poco más complicado. La dramaturgia es más complicada, en general. Como género es muy difícil el género dramático, pero también lo hemos tenido, un Encuentro de Literatura Dramática. También la crónica literaria ha estado presente sobre la feria, o el ensayo como tal. Entonces, sí hemos querido, en ese sentido, ser abiertos a todos los géneros, a todas las propuestas, y que todas tengan un espacio dentro de la feria. Ahora también, eso depende mucho, porque nosotros tenemos grandes aliados. La feria no puede funcionar sola, sino a través de los grupos editoriales —del tamaño que sean— que nos traen a sus autores, y los grupos, por lo general, por un tema verdaderamente comercial, que es lógico, porque es a lo que van, a sacar más provecho. Privilegian a los novelistas, digo, porque son los que tienen mayor público. A veces, se privilegia el *best seller*, pero no siempre.

ANA: Y para acabar, ¿qué nos puedes decir de la próxima FIL 2022? Cuéntanos algo.

MARISOL: Mira, estamos haciendo todavía el cierre de la programación porque hay grandes nombres que te van confirmando hasta el final. Es decir, en la feria normalmente tenemos cerradas seiscientas presentaciones —de hecho, ya están en nuestra página web—. Yo lo que te puedo decir es que regresa con bríos; es decir, tuvimos un año 2020 virtual muy bueno, con un programa muy interesante, pero que no nos pudimos ver las caras, no nos pudimos encontrar, por razones absolutamente obvias. Sin embargo, llevó un público amplísimo. Es decir, la feria, que tiene unos ochocientos mil visitantes aproximadamente, en el 2020 tuvo cinco millones de visitas directas de 81 países.

ANA: ¡Cinco millones!

MARISOL: Una barbaridad de visitas directas, comprobables, y un alcance —según medios de comunicación que nos ayudaron a difundir los contenidos— de veintiún millones de personas, a través de los medios de comunicación. Es apabullante, pero ese no es el objetivo de la feria, llegar por *streaming* o por televisión. En 2021 regresamos con una feria muy acotada, muy limitada; no podíamos tener todo el número de editoriales presentes porque teníamos que tener espacios más abiertos, cuidando el tema del cero contacto (no sucedió ningún contagio en el marco de la feria, por cierto). Tuvimos menos suscriptores, menos público, todo fue reducido; entonces, bueno, era un regreso limitado pero fue un regreso. Lo que estamos viendo en 2022 es la necesidad del regreso total. Es decir, la demanda de la feria es brutal: tenemos, a estas alturas, más de cuarenta editoriales en lista de espera para poder presentar sus libros y ya no hay lugar; tenemos editoriales en lista de espera para exhibir en nuestra feria y ya no hay lugar. Ahora sí que está todo el mundo, pues, poniendo su santito de cabeza para que haya una cancelación —lo digo coloquialmente, para que nos entendamos todos—. Es un poco como estamos, pero creemos que va a ser un regreso fuerte, vertiginoso, que el público lo quiere. Yo estuve en la feria de Buenos Aires este mayo pasado y la gente regresó con un ánimo, con una necesidad de volver, brutal. Es un efecto psicológico de la pandemia, nos queremos volver a ver, nos queremos volver a abrazar, como si no hubiera existido lo que acabamos de vivir. Y creemos que eso va a pasar con la feria. Estamos ya terminando el programa; no lo hemos dado a conocer en su totalidad porque, la verdad, hay grandes nombres que estamos por confirmar y sería injusto hablar de alguien que no te ha confirmado todavía y que está viendo, por temas de agenda, su pertinencia de venir o no. Sin embargo, ya en el programa de la feria puedo adelantarte algunos nombres: estará una chica como —bueno, «chica», para mí es una chica, porque es una gran amiga y una persona a la que admiro y respeto muchísimo— Laura Restrepo. Ya se sabe porque ya dimos el Premio FIL de Literatura en Lenguas Romances. Y viene Mircea Cărtărescu, que es una de las grandes personalidades literarias mundiales. Tenemos, en el salón de la poesía, al poeta sirio libanés Adonis. Estos son algunos de los nombres confirmados, entre muchísimos otros —son seiscientos—. Cuando a mí me piden que diga quiénes son, yo les digo: «Mira nuestro programa», porque voy a dejar fuera nombres importantes. Pero ya estamos poniendo los últimos detalles, calentando motores, para el regreso de una feria que el 26 de noviembre seguro va a arrancar con nuevos bríos.

ANA: Pues tenemos que ir acabando, Marisol. Muchísimas gracias por abrirnos tantas ventanas a la reflexión y a la admiración, por el magnífico y necesario trabajo que tú y tu equipo estáis haciendo para promover la literatura en lengua castellana. Muchísimas gracias.

MARISOL: No, gracias a ti. Me encanta haber hablado contigo. Además, tienes una información fundamental para poder establecer un diálogo con la dirección de una feria. Es decir, creo que hemos tenido un diálogo muy a la par y eso no sabes cómo lo celebro.

ANA: Gracias, Marisol, de verdad.

MARISOL: Gracias. Gracias a todos.

ANA: Ahora seguimos con nuestro segundo invitado de lujo, Andrés Sarmiento. Él es periodista, escritor, editor y gestor cultural, y el actual director —desde comienzos de 2022— de la Feria Internacional del Libro de Bogotá, que es el buque insignia de las ferias locales a un lado y al otro del Atlántico. Muchísimas gracias, Andrés, por compartir con nosotras y nosotros el espacio que nos ha abierto el festival «Paris ne finit jamais» para dialogar sobre las ferias iberoamericanas. Está claro que ferias del libro como la de Bogotá cumplen un cometido no solo comercial —como decíamos en la primera entrevista—, sino también simbólico y consagratorio, orientado tanto a dar visibilidad a ciertos autores y políticas de la literatura como a dar también legitimidad. Es más, me atrevería a decir que vienen desarrollando lo que podríamos denominar «políticas de autolegitimación de lo literario», que ponen el foco en lo profesionalizante, pero también en el fomento de la lectura, en temas actuales como la escritura contemporánea, la interculturalidad, la emergencia climática, cuestiones de género, a lo que hay que sumar la presencia cada vez mayor de las nuevas tecnologías. Y ahora viene mi primera pregunta: Andrés, ¿cómo te planteas la agenda de la Feria del Libro de Bogotá en estos aspectos? ¿Y cuáles crees que son las políticas de lo literario que más distinguen a la Feria del Libro de Bogotá?

ANDRÉS: Claro que sí, Ana. Antes de eso, me gustaría agradecerles a todas las personas que nos están viendo, a todos los organizadores del festival y a ti en lo particular, por esta conversación. Las ferias vienen convirtiéndose en un escenario propicio para articular muchísimos temas de conocimiento, coyunturas. Y, por supuesto, todo lo que tiene que ver con ejes culturales, literarios y editoriales, con todo lo que eso significa. Por lo pronto, en este capítulo, Bogotá como parte de Latinoamérica, la Feria Internacional del Libro de Bogotá, precisamente, tiene ese alcance. Es una feria internacional que, además de alojar a un país invitado de honor, viene desarrollando una programación muy enfocada en temas hispanohablantes, en particular, latinoamericanos. Y, en ese sentido, el año entrante tenía unos retos particulares e interesantes porque celebraremos el tema «Raíces». La feria cumple 35 años, viene creciendo. Es una feria patrocinada por instituciones públicas y privadas que vienen contribuyendo a la cultura colombiana en ese sentido. Se ha convertido en uno de los eventos más importantes en materia cultural, no solamente del país, sino de Latinoamérica, y ha venido

—como dices— fortaleciéndose también como un foco importante para la industria editorial iberoamericana. En ese sentido, celebrar los 35 años nos va a llevar a poner varios temas sobre la mesa, y uno de ellos va a ser la dependencia que todavía existe, en materia editorial, de España. Qué está pasando con los mercados editoriales latinoamericanos, la gran crisis del papel que golpea a todo el mundo. México será el país invitado de honor y el país más grande de Latinoamérica. Viene siendo como un epicentro en todos estos temas, con todo lo que pasará el año entrante. Y como celebraremos este año, seguramente serán los temas que tendremos sobre la mesa. Entonces, Ana, tenemos muchos retos. Venimos también de una pandemia que hizo que la feria se rezagara durante dos años. Este año pudimos sacarla adelante, pero todavía con temas de carné de vacunación, de picos. Y, bueno, esperamos que el año entrante nos permita volver ciento por ciento a la presencialidad.

ANA: Has mencionado el tema de la importancia de los sellos y de mercado editorial y, desde comienzos del siglo XXI, asistimos a un auténtico *boom* de las editoriales independientes, en particular en América Latina y, por supuesto, en Colombia. Y es claro que su presencia es cada vez mayor en las ferias y su valor es fundamental, justamente para ensayar esas estrategias de mercado contrahegemónicas que puedan zafarse de las estrategias de los grandes grupos ligados a España y a Alemania, para preservar la bibliodiversidad y para que se siga aumentando la visibilidad de las escritoras. En un estudio que hice recientemente de las editoriales independientes, estas son las que más mujeres publican. Entonces, yo te quería preguntar, también, ¿cómo se relaciona la Feria del Libro de Bogotá con la edición independiente tanto colombiana como latinoamericana o incluso europea? ¿Cómo ves este aspecto en la feria? ¿Cómo lo manejáis?

ANDRÉS: Es importantísimo cómo lo mencionas, cómo dices. Estos grupos editoriales, sobre todo editoriales medianas en el mundo, vienen consolidando —por decirlo de alguna manera— estos monopolios que hacen muchísimo más complejo, sobre todo, el tema de distribución y exhibición en países como Colombia. En ese sentido, la Feria Internacional del Libro de Bogotá pertenece a la Cámara Colombiana del Libro y procura tener al gremio independiente, no solamente las editoriales, sino las librerías, permanentemente conectadas con el proyecto ferial. En lo referente a esto, nosotros somos puente. No solamente para tener una presencia privilegiada en la Feria Internacional del Libro de Bogotá, como un espacio, como salón para las librerías, las editoriales independientes, con una programación donde, pues, tenga plena participación, sino también que somos puente para las ferias —no solamente en Colombia— regionales de distintas ciudades y también internacionales. Ahorita vamos a patrocinar la puesta en escena de Guadalajara. Así que allí, a través de ACLI, que es la Asociación Colombiana de Libreros Independientes, tendremos presencia en Guadalajara con un estand donde estará la mayor parte del fondo de editoriales independientes y, asimismo, también las editoriales tradicionales. Es un esfuerzo que a veces se desdibuja. Se dibuja por escenarios como los comentados hace un rato, de pandemia, de falta de apoyo gubernamental en presupuestos que nos permitan hacer esta sinergia con las editoriales independientes. En Colombia, pese a todos los inconvenientes que se tienen, surgen nuevas editoriales independientes. Cada año hay unos logros inmensos en materia internacional. Por ejemplo, el tema de Babel, que fue premiada en

Colombia como una de las editoriales latinoamericanas o la editorial latinoamericana más importante. Desde hace tres o cuatro años, editoriales independientes que vienen teniendo unos planes interesantísimos no solamente en materia literaria, con nuevas voces, sino recogiendo grandes tesoros como Laguna o el caso de Mar Reyes algunos años, que fue un *best seller* de, no sé, casi más de cinco años en el primer lugar, y fue una iniciativa de una editorial independiente, con un trabajo muy importante. Aunque estos planes editoriales son, digamos, cortos, por decirlo de alguna manera. No es que traigan muchos títulos dentro de sus catálogos; vienen impactando, vienen dando la talla en los listados de venta, en los listados comerciales de las librerías colombianas. En ese sentido, tienen gran presencia en la feria no solamente de Bogotá, sino de otras ciudades. Y yo creo que es un tema más de dinámica comercial lo que les perjudica un poco, pero por ser venta directa la feria se convierte en una gran vitrina para ellos y tienen una gran oportunidad.

ANA: Qué bueno que tengan pensado hacer esta reflexión sobre un tema que me parece fundamental, justamente por las distribuidoras, porque incluso Big Sur, el Cono Sur, no termina de arrancar. Saltando a otro tema, Andrés, las ferias del libro también han revelado algo que siempre ha sido implícito a lo literario, pero que quizá no apareció de una manera tan clara, y es la extraordinaria *performatividad* de la literatura, la manera que tiene de expandirse o de asociarse con otras expresiones artísticas. La cultura literaria del siglo XXI se caracteriza por esa forma expandida, transmedial, heterogénea, bastarda. Y aquí viene la pregunta, ¿de qué manera se une la literatura con otras artes en la Feria del Libro de Bogotá? ¿Cuáles son las disciplinas prevalentes? Porque tanto en las ferias locales como globales son muy disímiles y, a ese respecto, hay algunas que dialogan más con la música, otras más con lo visual, con el cine, con la fotografía, con la danza. Cuéntanos un poco de esto.

ANDRÉS: Claro que sí, Ana. Como lo analizamos en la primera pregunta, las ferias se han venido convirtiendo en un escenario multiformato. Y, además de eso, los temas que trascienden, aunque la categorización de feria, festival, fiesta del libro viene ya cementándose, claramente las ferias no son ajenas a estos cambios, y me remito al formato porque el formato precisamente pretende tener valor agregado. Ya no son la mesa con el autor, el mantel, su interlocutor o sus interlocutores, y un público. Aquí surgen ayudas audiovisuales, surgen *performances,* que enriquecen aún mucho más el contenido. La Feria del Libro de Bogotá no es ajena a eso, viene, como dices, mezclándose con otras artes, por ser una feria también en gran parte patrocinada por recursos públicos, los escenarios, las carteras, Secretaría de Educación o el Ministerio de Educación, asimismo de Cultura, de Ciencias, entre otros, vienen muy interesados en llegar a sus públicos a través de la feria. Y, en ese sentido, sí, la responsabilidad o, más que responsabilidad, el hacer circular esos contenidos que tengan que ver con el libro y, en gran medida, con la literatura y con contenidos editoriales, tiene un gran reto detrás. Ese es uno de nuestros mayores desafíos en este momento. Por ejemplo, piden el Día de la Ciencia y, si bien puedes invitar a un premio nobel de química o puedes invitar a un gran personaje de la tecnología de Estados Unidos, también tienes que ver cómo la ciencia ha tocado la literatura a lo largo de los años, la ficción que tiene que ver con las ciencias, como *Frankenstein,* y tener esas mesas tan emocionantes y tan divertidas de, no sé, Julio Verne, para niños, cómo nos acercamos a través de la literatura a la ciencia. Como mencionabas, son muchísimos los libros que hacen ya referencia a la música y, en ese sentido, también tener *performances* que tengan que ver con eso y que enriquezcan —repito— el contenido. O incluso, todo el sector gastronómico. Hay libros de gastronomía que se lanzan y ya conocemos las grandes crónicas que tienen que ver con la cocina, todo el tema de este libro tan maravilloso que se llama *Fuego* o lo de Anthony Bourdain, aquí hay muchos chefs colombianos que se adentran en las partes más profundas del país a buscar la comida tradicional del Amazonas. Entonces, no es simplemente mostrar una receta de cocina, sino referirse a cómo lo hacen los peruanos, incluso ustedes en España, a descubrir los orígenes de la comida y de todo lo que eso es culturalmente. En este sentido, es un reto. Yo he visto ya formatos de ferias regionales. El año pasado dirigí la Feria del Libro de Cali, y teníamos eventos segmentados: teníamos una hora una conversación, teníamos otra hora un documental y, en otra hora, un complemento de preguntas hechas por los lectores de este libro. Por eso son eventos que se segmentan: un día el autor, otro día este documental, otro día las preguntas. La gente, alguna gente, está muy interesada en esa continuidad que se le pueda dar a ciertos temas.

ANA: Qué bien y qué bonito. También las ferias retoman rasgos precapitalistas, premodernos de la literatura, que me parecen fundamentales como un acto de resistencia. Me refiero a la oralidad, que es fundamental no solo en la lectura en solitario, las lecturas en voz alta en comunidad, es decir, en los recitales. Pero también la afectividad y la sociabilidad, lo literario no como una práctica individual —que es lo que ha ido prevaleciendo desde el capitalismo—, sino como una práctica colectiva. Y además, esto, en mi opinión, está como muy ligado a la importancia que han adquirido justamente en el siglo XXI las ferias y también los festivales. Cada vez es más delgada la línea que separa un objeto de otro. Y la poesía, incluso lo hablábamos con Marisol, dentro de las ferias y los festivales, un género que se había adelgazado enormemente en el mercado literario de la segunda mitad del siglo XX, pero que se va haciendo cada vez más visible en estos espacios. Aunque no sé si es vendible, pero bueno. Y te pregunto si hay una preocupación por estas cuestiones, la oralidad en los géneros menores, menos comerciales, como la poesía o el teatro en la Feria del Libro de Bogotá. Andrés, ¿qué impacto tiene la inclusión, por ejemplo, de tales *performances* o actividades relacionadas con la poesía? Y si tenéis pensado en la agenda de 2023 —que me está encantando cómo la has comentado— fomentar algunos de estos aspectos.

ANDRÉS: Creo que sí, Ana. Es importantísimo lo que mencionas. Porque aquí se representa no solamente la ciudad, sino gran parte del país. Como Bogotá es la ciudad capital y es la ciudad —repito— con muestras culturales y artísticas de muchas de las regiones de Colombia, la feria despierta todas esas expectativas en materia de contenidos. Así que lo tenemos clarísimo. Por ejemplo, como te contaba, el año entrante la feria tendrá el tema «Raíces». Por eso estamos volcándonos en proyectar todo lo que es la oralidad de nuestros pueblos ancestrales, del tema afro, que es tan importante. El año pasado, en Cali, celebré los 470 años de la abolición de la esclavitud en Colombia, y la feria tuvo esa proyección de todos los temas afro en materia latinoamericana y del Caribe. Hablamos de religión afro, no solamente de los grandes escritores y escritoras afrolatinos contemporáneos históricos, sino que nos detuvimos en todo lo que atañe a la cultura afro en otras artes. Así, en el cine, obviamente, tuvimos un capítulo interesante de Brasil, también de la misma África. Y fue una feria que me dio luces de lo que va a ser la feria de Bogotá el año entrante, «Raíces», porque me di cuenta de que, en materia de oralidad, no es lo mismo traducir todas estas obras, sino permitir que sean proyectadas, obviamente, en sus lenguas, en sus dialectos. Y, de alguna manera, para el público, luego tener un complemento de significación. En ese sentido, con México estamos haciendo eso. México, como país invitado del norte, traerá —por el tema «Raíces», precisamente— varias de sus lenguas, poesía en esas lenguas. Entonces, estamos hablando de otro día con un colectivo de poesía boliviana que, además, son luchadoras de lucha libre. Siempre hay unos universos interesantísimos.

ANA: ¿En serio? ¡Poesía y lucha libre! Me parece como un oxímoron.

ANDRÉS: ¡Y femenina! Entonces, fíjate que esa poesía, llena de significados como «feminista», «resistencia», se cruza con otras actividades que no tendrían que ver con una feria del libro, pero que no las podemos dejar de por fuera. Obviamente, no vamos a hacer una lucha libre en la feria, pero nos referiremos a eso, porque es interesantísimo. Y en materia de géneros, tienes razón, la poesía es una damnificada de algunos de estos festivales, sobre todo en gran formato. Estas ferias, que son más comerciales, tendrán un capítulo especial, un salón de poesías. Como dices, es difícil que se patrocine, pero escenarios como el de Guadalajara son magníficos porque se configura un interés comercial, por decirlo así. Que una marca —en este caso— de tequila patrocine el gran salón de poesía, me parece valioso. Y, por otro lado, celebraciones importantes como los cien años del cómic en Colombia, que así se celebra. El año entrante, tendremos un capítulo especial de la novela gráfica y, por supuesto, literatura infantil y juvenil, ya que las ferias son para los niños y los jóvenes. Entonces, tienes mucha razón en tener un equilibrio con otras artes escénicas, como decías. En Cali, por ejemplo, tuvimos un escenario, un premio de teatro. La ministra de Cultura de Colombia viene del mundo del teatro, por eso todo ese panorama lo tenemos en cuenta en materia presupuestal. Es difícil llegar a grandes formatos, pero tratamos de hacerlo.

ANA: Muchísimas gracias, Andrés. Vamos a ir acabando ya. La verdad es que ha sido un regalo escucharte, comprobar el buen estado de salud de la Feria del Libro de Bogotá. Un espejo en el que se miran no solo ferias, sino festivales de Europa, como este, como «Paris ne finit jamais» y que, de alguna manera, es el futuro de las letras o significa el futuro de las letras en lengua castellana, sin perder de vista nunca la pregunta de Alicia en el País de las Maravillas: «Por favor, ¿podéis decirme qué camino debería seguir?» y la respuesta, todavía más maravillosa, del gato: «Eso depende de hasta dónde quieras llegar». Muchísimas gracias, Andrés.

ANDRÉS: Ana, muchísimas gracias a ti. Un saludo para todas las personas que nos ven —repito— y para todas las personas que hacen posible este festival. Un abrazo grande, desde Bogotá.

# Luz en la luz: presencias, lecturas, pensamientos

**ANTONIO GAMONEDA**

Conducido por **Rubén Pujante**
(Universidad de Murcia, España)

*Los recuerdos de París, el influjo de Rimbaud, la cultura de la pobreza y la función de la poesía sobrevuelan esta clase magistral que nos brinda el poeta Antonio Gamoneda. Las preguntas y comentarios del investigador Rubén Pujante, especialista en la obra del autor leonés, acompañan las reflexiones sobre el quehacer lírico y la oralidad esencial de una de las voces más personales y trascendentales de la literatura española contemporánea. A sus 91 años, Gamoneda obsequia a la tercera edición de este festival, «Paris ne finit jamais», con varias primicias sobre los libros y los proyectos que, como él mismo refiere, están en el telar. Y como generoso broche de oro, finaliza su intervención con un pequeño recital.*

RUBÉN PUJANTE: Bienvenidos a esta nueva sesión de «París no se acaba nunca», festival que alcanza ya su tercera edición. Para mí es un auténtico placer formar parte de este festival de literatura y cultura. Quisiera ante todo agradecer a la organización que haya pensado en mí para entrevistar a mi querido y admirado Antonio Gamoneda. Por supuesto, Antonio Gamoneda es un poeta que no necesitaría presentación, puesto que ha adquirido un espacio indispensable en la poesía española contemporánea. Baste recordar que ha recibido los reconocimientos más prestigiosos, como el Premio Nacional de Poesía por *Edad* (con edición a cargo de Miguel Casado), el Premio Europeo de Literatura, el Premio Reina Sofía de Poesía Iberoamericana y el Premio Cervantes de las Letras en 2006, entre otros muchos reconocimientos y galardones, que incluyen numerosos doctorados *honoris causa* en universidades europeas y de América Latina, donde su obra es especialmente apreciada. Esta obra abarca títulos tan capitales como *Descripción de la mentira*, *Libro del frío*, *Blues castellano* o esa subyugadora «mudanza» que es *Libro de los venenos*; y también *Arden las pérdida*s, *Canción errónea*, esa «rara avis» que es *La prisión transparente* y, más cercana aún en el tiempo, *Las venas comunales*. Su producción poética ha sido reunida bajo el título de *Esta luz* en dos volúmenes, el segundo de los cuales fue editado en 2019. Además de estos ejemplos de obra poética, quisiera señalar dos libros que son fundamentales para comprender su pensamiento, como son sus dos tomos de memorias: *Un armario lleno de sombra*, publicado en 2009, y *La pobreza*, aparecido en 2020. Toda esta cronología nos indica que, a sus 91 años, Antonio

Gamoneda sigue escribiendo con honda pasión y esfuerzo creativo. Sin más preámbulos, quisiera saludar ya al protagonista de nuestro encuentro. Encantado de saludarte, Antonio. ¿Cómo estás?

ANTONIO GAMONEDA: Buenos días, queridos amigos. Buenos días a Gonzalo Vázquez, en París. Y a ti, querido Rubén, en Murcia. Yo me encuentro digamos que normalizado —lo cual equivale a encontrarse bien, en términos de vejez, claro— y dispuesto a participar, de la mejor manera posible que esté a mi alcance, en esta reunión. «Reunión», entre comillas, porque antes de que empezase esta grabación yo estaba dudando de la realidad de que estuviéramos en comunicación y viéndonos simultáneamente en León, París y Murcia. Pero, bueno, parece ser que la actualidad tecnológica es así. Buenos días, queridos amigos. A vuestra disposición para lo que queráis.

RUBÉN: Muchas gracias por aceptar la invitación, Antonio. Siempre es un placer verte y escucharte. Es verdad que nos vamos acostumbrando poco a poco a estos encuentros con pantallas digitales en lugar de vernos personalmente. Intentaremos que los temas de conversación sean interesantes. Antes de entrar en materia poética, había pensado en compartir con los espectadores alguna observación más anecdótica. Ya que nos encontramos en un festival que tiene su centro en París, quisiera preguntarte si tienes algún lugar o rincón parisino de especial predilección.

ANTONIO: No sé si se puede decir exactamente predilección, pero en París sí hay para mí un lugar —que puede resultar un tanto sorprendente o inesperado— que entraña un recuerdo memorable. Allí se produjo un impacto en mi sensibilidad y en mi capacidad de conocimiento que permanece hasta hoy. Me refiero al Museo Antropológico de París. Yo entré, hace no menos de cincuenta años, en ese museo sin ninguna predisposición especial. La carga de registros antropológicos, con su connotación temporal y espacial de tantos lugares y épocas, con tantas huellas del esfuerzo de los hombres, con tanta diversidad, mostrándome —como si fuera una sola representación— los aspectos de tanta gente ya desaparecida, me produjo una conmoción, una aprehensión de aquellas circunstancias que para mí alcanzaba una dimensión incluso hipnótica. Creó en mí una noticia sobre los seres humanos que tenía una amplitud y una intensidad de las cuales me he servido hasta ahora.

RUBÉN: Es sin duda un recuerdo muy personal y significativo, Antonio, y te agradezco que lo hayas compartido con nosotros. Aprovecho también para preguntarte si, a lo largo de tus viajes a París —por motivos personales o por cuestiones literarias—, conservas alguna imagen o sensación indeleble relacionada con algún hecho que te haya acaecido allí, como un encuentro con algún escritor o poeta, por ejemplo.

ANTONIO: Sí, y está también necesariamente presente para mí en este momento. Tres o cuatro años después de mi fascinación sucedida en el Museo Antropológico, Bernard Noël me invitó a un congreso de poetas, en Saint-Denis. Aquel congreso, la personalidad de Noël y la inteligentísimamente seleccionada entidad de los participantes fue para mí un espléndido mecanismo de activación de mi poética. Fue un congreso de un valor y una importancia excepcional, llevado de manera magistral por Bernard, con el que hasta hace poco, hasta su reciente muerte, he mantenido una amistad. Aquella reunión creó en mí una huella que no se va a borrar mientras yo viva.

RUBÉN: Desde aquí nuestro recuerdo a la maestría de Bernard Noël. Y es que tú tienes un vínculo muy especial con Francia, donde tu obra es muy apreciada y ha sido objeto de profundo estudio. De hecho, hay una gran tradición de poetas franceses que palpitan en tu escritura, que de algún modo han influido en ella. Por ello quisiera preguntarte si puedes hablarnos un poco —para el lector en general, no muy versado en tu poesía— de las presencias fundamentales de la poesía francesa en tu obra.

ANTONIO: Ciertamente. Es opinión personal mía, aunque esta opinión ha sido también refrendada por algunos críticos —y en esto tú mismo, por favor, tendrías mucho que decir en relación conmigo—. Yo tengo pocas dudas de que los fundamentos de mi poética, a partir de los años setenta, hay que encontrarlos en el simbolismo y en Francia. Principalmente, en Mallarmé y Rimbaud. Quizá aún no he tenido tiempo de hacer apropiaciones relacionadas con Baudelaire. El gran Baudelaire escapa todavía un tanto a mis correspondencias; un *todavía* que puede ser definitivo. En todo caso, mi inmersión en una poesía fundamental —y fundacional— contemporánea habría que localizarla en estos dos enormes poetas del simbolismo. Habrá, qué duda cabe, otras influencias y otras presencias en mi escritura que no sean simbolistas y que no sean francesas, pero las que yo localizo más intensamente son estas.

RUBÉN: ¿Y cómo recuerdas tu acercamiento a estos poetas? ¿Cómo fue su impacto en tu sensibilidad? ¿Qué supuso para ti su lectura?

ANTONIO: Mi acercamiento a Mallarmé se produjo en dos tramos. Había una minúscula —me refiero al formato—

colección de poesía en los años 40 y 50 que resultaba muy útil, porque aquella colección —que estaba sobre todo referida a las culturas extranjeras— tenía una edición muy restringida; y era muy difícil hacerse con aquellos librillos, y algunos tuvieron que sortear también la censura del régimen. La edición de Mallarmé contaba sesenta páginas, no más, y en versión bilingüe. La lectura me produjo una especie de sobresalto, pero un sobresalto que creaba también una fijación. Luego, hasta que pude tener a mano la obra de Mallarmé, pasaron no menos de quince años; es decir, estaríamos a mediados de los años 60 cuando pude leer la obra completa, con una traducción magnífica, me parece que en edición de Gallimard. Fue, por decirlo así, un tiempo largo —quizá no cerrado— de impregnación, de inmersión en Mallarmé. La cercanía con Rimbaud no fue exactamente de este modo, pero también fue accidentada; accidentada en el sentido de que mi primera noticia de Rimbaud se produjo en los últimos años 40 a través de una edición, y una traducción, argentina —me parece— de *Una temporada en el infierno*. Hay que saber que algunos libros de Iberoamérica entraban en España por no se sabe qué cauce. Y también tuve mi primer contacto con Arthur Rimbaud dentro de un flujo restringido de la poesía, de una escasez de información que ahora quizá es difícil de entender. ¿Cómo podían los escritores —sobre todo tan jóvenes y provincianos como era yo en aquel momento— incorporar a su experiencia la lectura de esos grandes poetas contemporáneos —o casi contemporáneos— de todo el mundo? Luego, ya no sé cómo —supongo que de una manera progresivamente más normal—, entré con fascinación en los otros libros de Rimbaud. Y aún hoy siento una dependencia bastante clara del simbolismo francés y, en particular, de estos dos poetas. Esto nos lleva a un comentario lateral, que quizá no es inoportuno. Y es la condición abrupta, discontinua, pobre, que durante muchos años hemos tenido los españoles, en particular los escritores; la gran dificultad de movernos y de captar esa relación necesaria que se produce con los espacios poéticos distintos. La realidad era que no había ediciones, que las bibliotecas habían sido expurgadas. Fue muy avanzada la década del cincuenta cuando la situación empezó a cambiar en cuanto a posibilidades y libertad.

RUBÉN: Estas circunstancias, Antonio, nos llevan a lo que has llamado «cultura de la pobreza».

ANTONIO: Sí, no es mala impresión, quizá.

RUBÉN: Lo has comentado en muchas ocasiones: cómo las circunstancias, y en concreto lo que has denominado «cultura de la pobreza», ha definido tu pensamiento y ha influido radicalmente en tu obra, en contraposición a otros poetas coetáneos tuyos.

ANTONIO: Sí, sí, te entiendo y te reconozco. Aunque uno vaya sabiendo algo de sí mismo, es necesario el pensamiento crítico-comprensivo, como es el tuyo, y que nos lo diga de una manera que no agradeceré nunca bastante. Y has dado dimensión y has dado detalles, es decir, has proporcionado realidad a esa noción mía de la *cultura de la pobreza*, que posiblemente no solo es una carencia, pues la pobreza modifica —u orienta, mejor— la creatividad, en un sentido distinto a como la pueda orientar en un poeta que no parte de la pobreza, que no está y que no vive en la pobreza. No se trata de cuestiones de valor ni de calidad, pero sí de diferencia. Tú, como algún amigo más —como Miguel Casado, por ejemplo— me has ayudado mucho a comprender estas circunstancias en las que parece que soy parte.

RUBÉN: Es un elogio que me dedicas, Antonio, aunque las ideas estaban ahí, en tu poesía y en tu obra. A propósito de la «cultura de la pobreza», hay un gran poeta con quien te identificas, César Vallejo, que vivió y comprendió la poesía precisamente desde la pobreza.

ANTONIO: César Vallejo es el creador de la lengua de la pobreza, de la lengua poética de la pobreza, al menos en castellano. Pero hay muchas posibilidades de que sea el creador para todas las lenguas. Muchas posibilidades. Y en el orden de la impregnación —en el sentido de seguir a los maestros—, en esa secuencia de lecturas decisivas, poco después de los simbolistas franceses, César Vallejo se implica en esa «alimentación» poética. Y también tengo la sensación de que permanece.

RUBÉN: Yo comparto contigo esa fascinación por Vallejo, por supuesto. Y todos esos autores (Rimbaud, Mallarmé, Vallejo) nos orientan hacia una concepción de cómo tú percibes la poesía. Entrando en cuestiones más técnicas, me gustaría plantearte una pregunta que tal vez sea un lugar común, pero que puede servir de orientación para los jóvenes lectores o para los estudiantes que sienten reticencia hacia la poesía. Cuando nos dedicamos a la docencia, nos vemos en la tesitura de tener que responder a la pregunta: «¿Para qué sirve la poesía?». Supongo que es una cuestión sobre la que has meditado mucho y me gustaría que compartieras con nosotros unas pequeñas reflexiones sobre el tema. ¿Qué se le podría decir a los jóvenes que preguntan hoy sobre la finalidad o el sentido de la poesía?

ANTONIO: Entre los epígonos de la generación del 27, se manejó mucho esa pregunta que, ciertamente, es una pregunta obligada.

Una respuesta consistía en rehusar la pregunta. O en afirmar que la poesía no sirve para nada. Yo podría decir también —casi como un recurso dialéctico o como una simple ingeniosidad— que la poesía tiene —valga la palabra— enormes *utilidades*. Y quizá tendríamos que distinguir estas utilidades, llamándolas más claramente *funciones*. Hablar de «función de la poesía» equivale, me parece a mí, a decir «para qué sirve». Hay, creo yo, una función permanente, universal, que es incluso anterior a la escritura. Y ello a pesar de que, en relación con la tecnificación de la vida, cueste trabajo pensar que haya espacio para la poesía.

RUBÉN: Y dentro de esas vicisitudes de nuestro actual ritmo de vida, ¿cómo contemplas el panorama de la poesía en castellano? ¿Piensas que una poesía de función más informativa o tecnificada es preponderante, o más popular, hoy en España?

ANTONIO: No puede decirse que el panorama de la poesía española sea muy alentador. Estoy haciendo juicios de valor, pero pienso que no estamos en un gran momento, como pudo ser la generación del 27, lo cual no significa que, de manera casi constante, haya habido puntualmente un gran poeta. En términos de totalidad, creo que no estamos en un buen momento de la poesía, por dos razones. Primero, porque no existe una convicción fuerte sobre la función que tiene que desempeñar la poesía, y entonces se disgrega en movimientos juveniles que duran una temporada o que se transforman en otros movimientos, sin que se compacte como una manera de estar en la poesía y en esas utilidades de las que hablábamos antes. A mí me parece que esto afecta incluso a la naturaleza de la poesía. ¿A qué se debe esa preponderancia de la poesía visual o la poesía mediática, o la confusión de la poesía en formas de cancionero popular más o menos difuso y casi siempre extranjerizante? Bueno, yo no lo lamento, pero sí creo que es materia de tergiversación. Y todo esto responde a alguna duda general sobre no solo el cometido de la poesía en nuestros días, sino respecto de la propia naturaleza de la poesía. La poesía —y esta es una afirmación mía, que espero que no sea demasiado arriesgada— es fundacionalmente oral. La escritura es, en cierto modo, un accidente. Un magnífico accidente. Gutenberg y las necesidades de comunicación hicieron que ahora yo escriba poesía. ¿Podría decir Homero que él escribía poesía? ¡Sabemos que no! Porque la raíz, y el fruto poético, es oralidad. Esta confusión, esta pérdida de esta noción primaria y necesaria, yo pienso que está en España, y que se distribuye en movimientos que son flor de un día. Con lo que no estoy conforme —aunque, en apariencia, parece que es fundamental— es con que un mundo tecnificado expulse a la poesía de nuestra vida sensible y nuestra cultura. Es más, yo creo que incluso la puede hacer más necesaria, aunque todavía no sabemos cómo. Este es mi panorama de la poesía española. Esto no es obstáculo para que, por ejemplo, se den poetas como Claudio Rodríguez o como Juan Carlos Mestre. Grandes poetas que parecen un milagro.

RUBÉN: Y en el caso de Hispanoamérica, ¿contemplas un escenario similar o piensas que hay un halo más de esperanza, que no sea tan excepcional como en el caso de España?

ANTONIO: La situación de América, por lo que yo sé de ella desde aquí, con una mirada focal pero abierta, destaca por la abundancia de poetas, tanto hombres como mujeres. Lo que ocurre es que hay también muchos poetas que, como es normal, son malos y muy malos. Y, sin embargo, aquí y allá se encuentran muchos casos de gente muy joven que sí es auténticamente poeta; aunque quizá les ocurre los mismo que a nosotros: que no saben el para qué y, por tanto, no saben el cómo de la poesía. Pero yo creo que el panorama de Iberoamérica es muy parecido al nuestro, solo que con unas dimensiones —en términos cuantitativos— superior debido al número de países que hablan nuestra lengua. Y con la añadidura de ese mismo hecho, tan interesante, de poder encontrar ese *poeta milagro*, casi inesperado, cuando llevas, por ejemplo, dos años leyendo poesía que te aburre. Quizá porque el idioma es en cierto modo la patria, creo que tenemos una perspectiva muy parecida en América y en España.

RUBÉN: Por suerte, siguen revelándose esos casos excepcionales, como Juan Carlos Mestre en España. Recuerdo también un ejemplo, del lado hispanoamericano, muy querido para ti, que es el de Raúl Zurita, con quien creo que tienes una afinidad poética muy importante, ¿verdad?

ANTONIO: Sí, es verdad. Raúl Zurita es otra de esas islas zarandeadas por la historia y la experiencia, con una significación que es la que nos permite afirmarnos en la necesidad absoluta de la poesía en el mundo politizado y tecnificado.

RUBÉN: Hablemos ahora un poco del curso actual de tu escritura. Tengo noticias de que estás escribiendo un poemario titulado *Cancionero de la indiferencia.* Y algunas otras obras.

ANTONIO: Del *Cancionero de la indiferencia,* que sigue en el telar, tengo que confesarte que estoy entristecido. Creo que la poesía tiene edad. Claudio Rodríguez decía que la poesía es como los yogures, que tienen fecha de caducidad. Yo pudiera tener una fecha de caducidad y esa fecha pudiera haberse producido ya.

*Cancionero de la indiferencia* se me plantea ahora no como un libro sino como dos. Y dos libros con el mismo título parece que no tiene mucho sentido. No sé qué solución le daré. Cuantitativamente, parece que se proyecta abundante y divergente. De ahí que puedan ser dos libros. Y estoy también en una experiencia dura y, quizá, desconsoladora: estoy haciendo una antología que no sé si se titulará «Conducción del instante». Esa antología consistiría no en la abolición de mis viejos poemas —ahí están, puede verlos el que quiera—, sino en la puesta al día de esos poemas, dicho de manera sencilla. ¿Qué hubiera ocurrido si los poemas fueran vivientes y hubieran atravesado ese devenir de cuarenta o cincuenta años? ¿Qué tendrían que haber incorporado a su vida si fueran vivientes? Pretendo ser viviente por ellos y hacer unas versiones que incorporen ese devenir del que te hablaba antes. Pero todo esto, Rubén, es muy dudoso, muy dudoso. Tiene que ver con la «fecha de caducidad».

RUBÉN: En cualquier caso, ya vemos todos que, a pesar de tu edad, eres inagotable y fuerte como un roble. Estaremos encantados de que sigas trabajando y de leer tus nuevos poemas. Por lo que dices, esa antología se parece a ese librito de *Reescritura*; es decir, sería más o menos una actualización parecida de ciertos poemas que, después de tantos años, necesitan otra respiración, ¿verdad?

ANTONIO: Sí, sí, otra respiración e incluso aquella añadidura que tendría que haberse sumado a ellos al incorporar ese devenir de cuarenta años. No puede tratarse del mismo poema, pero siempre estamos en ese plano imaginario del poema viviente. En definitiva, «Conducción del instante», que es un libro nuevo, puede decirse que es una antología de poemas que se han modificado para ser fieles al tiempo existencial y al tiempo histórico.

RUBÉN: Quisiera preguntarte también por otra obra de la que me hablaste, «Después del recuerdo», que estaba relacionada con las memorias o con fragmentos extraídos o derivados de las memorias. ¿Puede ser?

ANTONIO: Sí, ese libro permanece también. Crece muy despacio y he cambiado el título. ¡Todos estos títulos son provisionales! «Después del recuerdo», que actualmente no tiene consistencia de libro, ahora se va a llamar algo más realista: «Catálogo de olvidos». Y por decirlo todo —si vivo para ello—, como recuperé pequeñas narraciones escritas hace cuarenta años o más —la *Relación de don Sotero*, por ejemplo—, me he propuesto la reescritura de esos viejos relatos breves, y alguno nuevo, para un libro que por oportunismo quizá se llame «El año del murciélago». ¿Por qué? Por lo que sabemos todos de esta desdichada pandemia, sobre la que al principio se hablaba de murciélagos...

RUBÉN: Muchas gracias, Antonio, por todas estas primicias de cómo va tu curso de escritura. Todavía me atrevo a hacerte una pregunta más relacionada con obras en proceso de creación. Hemos hablado antes de Juan Carlos Mestre y de la escuela simbolista y de las vanguardias. En Francia hay una tradición encomiable de libros de artista, de colaboraciones entre poetas y artistas. Para mí este es, precisamente, uno de tus rasgos característicos, aunque quizá no tan conocido para el gran público, y a veces incluso olvidado por la crítica especializada. Y, no obstante, desde hace varias décadas, vienes realizando toda una serie de proyectos con artistas, fundamentalmente plásticos, que son de gran interés para comprender tu figura y tu obra como un poeta *interartístico*. ¿Tienes en preparación ahora mismo algún nuevo libro de esta naturaleza?

ANTONIO: Bueno, es un ahora mismo que empieza a ser pasado, porque está saliendo de la editorial un libro hecho con Carlos Piñel que se llama *Imaginario del vértigo*. Y también —hace muchísimo tiempo, demasiado tiempo— otro libro en el que se incorpora escritura e imagen, con fabulosos dibujos de Juan Carlos Mestre —y, si le citamos tantas veces, por algo será—. Me refiero a *Las venas comunales. Las venas comunales* está publicado ya, pero sin dibujos, en mi obra reunida, en el segundo volumen de mi escritura casi completa. Sin embargo, su verdadera edición integra mi manuscrito sobre la propia lámina del dibujo de Mestre. Es un libro caro, editorialmente, quiero decir. No me gusta que sea así, pero, bueno, eso no lo puedo remediar. Yo creo que va a salir ya pronto esta verdadera edición con Juan Carlos. Claro, entonces también se habrá modificado la escritura. No sé cómo lo arreglaré… Con tachaduras, quizá. No hay ningún problema para hacer tachaduras en la lámina. O sea que, de alguna manera, sí persisto en esa comunicación con artistas plásticos, también con espléndidos compositores musicales, como el argentino Fabián Paniscllo o el español José María Sánchez-Verdú.

RUBÉN: Es una fantástica noticia, Antonio, que nos digas que por fin puede publicarse una edición del poemario original de *Las venas comunales* con los dibujos de Mestre. Y con tus tachaduras, además.

ANTONIO: Yo creo que sí.

RUBÉN: En gran formato, imagino.

ANTONIO: Sí, porque en una edición reducida no puede hacerse. El manuscrito podría quedar en letra muy pequeña y los propios dibujos tienen un carácter que admitiría una reducción máxima del diez por ciento. Lo ideal es que sea a pleno tamaño, en su dimensión natural.

RUBÉN: Dentro de esa vertiente interartística de tu obra, has mencionado la música y las versiones del *Libro del frío* que han llevado a cabo Panisello y Sánchez-Verdú. A veces has señalado, incluso, que «la poesía es la hermana pobre de la música».

ANTONIO: Sí, sí, sí. Sin sonido no hay poesía. Convenimos en reproducir mentalmente el sonido cuando leemos para nosotros mismos, pero la poesía se realiza en la comunicación oral. Es ella misma cuando funciona oralmente, desde los juglares —y mucho antes—, y ahora también.

RUBÉN: ¿Qué te parece si, para no agotarte más, concluimos este encuentro digital con la lectura de algún poema que elijas tú mismo y que quieras leernos? Podremos así apreciar esa oralización que la escritura por sí sola no tiene, disfrutando de la entonación, las inflexiones de la voz, las pausas y los silencios significativos de la poesía.

ANTONIO: Mira, he escogido un poema que existió con otra medida y otros contenidos, y que es uno de los poemas sujetos a esa remodelación que les proporcionaría el devenir —el mío, en este caso, aunque algo habrá también que no sea propiamente mío—. El poema descansa y está referido a persona. La persona es Faik Husein. En Faik Husein… la poesía no debe explicarse, bajo gravísimo peligro de destruirla explicándola. ¡Los grandes críticos tenéis que tener cuidado con esto! Porque, por ejemplo, todavía no le he perdonado a don Dámaso Alonso el descalabro de romperme para siempre «El Polifemo»… Es broma, claro. Yo convengo en la necesidad y en la creatividad de la crítica. Volviendo al poema, Faik Husein, mi amigo, era iraquí, kurdo exiliado de Irak. Torturado previamente por la policía de Sadam Husein, escapó de Irak y anduvo por varios países, y llegó a España. Y en España nos conocimos y nos hicimos amigos por las circunstancias. Faik Husein era un prodigioso dibujante.

**_FAIK HUSEIN_**

Has regresado a mis venas.

Es sospechosa tu dulzura, tan semejante a la que fue cuando
vendías luz y mentiras sagradas. Te reconozco.

Te ocultabas en tus líquidos, venían los pájaros y la locura se abría
en ti como una flor. No voy a olvidar
tus pétalos negros.

Luego eran tus accidentes: tus gemidos abatiendo petunias y, una
vez más, derramándose,
la dulzura.

Crujías en mis manos y despreciabas la misericordia; crujías
atravesado por una música amarilla
y gritabas. Gritabas

hasta que tus gritos creaban el amanecer.

Eras intocable como una mujer inmóvil en el extremo de la ira; te
envolvían en lienzos y tus heces tenían
la perfección intacta de la luz.

Te reconozco aunque te ocultes bajo la piel del ébano. Finges amor hasta crear un verdadero amor y ahora finges en mí. Te reconozco.

Tú llorabas delante de las mujeres y vendías tus lágrimas a príncipes que no tenían lágrimas para la gran desesperación. Así

son tus gestos,

tu astucia kurdistana.

Tú

aduces argumentos concebidos al borde del abismo y, finalmente, te desgarras y muerdes tus nudos. Quizá sonreirías hasta morir,

pero no; simplemente, te ausentas para dibujar

tus cálculos más bellos.

Tú

acuñabas monedas únicamente válidas en los mercados de tinieblas y no adquirías otros frutos que los que ardían en el cuerpo de tus

hermanas. Quizá, únicamenteen los días de exilio,

acudías a los mostradores que ofrecen a menor precio (verdadero o

falso, eso era indiferente),

grandes frascos de olvido.

Ah los blancos frutos de tus hermanas en tus manos, tan hábiles en la mentira y el amor, ah Faik Husein, ebrio de ti mismo en Nueva York y en Nasríya;

ebrio también ya acogido a la cristalería de la muerte,

eres horrible y bello.

Te has erguido, has violado el aire, has venido a mí y me reclamas. ¿Qué quieres ahora?

Sueñas mis sueños y utilizas mis ojos; das más de lo que tienes y así, ya miserable y soberbio, recoges beneficios. ¿Qué más pretendes?

Ah, Faik Husein, te amo antes y después de despreciarte, tú eres mi sacramento. Pero ven, entra al mercado,

miente ya, miente aún con mi lengua.

ANTONIO: Esto, quizá, pueda dar una idea de por dónde intento llevar mi poesía, aunque yo no sepa por dónde exactamente.

RUBÉN: Muchas gracias, Antonio. Es un auténtico privilegio poder escuchar de tu propia voz la lectura de tus poemas, tratándose en este caso, además, de una presencia biográfica tan fundamental como fue para ti Faik Husein.

ANTONIO: Gracias por escucharme. Yo creo que sí, que es hora de que cerremos esta grabación con un saludo amistoso, muy amistoso, a cuantos entren a escucharnos y estén viéndonos. Y también a Vázquez, nuestro amigo en la organización. Y tú y yo, Rubén, espero que concretísimamente nos veamos cara a cara, para darnos un abrazo. Gracias por tu compañía y por tu talento excitante de la comunicación. Gracias.

RUBÉN: Muchas gracias de nuevo, Antonio, por aceptar la invitación. Un abrazo muy grande para ti y para toda la familia Gamoneda. Cuídate mucho, Antonio.

ANTONIO: Gracias, gracias. Adiós.

# Los formatos breves de la nueva narrativa hispanoamericana

## FRANK BÁEZ • RODRIGO HASBÚN

Conducido por **Giuseppe Gatti**
(Universidad Guglielmo Marconi, Italia)

*El festival «Paris ne finit jamais» propicia el encuentro del narrador y guionista boliviano Rodrigo Hasbún, y el poeta y cronista dominicano Frank Báez, en el panel titulado: «Los formatos breves de la nueva narrativa hispanoamericana». Durante la conversación que modera Giuseppe Gatti, especialista en literatura hispanoamericana en la Università «Guglielmo Marconi» de Roma, ambos autores se reconocen en el impulso hacia lo pequeño, lo sencillo y lo desapercibido, frente a la fastuosidad. Sin embargo, se muestran reacios a, como dice Hasbún, «cuadricular la cancha». El autor boliviano expresa su inclinación por huir de la asertividad y su comprensión de su escritura como un proceso de deambulación por el que, además de explorar, acaba cuestionando decisiones pasadas con vehemencia. Báez abraza este principio de incertidumbre y se reconoce con momentos para el Barroco y para la austeridad, e incluso llega a afirmar que en el ser caribeño conviven el ruido total y un silencio extraño.*

GIUSEPPE GATTI: Hoy tengo el gran placer y el honor de estar conversando con dos escritores jóvenes, Frank Báez y Rodrigo Hasbún. Ambos, en distintos momentos y en distintas épocas, seleccionados por el *Hay Festival* de Bogotá en el marco de los 39 escritores latinoamericanos menores de 39 años más importantes y más destacados del continente, Rodrigo en 2007 y Frank en 2017.

Nuestro encuentro va a centrarse sobre todo en la forma, en las formas breves. Por eso, vamos a reflexionar junto con nuestros invitados sobre la nueva narrativa breve. Quisiera empezar con una reflexión de fondo: en la producción artística actual, no solamente en lo literario, lo que se está observando es la presencia de obras —en un sentido amplio al término— que de algún modo ponen en evidencia lo pequeño, lo no acabado, una idea de no comprensivo, no absoluto. Entonces, esto produce obras, textos narrativos, que no tienen —o parecen, al menos, no tener— la aspiración de estar deseando narrarlo todo, no totalmente. La pregunta es: ¿en qué medida creen que ese discurso puede aplicarse también a la obra de cada uno?

FRANK BÁEZ: Rodrigo, te cedo la palabra. Antes que nada, muchísimas gracias por la invitación. Muchas gracias, Giuseppe, un honor participar contigo y con Rodrigo.

RODRIGO HASBÚN: Igualmente, muchas gracias por la invitación, qué gusto conversar con Frank y Giuseppe. A ver, me animo a empezar. Yo siempre he sentido un impulso de ir hacia lo pequeño, hacia lo discreto, hacia lo que pasa desapercibido, y de escribir desde ahí. Desde ahí porque, para mí, no es una cuestión temática sino formal, de aproximación. Y eso lo cifro en términos de que me interesa mucho estar lo más cerca posible de mis personajes. Me interesa entender qué sucede dentro suyo y también cómo lidian ellos con lo que tienen alrededor, con lo que está lejos pero también con lo más inmediato. Ahora igual siento que la distinción entre lo pequeño y lo grande es un poco engañosa, en el sentido de que por medio de lo pequeño se puede llegar a lo grande o, aún más, de que oculto en lo pequeño suele estar lo grande. Creo que mi trabajo como narrador es justamente intentar ver cómo confluyen ambas dimensiones.

FRANK: Estoy totalmente de acuerdo con Rodrigo. Quizá añadiría que, como tú, Giuseppe, comentaste, yo vengo de la poesía, y creo que, en ese sentido, es muy evidente que me interesa lo breve, por consiguiente, lo pequeño, lo micro. A esas novelas del siglo XIX llenas de descripciones fastuosas, yo le antepongo la poesía de, por ejemplo, Emily Dickinson, que es algo micro, supersencillo. Asombra el modo en que ella logra capturar el sentido de la época con poemas inspirados en el jardín de su casa y en su pueblito. Por otro lado, me parece que, si la literatura va hacia lo micro, también sería bueno preguntarse si ese achicamiento no responde a la desaparición de la literatura. Ojalá que no. Ojalá que vaya a lo concreto y a lo breve. Sin embargo, a mí me parece lo contrario, que quienes dominan mucho la narrativa en esta época son estas sagas de miles de páginas o esas interminables series de televisión de Netflix, que tienden a trabajar lo fastuoso y lo pretencioso, y no trabajan esa brevedad que están trabajando los buenos narradores como Rodrigo y como muchísimos otros.

GIUSEPPE: Los dos han comentado algo utilizando distintos términos y distintos ejemplos, pero ambos van a lo mismo: a la comparación entre la actualidad y lo que pasaba en el siglo XIX o hasta mediados del siglo XX, hasta los años 60 del siglo XX. También en América hispana se afirmó la novela total, la novela que pretendía abarcarlo todo. Entonces, tenemos esto, por un lado, versus la preocupación actual por lo mínimo, lo pequeño, lo discreto. Creo que deberíamos entender lo breve no solamente en términos de extensión de la obra —sería demasiado banal quedarnos con eso—, sino también en las formas dentro del texto. Habría que pensar en la extensión de las oraciones o en la afirmación y consolidación del fragmento en la obra; constatar cómo en la obra fragmentada hay interrupciones, hay cortes, hay tajos. Esto me interesa mucho: entender lo breve como "pocas páginas", pero también, dentro de las pocas páginas, ver de qué manera vamos a construir el discurso; comprender si ha cambiado la complejidad formal y si ha cambiado de algún modo también la complejidad temática, pasando de la novela abarcadora, de la novela total, a lo que están ustedes escribiendo en esta etapa.

RODRIGO: Frank, ahora arranca tú.

FRANK: Cuando Giuseppe mencionaba lo de novela total, me vino a la mente, el Barroco caribeño. Pienso, por ejemplo, en los cubanos, en escritores como Lezama Lima, en Cabrera Infante, en Alejo Carpentier, tres novelistas con grandes registros de la lengua española. Para muchos es imposible leer *Paradiso* sin un diccionario. En cada página hay que detener la lectura para buscar una palabra en el diccionario. Y, claro, "cuando uno compara", yo pienso que hay todavía una tradición del Barroco. No está de moda, o, mejor dicho, los referentes han cambiado, pero creo que esa exuberancia lingüística perdura. Lo que sí siento en la literatura actual es un crisol de lenguas y referentes, de interés por varios registros y subgéneros, que eso no era quizá tan común en los años 60 o en otras épocas. Me refiero a todas esas mezclas del spanglish y de otras mezclas de idiomas regionales. Tal vez esos detalles se deban a que ahora hay mayor comunicación y desplazamiento. Pero volviendo al barroco, pienso en Lezama Lima y pienso en una autora reciente, Fernanda Melchor, que, de hecho, tiene una novela que se llama *Páradais,* que es una referencia a *Paradiso*, una novela desbocada con oraciones larguísimas de varios párrafos y que se extienden por varias páginas. No quiero generalizar ni hacerme pasar por especialista. A mí, particularmente, me interesan ambos registros. Yo siento que hay momentos para el barroco y hay momentos para la austeridad, y yo creo que eso significa también, no sé si ser latinoamericano, pero sí caribeño. Nosotros tendemos al ruido total y, de pronto, a un silencio extrañísimo, triste. Hay como esas ambigüedades totales acá en el Caribe, que creo que debe ser latinoamericano también. O sea, no sé, le estoy tirando la pelota a Rodrigo.

RODRIGO: Es muy difícil cuadricular la cancha y reducir toda esa grandísima complejidad que hay allá afuera, y que siempre hubo, a dos o tres tendencias. Por ejemplo, yo cuando pienso en los años más fuertes del *Boom,* en los años de esas grandes novelotas, de inmediato pienso también en Julio Ramón Ribeyro escribiendo sus aforismos o haciendo anotaciones en su diario, atormentado porque él no puede escribir una gran novela como aquellas. Mientras los otros salen a explorar la selva, Ribeyro riega las macetas del balcón. Por supuesto, cuando el *Boom* tenía todos los focos encima, había muchas otras propuestas así, propuestas que estaban cuestionando quizá de manera más honda su propia hechura. Yo creo que esa es, digamos, una de las líneas que más me interesan en la literatura latinoamericana y donde mejor me reconozco. No la de la mirada imponente y asertiva de la novela total, sino la del titubeo y la duda.

GIUSEPPE: Estas reflexiones nos llevarían hacia otras áreas pues se trataría también de reflexionar —pero no es este el momento— sobre qué es lo que quiere el mercado editorial. Simplemente rescato un momento lo que decía Rodrigo acerca del sufrimiento de Ribeyro por no poder llegar a producir esas grandes novelas. Pero, esto nos llevaría a otro ámbito. Vamos a mantenernos dentro de nuestro cauce. Hay otra pregunta que tiene que ver con el resultado de mi lectura o, mejor dicho "relectura" de vuestras obras, para preparar este encuentro. He notado que —si bien de una forma quizá no exactamente idéntica— hay en ambos una gran preocupación por los espacios de la intimidad, los espacios del individuo, los lugares-micro del sujeto tomado como persona, y a la vez injertado dentro de un ámbito plural. Está la colectividad, pero sobre se pone al yo en un primer plano. Esto lo he visto en los cuentos y novelas de Rodrigo, en algunos poemas de Frank, en algunos de sus cuentos. Me parece que hay una gran preocupación por la intimidad y los objetos, en ambos.

FRANK: Sí, sí. Me parece muy buena la inquietud, la pregunta. Por ejemplo, aquí en República Dominicana, la generación anterior tenía una obsesión grandísima con el dictador Trujillo, que como ustedes bien saben, sumió al país en una férrea dictadura que se extendió por treinta años. Muchos novelistas dominicanos vuelven a ese periodo una y otra vez. Vuelven tanto a ese periodo que para muchos escribir una novela significa escribir sobre la dictadura de Trujillo. Pero, además, todo gira en torno al tirano, y obvian las historias sencillas, mínimas. ¿Quiénes retratan a esas personas que se enamoraban y que sufrían y que lloraban y que reían durante la dictadura? Esa es una tarea pendiente. En mi caso, yo siempre he querido retratar mi época y el sector en que crecí que está ubicado al oeste de la ciudad de Santo Domingo. Tan pronto empecé a leer literatura dominicana noté que no había ninguna referencia literaria donde apareciera ese sector. Así que empecé a escribir, diciéndome que sería el primero en poner en un poema el nombre de tal calle, que sería el primero en hablar sobre los crímenes o los sucesos de tal barrio o el primero en recoger en unos versos los colores que toman las nubes al ponerse el sol en esa parte de la ciudad. En la actualidad, me creo que ese sector es mío. De hecho, considero que soy el elegido para contar la historia de esos barrios aledaños al litoral. Y esto es normal, uno empieza a adueñarse de sus espacios a medida que los cuenta, que los bautiza. En mi caso, reaccioné a los estilos de las generaciones anteriores y busqué un estilo fresco y distinto, en el que pudiera contar las historias acorde a mis motivaciones, a mi sensibilidad, a mis pasiones. De hecho, el área donde yo crecí fue donde ajusticiaron al dictador Trujillo. Yo crecí justo enfrente de ese espacio, que es un espacio frente al mar, en el Malecón de Santo Domingo. Me gusta esa idea de agotar los espacios, me gusta eso. Me hace pensar en un escritor que me gusta muchísimo, VS Naipaul, un escritor de Trinidad y Tobago, quien .prácticamente agotó su islita, que es una islita más pequeña que el sector de Santo Domingo que yo digo que me pertenece. Prácticamente la agotó y luego la abandonó y se dedicó a recorrer el mundo y a escribir libros sobre otros ámbitos como Argentina, Estados Unidos, la India, África, Inglaterra, entre otros. Entonces, también eso sería bueno reflexionarlo, ¿cómo uno trabaja con otros espacios, cuando el espacio tuyo ya no da para más, cuando ya tú lo has agotado literariamente?

RODRIGO: Me resuena mucho lo que dice Frank sobre cómo, cuando estás empezando a escribir, te enfrentas a lo que se ha escrito antes de ti, inicialmente más que nada en tu barrio, en tu ciudad, en tu país. Te enfrentas al trabajo de generaciones anteriores, a la tradición o a las distintas tradiciones que pueda haber dentro de esa tradición, y empiezas a tomar partido. Parte del aprendizaje de la escritura consiste, justamente, en posicionarte con respecto a todo eso otro, con respecto a tu lugar y al lugar que ocupas en ese lugar, con respecto al trabajo de otros. Yo también tengo detrás una tradición bastante afincada en lo político y lo social, en las grandes discusiones, una tradición donde muchos de los escritores terminaban involucrados en la política y donde a menudo se confundían esos límites o se desconfiaba de una literatura que no tuviera una agenda. Como alguien que estaba empezando a escribir, a mí me costaba verme ahí, y a esa edad —a los 16 o 17 o 18, o incluso después, a los veintitantos— uno es más rebelde y más atrevido, y empieza a decir: «No, nada de esto me interesa, yo voy a tomar un camino distinto». Así, mi respuesta a todo eso fue explorar en la intimidad de los personajes. Yo me decía que en la literatura boliviana nadie parecía coger, me decía: «¿Dónde se ha quedado lo que sucede en los cuartos, lo que sucede en la cocina y los baños? ¿Por qué no se ha escarbado más en el ámbito tan complejo y a menudo tan oscuro de las familias?». De ese modo, a partir de lo que echaba en falta, fui consolidando mi posicionamiento. Lo otro que me empezó a suceder es que… Yo crecí viajando, pasaba parte del año en Chile y luego volvía a Bolivia y más tarde empecé una larga migración que, finalmente, desembocó en Houston, donde vivo ahora. Y también me interesó narrar esa experiencia, la experiencia del desplazamiento, la experiencia del que se ha ido, que es también, curiosamente, una experiencia que no sentía que hubiera sido tan narrada en un país migrante como Bolivia, al menos en lo que yo alcanzaba a ver en ese momento. Dos décadas después, pienso que el asunto es más complejo y cuestiono mis propias reacciones. Sobre lo que decía al principio, por ejemplo, ya no solo me interesa narrar lo que sucede en los cuartos, sino que también quiero salir a la calle, también quiero indagar en la historia de mi país.

GIUSEPPE: Retomando la respuesta de los dos, tengo la sensación de que —en ambos casos— tanto la fase de recopilación de informaciones e imágenes, como el tomar notas y apuntes, el ver continuamente lo que hay alrededor, es parte de un proceso: puede verse como el primerísimo paso para que empiece a nacer un cuento, un poema o el comienzo de una novela. Parece como si, en ambos casos, ustedes estuviesen plasmando una suerte de "narrativa deambulante". O sea, como si el movimiento, el desplazamiento, el moverse a otro lugar, el salir y tener contacto con otros seres fuese el paso no solo inicial, sino necesario para que después uno empiece a construir cuadernos de notas, imágenes, algunas de las cuales se quedan y se vuelven literatura, mientras otras desaparecen. ¿Pueden confirmar esta sensación?

FRANK: Yo creo que sí, totalmente. De hecho, mi astróloga dice que mi signo es el viaje, así que a mí me encanta viajar y cada vez que lo hago me cargo de energía. Viajo, saco —como tú dices— un cuadernito de notas, y empiezo a apuntar cosas. Surgen poemas, surgen imágenes. Hay un poco de eso, yo creo. Y me gusta registrar; estoy trabajando cada vez más textos que tienen que ver con experiencias de inmersión, con descubrir espacios. República

Dominicana es parte de una isla y es un país de inmigrantes. Dado esto, el desplazamiento y el viaje son fundamentales para entender la sociedad: somos sociedades transnacionales que están en continuo movimiento. El movimiento es una característica de nuestra sociedad. Cada vez está más lejos esa literatura donde todo está restringido a lo nacional. Tal vez sea una característica de la literatura actual, ese cambio de paradigma, en el caso de nosotros, la influencia que tenemos de Estados Unidos. En Nueva York, básicamente viven más de un millón de dominicanos. De hecho, la segunda ciudad con más dominicanos es Nueva York, después de Santo Domingo, y después le sigue, creo que, Madrid —y así se puede seguir—. Es de suma importancia que eso aparezca literariamente, un poco como contar esas historias, y también contarse uno. Realmente, en lo que yo hago sobresale ese sujeto que está mirando, ese sujeto que está observando, una especie como de *voyeur*, pero, también, en mi caso hay una indagación en mi persona, en mi máscara, en tratar de entender por qué estoy haciendo esto, por qué escribo, por qué estoy aquí situado en el mundo. Y hay una frase que leí hace poquito de Paul Valéry, que dice: «Otras personas hacen libros, yo hago mi mente», a la que me suscribo. Muchas de estas inquietudes, de esta escritura, tienen que ver con tratar de entender el entorno y, también, entenderme a mí como persona que va avanzando a través del mundo, a través del tiempo. Evidentemente, como comenta Rodrigo, yo también estoy en un punto en que comprendí que puedo escribir, por ejemplo, de la dictadura de Trujillo. Claro, en un momento, me negué a escribir sobre ese período debido a la saturación que había, por la cantidad de novelas, por los clises, por el abordaje… pero al final es una cuestión de forma, sencillamente. Claro, yo puedo contar esto porque es parte de mí, esto de alguna manera me define, es parte de mi historia. Por lo que ya estoy retomando muchas de las cosas que me negaba a rajatabla, cuando era un poquito más joven. Creo que me fui por las ramas.

RODRIGO: No, no, es buenísimo lo que dices. A partir de cierta edad seguramente estamos un poco condenados a cuestionar las decisiones que hemos tomado. Y yo creo que eso está muy bien. Ir moviéndose, no quedarse cómodos en un mismo lugar. Eso me devuelve a la idea de la deambulación que sugería Giuseppe, que es una idea que a mí me gusta mucho. En mi vida diaria es algo que necesito: deambular por ahí, dejarme sorprender. Porque la errancia siempre es relacional, siempre está en relación con aquello que vas encontrando, con aquello que vas pensando o sintiendo. La escritura la vivo como un proceso similar, de no saber bien hacia dónde voy, de ir encontrando cosas, de desvíos buenos y desvíos malos, de perderme una y otra vez. En este sentido, son procesos gemelos, muy cercanos entre sí. Y el lugar donde más confluyen para mí es en la escritura del diario. Yo llevo un diario hace mucho —y creo que ese es un género poco atendido, además, por la crítica en nuestro idioma, aun habiendo grandísimos diarios en español—. Es ahí, decía, donde deambulo más en mi escritura, donde voy intentando aprender de esas cosas que atestiguo, de esas cosas que pienso y siento mientras tanto. Supongo que esa escritura, ese impulso, ha determinado un poco mi forma de encarar otros géneros.

GIUSEPPE: Siempre a propósito del desplazamiento: el moverse y el salirse incluso del país de uno es un rasgo evidente en la literatura de ambos. Pienso en ese cuento muy conocido de Frank, *Así conocí la nieve*, ambientado en Estados Unidos, pienso también en varios de los cuentos de Rodrigo donde hay un conflicto que puede ser —como en el caso del cuento de Frank, por ejemplo— el conflicto entre los que acaban de llegar y la gente que ya vive en ese país, y de qué manera perciben al otro que acaba de instalarse. O, en el caso de Rodrigo, pienso en *La mujer y la niña*, un cuento que muestra las distancias sociales, de clase y económicas que caracterizan Bolivia. Se tiene la impresión de que en ambos casos hay una reflexión muy profunda sobre la relación del Yo con el Otro y sobre cómo ese Otro puede percibirnos. Una relación que a veces es conflictiva, a veces es de integración. ¿Qué pueden comentar sobre esto?

FRANK: A mí me parece superinteresante esto. Viajando, uno se da cuenta de eso, uno reconoce su identidad viajando y creo que uno construye su identidad viajando. Porque al final construimos nuestra identidad a partir de los otros. Inmediatamente la gente se acostumbra a cómo tú eres, hay como una especie de tolerancia, de respeto en torno a ti, pero inmediatamente te mueves en el mundo y empiezas a descubrir las distintas maneras en que te miran, la manera en que se relacionan contigo, se cae la máscara y empieza el cambio. El texto que tú comentas es un extracto de una novela inédita. Yo vivía en Chicago y estudié allá, y era un poco como el choque cultural. Recuerdo que salí de Santo Domingo y la temperatura estaba en 34 °C, y al llegar a Chicago estaba en -34 °C. Era ese contraste, no solo en el clima, sino también en la lengua, en la cultura, en el modo de relacionarse. Yo creo que cuando tú viajas hay algo que se rompe. Entonces empiezas a preguntarte qué eres, hacia dónde te diriges. ¿Soy parte del mundo? ¿No soy parte del mundo? ¿Qué soy? En mi caso, a veces yo me sorprendo de que voy a ciertos países y me toman por mulato, en otros por indio, me han dicho hawaiano, me han dicho negro, egipcio, de todas las cosas. Esa manera de irse construyendo a partir de esas miradas que vuelcan sobre ti los otros, el modo en que te transforman, y cómo, por supuesto, todo termina transformando tu entorno y la vida de los demás.

RODRIGO: En un país como Bolivia es imposible no preguntarse todo el tiempo por el otro. Y digo un país como Bolivia pensando que es un país con un sistema de clases muy rígido, con distintas culturas que conviven en un mismo espacio, con distintas lenguas que se entrecruzan todo el tiempo, con una herencia colonial aún muy pesada. Así, quieras o no quieras, apareces situado dentro de esos entramados y en contacto con gente que no ocupa el mismo sitio. Me gusta mucho lo que decía Frank de la mirada de los otros, cómo te miran los otros y cómo eso afecta en cómo tú mismo te miras. Y cómo viajar finalmente te saca de ahí y te sitúa en lugares inesperados, incómodos, algo que también me ha sucedido mucho a mí. Aquí en Houston sigo preguntándome de manera constante por el otro, por los otros, pero desde una posición distinta, inserto en otros entramados. Y ese dislocamiento resulta provechoso para la escritura, te fuerza a repensar ciertas cuestiones: ¿A dónde pertenezco? ¿Cómo funciona mi memoria ahora? ¿Cuándo empezaré a sentirme parte de este nuevo lugar? Deteniéndonos en el asunto de la migración, insistiendo en eso, para mí también ha sido interesante la cuestión lingüística a la que me ha forzado vivir en Estados Unidos. Han pasado trece años desde que me vine y percibo un doble movimiento. Por una parte, aquí estás enfrentado al inglés, y estar enfrentado a otro idioma te ayuda a prestar atención a tu idioma, a las construcciones de tu propio idioma. Por otra parte —y esto me resulta aún más interesante—, estás en contacto con gente de distintos países hispanohablantes, reconociendo todo el tiempo las similitudes y las diferencias. Y, de nuevo, posicionándote, redescubriendo tu propio idioma. No es una experiencia que yo hubiera podido tener en Bolivia, al menos no de esta misma forma, digamos sentado en una mesa con un colombiano, una paraguaya, una española y un guatemalteco, todos hablando el mismo idioma, que es al mismo tiempo muchos idiomas.

GIUSEPPE: La experiencia de la lejanía —entendida como experiencia de viaje (en algunos casos, largas estadías obligadas, en otros, simples desplazamientos por elección)— es un elemento que se aprecia bastante en la narrativa actual en español. También en las obras de ustedes se tiene la impresión de que hay una presencia fuerte del recuerdo y del proceso de reconstrucción de la memoria; un trabajo sobre la rememoración de experiencias personales y también de algo que otras personas han vivido y que el personaje principal intenta reconstruir. El personaje recuerda o reconstruye, quizás como parte de la experiencia de la extranjería o de la lejanía.

RODRIGO: A mí me resultó curioso ese repotenciamiento de la memoria que viví apenas salí de Bolivia. Es algo que en verdad no esperaba. Irme fue empezar a recordar más intensamente, fue mirar más hacia allá de lo que miraba cuando estaba todavía en Cochabamba. En esos años, antes de migrar, escribía mucho sobre gente que se había ido, evadía un poco lo local. Y, apenas partí, la memoria y el impulso de narrar se fueron cada vez más hacia lo que dejé atrás. Ahora esto lo conecto también con lo que para mí es una de las grandes preocupaciones de toda escritura. Me refiero a la preocupación por el tiempo. Los proyectos que más me interesan le prestan especial atención a ese asunto, a cómo nos enfrentamos a él, a cómo vivimos sabiendo que no es ilimitado y a cómo mientras tanto nuestros cuerpos se van transformando y nuestra memoria también. Y, entonces, la manera mía de aterrizar esa abstracción del tiempo es, justamente, indagando en los cuerpos, por una parte, y en la memoria, por otra, y en ese gran misterio de cómo vamos siendo tantas cosas diferentes. Y la migración —aquí vamos a volvernos monotemáticos— evidencia mucho esa multiplicidad, que somos más de uno a lo largo de los años. Somos el que creció en tal lugar, el que luego se fue a tal otro, el que vivió en circunstancias muy distintas en cada uno de esos sitios. La literatura es una herramienta muy privilegiada para indagar ahí.

GIUSEPPE: Creo que este aspecto se puede apreciar muy bien en *Los años invisibles*. Pero le dejo la palabra a Frank: es ahora su turno.

FRANK: Gracias. Sí, sí. Totalmente de acuerdo con Rodrigo. Quizá, hay algo que quisiera añadir. ¿Qué pasa cuando vuelves al sitio del que te fuiste?¿Qué estrategia utilizamos para enfrentarnos a eso? Fíjate, Giuseppe, cómo, de nuevo, los referentes cambian, porque tenemos que cambiar de estrategia a medida que vamos creciendo. Ahora ya no es sencillamente reaccionar a una generación anterior o hacer lo que ellos dejaron de hacer, sino lidiar con nuestros recuerdos y plasmarlos. Existen dos nostalgias sobre la que uno escribe: está la mía, por ejemplo, que recuerda desde el sitio, mirando el pasado en las ruinas de la ciudad; y está la nostalgia del que tiene más de veinte años que no pisa el país, que recuerda desde lejos. En mi caso, el pasado de mi ciudad está en mis recuerdos, pero también está siendo afectado por el presente del entorno, de la ciudad. Pero para el que se fue es como si llevara la ciudad en su cabeza, como si se tratara de un libro que en algún momento leyó. Tal vez por estar aquí suelo escribir mucho en presente del indicativo, ya que el pasado me crea ese conflicto. Entonces, este presente consiste en captar el instante. Yo creo que al hablar de desplazamiento es necesario mencionar el sitio desde dónde estamos escribiendo.

GIUSEPPE: Creo que lo que está emergiendo de este conversatorio es que en la literatura de ustedes —hablo de prosa, básicamente, pero también en la poesía o en las crónicas, pensando en el diario de Rodrigo— ninguno de los dos pretende ofrecer respuestas. O sea, están los dos planteando estos temas, pero sin nunca llegar a decir: «Esta es la idea», «esto es lo que me gustaría transmitir». ¿Es así? Finalmente, quisiera terminar preguntándoles en qué medida —o sea, en términos cuantitativos— qué porcentaje de lo que ustedes van escribiendo, anotando y recuperando como material, se convierte en algo completo, en un texto, en algo que después algún lector va a poder leer de alguno.

FRANK: Para mí todo es tan misterioso. A veces empiezo escribiendo un artículo que se acaba convirtiendo en un poema. De una mirada o de una experiencia o de un ritmo que me rebota en la cabeza, puede surgir un poema , la idea de una novela o un cuento. A veces el punto de partida aparece en un diario que tú revisas quince años después y donde te encuentras una frase que te llamó la atención, y tú dices: «¡Ah!, pero, mira, aquí hay algo». En mi caso, yo estoy continuamente escribiendo, recopilando cosas, porque yo tengo un diario. De hecho, dos diarios: uno de viajes y otro de sueños. Creo que hay como algo de recopilación para cosas futuras que, quizá no se lleven a cabo, pero hay como una intención de eso, de recabar, de indagar. Yo lo veo un poco como el trabajo del arqueólogo, que va desenterrando, que va reuniendo cosas y que, finalmente, va a dar con lo que realmente quiere, a medida que le va quitando el polvo, que le va quitando la tierra.

RODRIGO: Comparto la experiencia de la incertidumbre. Para mí no hay nada más incierto que escribir. No es un lugar donde encuentre respuestas. Intuiciones, quizá sí. O sospechas, pequeñas revelaciones. En cualquier caso, es un observatorio que me resulta grato y luminoso. Veo cosas mientras escribo, cosas que no veo mientras no escribo. Ahora, tenemos la idea falsa de que los escritores publican todo lo que escriben y de que es un proceso sencillo, y en verdad es todo lo contrario. En mi caso, al igual que en el de tantos otros, es muchísimo más lo que he escrito que lo que he publicado. Hay libros enteros, novelas enteras, el diario de veintitantos años, que están guardados, esperando quizá su momento, y uno nunca sabe cuándo puede llegar. Por dar un ejemplo, escribí la primera versión de *Los años invisibles* hace unos trece años, y es una novela que por alguna razón no terminaba de funcionar. Estaba acabada, pero me decía: «No, acá no está sucediendo lo que a mí me gustaría que sucediera», no en cuanto a la trama sino en términos emocionales, en términos de la escritura misma. Y ese libro encontró su lugar y su forma una década después. Por eso creo que parte del trabajo de la escritura es tener paciencia y dejar que el material vaya creciendo, que fermente.

FRANK: Sí. Me recuerda a los estudiantes de los talleres, que siempre piensan que una novela se escribe desde la primera oración hasta la última, que es como un *continuum*, que es totalmente lineal. Y tú dices: «No, nada funciona así en la vida». Nada. Y lo mismo ocurre con los proyectos; hay proyectos que tú te impusiste hace veinte años y todavía no los llevas a cabo, pero se están fabricando, de alguna manera, en alguna parte de la cabeza y de los papeles, se va llevando a cabo. Es un trabajo invisible.

RODRIGO: Invisible y muy engorroso y sucio, muy de meter las manos ahí. Y, claro, lo que pasa también es que pensamos que la escritura es solo escribir, y no lo es. Es también editar, es cortar y pegar y ajustar y ese largo etcétera que sucede en un momento distinto al de la escritura misma.

FRANK: Sí. Y te hago una pregunta, Rodrigo. Perdona, es que me dio muchísima curiosidad. En la parte del diario, ¿tú lo publicarías en algún momento?

RODRIGO: Ahora mismo te diría que no, que es una escritura que me sirve a mí, pero que no tendría ningún interés y que dejaría de ser lo que es si la pienso como material publicable. Más bien, es el lugar donde le doy la espalda al mundo. ¿Y en tu caso?

FRANK: No, no. No me imagino. Sobre todo, por eso, uno le da la espalda al mundo. Y eso implica que uno tiene una libertad total que, quizá, no tiene en otro espacio. De hecho —no sé si te parece a ti—, es la verdadera escritura, porque tú escribes sin ningún tipo de censura; te enfrentas tú solo a la página, no estás esperando nada, no tienes ningún tipo de pretensión literaria, no hay ningún tipo de prejuicio, tú escribes lo que te viene en gana. Y, entonces, por eso te lo pregunto, porque los diarios son complejos de publicar en vida, por decirlo de alguna manera.

GIUSEPPE: Me gusta que ese sea el lugar de la escritura más verdadera: el diario. Es decir, la escritura sin censura, sin autocensura en este caso. Para concluir, creo que logramos tocar aquellos puntos sobre los que teníamos pensado conversar. De nuevo, agradezco que hayan tenido la amabilidad de dedicar este tiempo para poder encontrarnos y hablar de literatura. Muchas gracias a los dos. Mucha suerte con todo lo que están haciendo, con ese largo procedimiento, como decía Rodrigo, este «trabajo sucio» que a veces, en una segunda instancia, conduce a un resultado. De nuevo, estoy realmente muy agradecido.

RODRIGO: Muchas gracias.

FRANK: Muchas gracias.

# Cuando la tinta es bálsamo: literatura y salud mental

## PIEDAD BONNETT • ROSA MONTERO

### Conducido por **Héctor Peña Omaña**

*La convivencia, como una enfermedad mental propia o ajena, es el hilo que conecta las obras* Lo que no tiene nombre *y* El peligro de estar cuerda, *publicadas respectivamente por Piedad Bonnett en 2013 y por Rosa Montero en 2022. Sobre los pilares de la relación entre escritura, locura, lectura y terapia, la estigmatización de estas dolencias, el trauma y la disociación, el psicólogo en la red pública de la Comunidad de Madrid, Héctor Peña Omaña, construye puentes entre las páginas del relato testimonial de Bonnett, que parte del suicidio de su hijo Daniel diagnosticado con esquizofrenia, y el ensayo de ficción autobiográfica de Montero, en esta charla denominada «Cuando la tinta es bálsamo: literatura y salud mental». «No escribo para curarme, pero estoy segura de que me cura y de que toda la vida la literatura ha hecho de muleta», concluye la autora colombiana. La española, que escribe desde que recuerda, afirma que la literatura permite «apretar la vida sucia y dolorosa, cuando la vida es mala, hasta convertirla en un diamante».*

HÉCTOR PEÑA OMAÑA: Buenas tardes, a todos los asistentes al encuentro de hoy. Bienvenidos a la tercera edición del Festival de Literaturas Hispanoamericanas de París. Primero de todo, quiero dar las gracias a los organizadores del festival por contar conmigo para este tema que me apasiona y, por supuesto, a Piedad Bonnett y Rosa Montero, por estar en esta charla de literatura y salud mental. Personalmente, siempre he sido un fiel defensor de cómo la literatura puede ser una herramienta para el bienestar psicológico, y también una potente vía para abordar el estigma y los problemas de salud mental. Puedo decir, además, que fue gracias a una novela que encontré mi vocación como profesional de la salud mental, y siempre he utilizado la literatura como aliada y como herramienta terapéutica. Por lo tanto, la relación entre estos dos mundos, la literatura y la salud mental, puede generar muchos interrogantes. Y —por lo que hoy veo personalmente— una gran oportunidad: poder hablar con Piedad y con Rosa sobre todos estos temas. Espero que la charla sea de su interés. Paso a presentar brevemente a nuestras dos participantes escritoras. Digo *brevemente* porque sé que son de sobra conocidas por el público general. En primer lugar, tenemos a Piedad Bonnett. Es poeta y escritora, nacida en Amalfi, Colombia. Es licenciada en Filosofía y Literatura por la Universidad de los Andes y tiene un máster en Teoría del Arte y la Arquitectura en la Universidad Nacional de Colombia. Ha publicado nueve libros de poemas, entre los que se hallan: *De círculo y ceniza* y *El hilo de los días*. Ha escrito, además, seis obras de teatro, y novelas como *Donde nadie me espere* y la recientemente publicada *Qué hacer con estos pedazos* —que, además, yo me he terminado hace una semana y me ha encantado, fue una preciosidad—. Fue ganadora de múltiples premios, como el Premio Nacional de Poesía del Instituto Colombiano de Cultura y el Premio Casa de las Américas de Poesía, aquí en Madrid. Dentro de su obra, podemos encontrar varias que abordan la salud mental, aunque, en esta línea, destaca *Lo que no tiene nombre*, publicada en 2013. Esta obra es un relato testimonial y sobrecogedor en torno a la enfermedad mental y el posterior suicidio de su hijo, Daniel Segura Bonnett. En ella, Piedad nos invita a acompañarla en un viaje a través de la historia de vida de su hijo, y también, paralelamente, un viaje a través de su duelo. Este libro fue incluido en 2016, por Babelia, entre los 100 mejores libros de los últimos 25 años. En segundo lugar, tenemos a Rosa Montero, escritora y periodista española. Estudió Periodismo y Psicología —esto es bastante interesante, no sé si luego saldrá un poco el tema, porque Rosa tiene ahí una teoría en torno a los estudiantes de psicología, muy interesante, que me gustó mucho leer—. Después de su paso por la universidad, comienza a colaborar en distintos diarios y revistas como *Fotogramas* y *Pueblo*, entre otros. Desde 1976, trabaja en el diario *El País*. Recibió, en 2017, el Premio Nacional de las Letras y también el Premio Nacional de Periodismo, entre múltiples premios —y muchos más que estarán por llegar—. Escritora de múltiples obras, novelas, cuentos, libros de relatos. Entre su obra, podemos encontrar *Te trataré como a una reina, La loca de la casa, La ridícula idea de no volver a verte* o *La carne*. La salud mental siempre ha estado relacionada con su obra; esto todavía se hace más claro en su último libro: *El peligro de estar cuerda*, que salió recientemente, este año. A caballo entre el ensayo y la ficción, y con pequeños tintes autobiográficos, es otra joya de la que podemos hablar, ya que en ella hace una revisión sobre la relación entre la escritura y la locura. Piedad, Rosa, sobre todo me gustaría que hablarais un poco sobre estas dos obras, que yo creo que son dos joyas, que recomiendo muchísimo para todo aquel al que le guste la salud mental. Veo un nexo. Hablaremos bastante sobre los nexos en común que tenéis las dos. No sé si estaréis de acuerdo, luego iré sacándolo. Pero hay un primer nexo entre estas dos obras que me parece muy interesante, que hay cierto tipo de autoanálisis en ellas, entre *Lo que no tiene nombre* y *El peligro de estar cuerda*. Ambos libros abordan el tema de la salud mental. También me gustaría que hablarais sobre cómo llegó esta idea, estos libros, a vosotras. Y cómo decidisteis empezar la escritura de ellos. Piedad, ¿quieres empezar?

PIEDAD: Claro que sí. Quiero decir que estoy muy contenta de estar aquí, con mi amiga Rosa Montero, a quien admiro muchísimo, y con la que, en efecto, tenemos nexos afectivos, pero también literarios. Y gracias a ti, Héctor, por tomarte este trabajo. Voy a hacer una síntesis, porque mi libro, en la génesis, creo que debe ser distinto del de Rosa, porque es una cosa muy puntual lo que pasó ahí. La salud mental me ha interesado siempre por múltiples razones. Incluso por las mías propias, que alguna vez sufrí una depresión grande, que fui una niña superansiosa. Algunas de esas cosas aparecen en mi poesía. Pero el gran golpe que me dio la vida fue que mi hijo Daniel, cuando tenía unos diecinueve años, empezó a presentar unos comportamientos extraños que a él mismo lo angustiaron y que no alcanzábamos a entender de qué se trataba. Después de múltiples peripecias con los médicos, supimos la noticia aterradora de que podía ser una esquizofrenia. Eso, los diagnósticos, es otra cosa de la que podríamos hablar en algún momento. Es siempre algo muy muy oscuro y muy difícil. Para que los oyentes entiendan, Daniel fue una persona absolutamente funcional. Claro, con pequeños baches en su carrera, pero él hizo su carrera de artes plásticas, hizo una especialización en arquitectura, fue maestro de niños y se fue a hacer una maestría en la Universidad de Columbia. O sea, que, intelectualmente, era una persona muy capaz. Sin embargo, yo estoy segura de que, en los diez meses que estuvo en la Universidad de Columbia, había empezado a perder capacidades mentales y él debió de entender muy bien eso. La cuestión es que Daniel se suicida lanzándose del último piso de su edificio en Nueva York, en Manhattan, el 14 de mayo de 2011. Era algo que estaba entre las posibilidades, porque Daniel sufría muchísimo, muchísimo, y hacía un esfuerzo continuado tremendo. Yo pensé que iba a escribir poesía a raíz de eso, pero muy pronto, digamos, al mes y medio, cuando yo estaba en un viaje por Italia para paliar un poquito esa pena con la belleza del verano italiano, yo llevaba unos libros, llevaba mis libretas y, de pronto, tuve como una revelación tremenda. Yo iba haciendo recuentos y, sobre todo, hice el recuento de los últimos diez años de Daniel. Y dentro de los diez años, de los diez meses últimos de la vida de Daniel, donde empezaron a pasar unas cosas aterradoras allá en Nueva York, de presiones de la universidad, de equivocaciones del médico, de vacilaciones de Daniel sobre su propia escogencia —porque había escogido, creo, una carrera en administración de arte, que no era lo que le convenía—. Y yo empecé a hacer ese recuento y, de pronto, comprendí que había algo de tragedia griega en ese drama, porque habíamos luchado todos. Había luchado Daniel por tener una vida, digamos, relativamente feliz, pero sobre todo donde pudiera ser el artista plástico que era, que tenía un talento enorme, sí. Era un muchacho curioso, era un muchacho que amaba la vida, era un muchacho al que le gustaba nadar. En fin, era un muchacho con una estética muy particular, que le interesaba todo el mundo de la belleza, digamos. Por todo esto, yo entiendo que esto es como una derrota. La derrota de Daniel. La derrota de la familia íntima. Empiezo a pensar en lo que fue un secreto de diez años para que a Daniel no lo estigmatizaran, empiezo a pensar en lo que sucedió alrededor del suicidio, cuando la gente se expresaba, manifestaba cosas. Hice un balance de los errores médicos y, de pronto, dije: «Yo tendría que escribir este libro porque va a comunicar una experiencia muy honda, muy relevante desde el punto de vista de la reflexión sobre la enfermedad mental y la muerte». Y me dio mucho miedo cuando descubrí que tenía la idea de escribir eso. Porque yo sé —y lo sabrá Rosa— que cuando llega una idea de esas a la cabeza, con ese poder, ya no nos podemos deshacer de ella. Me daba mucho miedo por la familia íntima, qué diría, por la responsabilidad que yo tenía, porque la memoria de Daniel estaba de alguna manera ahí involucrada. Pero cuando llego a Bogotá, que sería como en agosto, Daniel murió en mayo y yo empecé a escribir este libro. Y esa es la génesis. Y hubo una inmersión tremenda, tremenda. Por ejemplo, comencé a abrir todo, las carpetas donde Daniel había dejado toda su obra tremendamente bien ordenada, los óleos, los dibujos, había estas cosas de niños porque él era una persona muy meticulosa, muy ordenada y, probablemente, muy rígido, por la misma enfermedad. Así que yo abría esas carpetas de gran formato y descubría muchos aspectos de la pintura de Daniel que no había visto nunca. Yo estaba sumergida entre la escritura y los descubrimientos que hacía. Abría un cajón y de pronto me encontraba sus carnés del colegio de cuando era niño o sus gafas de nadador, y fue todo una experiencia muy muy fuerte. Y así escribí el libro, más o menos, en ocho meses, diez meses, porque yo ya tenía la historia completa. Es distinto a, digamos, lo que suele pasar habitualmente cuando uno escribe una novela, que está como inventando cosas. Y, bueno, eso es lo que yo quisiera decir.

Quisiera decir también que me leí *El peligro de estar cuerda* y que adoré esa novela. Adoré esa novela. Me hizo reír mucho porque, por fortuna, Rosa tiene ese sentido del humor extraordinario, pero me hizo llorar en ciertos momentos, porque descubrí cosas de mi propio dolor. Ya, antes, Rosa y yo habíamos hablado del duelo en un festival. Pues Rosa también tiene su libro de duelo, de la muerte de Pablo. Y, bueno, creo que esas dos cosas nos unen. Ahora que Rosa nos cuente.

ROSA: Nos unen muchas más cosas, la verdad. Es que cuando nos conocimos, hace ya un montón de años, ya ni recuerdo, pero fue como amor instantáneo, a primera vista. Y desde siempre nos hemos sentido muy unidas, como ella dice, personalmente, sentimentalmente, literariamente también. *Lo que no tiene nombre* —ahora, después de echarme la flor que me has echado, parece que lo hago para responder, pero tú sabes bien que no es así— es un libro absolutamente magistral y creo que todo el mundo debería leerlo. Yo voy a decir dos cosas de mi libro, y luego voy a hablar más de cosas que tú has dicho, que me parecen muy interesantes. Mi libro, simplemente creo que lo he estado escribiendo toda mi vida. La primera línea del libro dice: «Siempre he sabido que había algo que no funcionaba bien dentro de mi cabeza». Desde que era pequeña, he intentado entender esa cabeza paralela. Porque claro, luego empiezas a ser novelista, eres novelista mucho antes de publicar. Y resulta que dedicas las mejores horas de tu vida a sentarte en una esquina de tu casa, sola, a inventar mentiras durante meses y durante años, que es un trabajo estrafalario, que dices: «¡¿Por qué necesito hacer esto para poder levantarme cada día?!». Luego, ya cuando empecé a tener las primeras crisis de pánico, con dieciséis o diecisiete años, pues, esa pregunta y esta indagación, se hizo más urgente, porque pensaba que estaba loca.

Tenía ese terror absoluto y, efectivamente, Héctor, por eso estudié Psicología, para ver qué me pasaba. Y mi teoría, en efecto, es que la mayor parte de los psicólogos, y buena parte de los psiquiatras, se meten en esta carrera porque piensan que están majaretas y quieren entenderse. Lo cual es bueno porque yo creo que da una empatía con el paciente, que, si no, no tienes. Y como tú dices, he ido hablando y he seguido hablando de estos temas toda mi vida, y escribiendo de estos temas toda mi vida. En *La loca de la casa*, que, pese al título, no es un libro sobre la locura, sino sobre la imaginación. O en *La ridícula idea de no volver a verte*. Además en muchas novelas mías hay personajes que tienen trastornos mentales. Y también he tratado el tema en artículos, y tal. Pero hace cosa de cuatro años, recibí una especie de telegrama del inconsciente, de esos telegramas, en efecto, a los que se refería un poco antes Piedad, que de repente tú no escoges los libros que haces, sino que los libros te escogen a ti. Y cuando se imponen, no tienes más remedio que seguirlos. Así que recibí esa especie de telegrama que te lo manda al inconsciente y un día me levanté, y en la cabeza me apareció el mandato de escribir, por fin, de manera centrada y prioritaria, sobre el tema de creación y locura. Es un libro que reflexiona sobre eso, sobre qué es la creación, a qué llamamos locura, qué relación tiene la creación con el trastorno mental, a qué llamamos realidad, hasta qué punto es fiable esa realidad, cómo está de impregnada de la fantasía. Y, en fin, todos estos temas que habían estado en mi cabeza embelesándome y atormentándome, las dos cosas. Y lo increíble es que después de hacer este libro he conseguido llegar a respuestas. El libro es casi una indagación detectivesca entre un montonazo de datos. Leí y releí montones de libros. Tenía una cantidad de datos que era un bosque impenetrable. Y de repente pensé que no iba a saber salir adelante. Pero entonces tomé la decisión esencial de meterme en ese bosque no con la conciencia lúcida con la que uno se mete a hacer un ensayo convencional, sino cerrando los ojos igual que hago las novelas y dejando que la intuición del inconsciente me guiara. Y por eso digo que tenía algo como detectivesco, buscando y juntando los indicios hasta llegar a encontrar las respuestas. He descubierto cosas que realmente son fundamentales en mi vida, y supongo que también para la vida de muchos, porque el libro no trata sólo de la cabeza de los que nos dedicamos a cosas creativas. Mi teoría es que entre un 15 y un 20 % de los humanos tenemos la cabeza cableada de una manera distinta, y se nos mueven las ideas de otra manera. Y en ese 15 o 20 % estamos, por un lado, los que nos dedicamos a trabajos creativos, independientemente de la calidad de la obra. Pero es que además creo que hay un porcentaje elevado de personas que no llegan a hacer una obra creativa, pero que su cabeza está cableada más o menos igual. Y yo creo que, por ejemplo, entre esas personas están aquellos que son lectores apasionados. Yo creo que los que somos lectores apasionados podemos ser simpáticos, tener un montón de amigos, tener como… ¡yo qué sé!, éxito social, pero en el fondo hay algo que no termina de cerrar en nuestra relación con el mundo, en nuestra relación con la realidad. La realidad es un traje demasiado estrecho o demasiado ancho. Hay una fisura con la realidad. Por eso necesitamos poner un puente de palabras para poder unirnos al mundo. Y todos nosotros, todos los cableados de manera rara, formamos lo que Marcel Proust llamaba «la magnífica y lamentable familia de los nerviosos», que es de lo que habla mi libro. Pero creo que Piedad ha puesto un montón de cosas muy interesantes sobre la mesa hablando de trastornos mentales y de todo lo demás, hablando del suicidio. En mi libro, tengo un capítulo sobre el suicidio que se titula «Tormenta perfecta II». Porque para llegar al suicidio, evidentemente hacen falta un montón de circunstancias, que haya una conjunción maléfica, y hay varias cosas que he descubierto sobre el tema. Hay unos suicidios racionales, de aquellas personas que de repente tienen una enfermedad degenerativa, y tal, y deciden irse. Está muy bien, forma parte de la libertad del ser humano, pero son poquísimos, creo, de los ochocientos mil suicidios que hay al año en el mundo. Así que la mayoría son lo que yo llamo «suicidios desesperados», que es lo que sucedió con tu hijo, Piedad, y ahí yo creo que hay varias reflexiones para hacerse. La primera, que no se quieren suicidar, sino que de alguna manera se desconectan. O sea, hay esa «tormenta perfecta» y se desconectan. En un momento determinado, hay una especie de «apagón eléctrico», por causas ambientales, físicas, neurológicas —¡montones de cosas!—, mala medicación, mala atención médica, yo que sé. Y, de repente, ese apagón, que es una pena porque, realmente, si pudieran aguantar, si tuvieran un apoyo, a lo mejor cambiaría una de ese montón de circunstancias que están ejerciendo esa presión y ya no se suicidarían. Porque, además, no han sido desgraciados todo el rato. Tú misma lo has dicho, has dicho: «Amaba la belleza». No han sido desgraciados todo el rato. A los familiares de los suicidas les queda una sensación tremendamente oscura, sombría, terrible, de una vida que ha sido una vida de mártir. Pero no es verdad. Tu hijo, estoy segura de que sabía disfrutar. Tú misma lo acabas de decir. Tenía esa capacidad de artista para disfrutar de la belleza de una manera intensísima. Así que seguro que disfrutó muchísimo. Y, luego, otra cosa que descubrí es que la enfermedad mental es una enfermedad del cuerpo. Sí, esto es lo que se ha pensado desde siempre. Aristóteles, por ejemplo, hablando de la relación de la creatividad con la locura, decía que era extraordinario comprobar cómo los hombres de genio artístico tenían todos un exceso de bilis negra. Porque en la época de Aristóteles, lo que llamamos «locura» se consideraba que era un exceso de bilis negra, o sea, una enfermedad del cuerpo. Las enfermedades del cuerpo, de hecho, dicho sea de paso, no son solo del cuerpo, son también ambientales, psicológicas, etc. Hace dos siglos, por desgracia, no sé por qué dejó de entenderse la enfermedad mental como una enfermedad del cuerpo, y pasó a ser una cosa esotérica que no tenía nada que ver con lo demás, con lo cual culpabiliza al enfermo mental. Pero, en realidad, lo que es el suicidio, es una desconexión eléctrica, neurológica, igual que un infarto, es lo que quiero decir. Y es trágico que una persona tan queridísima se muera por un infarto o por un suicidio, es muy trágico, por supuesto. La muerte es ese pozo del que, además, uno nunca se recupera del todo, siempre lo llevas contigo. Pero lo que tengo claro es que no hay que añadir más dolor. No hay que añadir más dolor. No hay que añadir más dolor al suicidio con todos los sentimientos de culpabilidad que suele generar. Uno no se siente culpable si el ser querido se ha muerto de un infarto, quiero decir. Y resulta que, de la misma manera que el infarto es un cortocircuito eléctrico, pues, el suicidio, también. No creo que haya que añadir más dolor al dolor horrible de la muerte de un ser querido. Y, nada, si quieres, hablamos de otras cosas. Lo de la estigmatización me parece un tema importantísimo.

HÉCTOR: Rosa ha hablado un poco de ello y, efectivamente, el tema del suicidio era otro nexo que quería sacar. Me parece que las dos, en estas obras, abordáis ese tema que creo que es muy importante el hablarle, porque hace unos años era un tema tabú, era un tema que no había que hablar porque había un efecto, un llamado —algo que se ha demostrado que no es así—. Y creo que las dos también hacéis una cosa muy interesante. Creo que en tu capítulo en el que hablas sobre Sylvia Plath, haces una reconstrucción de su historia, de su sufrimiento, hasta llegar a esa historia, a ese momento. Piedad, tú también haces lo mismo con la historia de tu hijo, el hacer esa historia de vida hasta ese punto, todo el sufrimiento que pasó, y entender que era un final al sufrimiento. Me parece muy interesante, las dos escribiendo sobre suicidio, y muy necesario. Mi pregunta es: ¿qué hace falta o qué necesita la sociedad o qué tiene que cambiar la sociedad con respecto al suicidio? Y la literatura, que yo creo que la hay, en primera persona, sobre todo Piedad, por ejemplo. Ese testimonio me parece muy necesario. La literatura ¿qué papel puede tener en este cambio? Ya que hemos abierto este tema sobre el suicidio, me parece muy interesante para poder cerrarlo.

PIEDAD: Sí, yo te diría, Héctor, que el suicidio hace parte de una reflexión muy contemporánea sobre el derecho sobre el propio cuerpo, en todos los sentidos. Es decir, así como nos tatuamos, y tendríamos que poder abortar las mujeres, porque somos dueños de nuestros cuerpos, y que no nos estén legislando desde fuera. Es un problema de conciencia, de autonomía, de educación, de prevención. Y con el suicidio pasa una cosa similar, porque también hay maneras de prevenir el suicidio. Pues, por lo menos, hay políticas de prevención del suicidio. Yo no estoy muy segura de que un suicidio, en última instancia, se pueda prevenir. Es decir, la persona que siente la necesidad tremenda de suicidarse, lo está contando Rosa, en un determinado momento siente ese impulso. Hay esas dos cosas: el que lo piensa, escribe la carta, se va al hotel, se toma las pastillas, eso es una cosa; y otra es ese suicidio por impulso, ese *shock* mental del que hablaba, esa desconexión, esa oscuridad. Porque he hablado con algunos muchachos que se intentaron suicidar y no lo lograron, y al final, todo es oscuro, oscuro. Ni siquiera recuerdan. Lo que esta sociedad tendría que aceptar es eso, que venimos en toda la civilización conquistando el derecho a la autodeterminación. Y el suicidio es eso. Entonces, sí, estar alerta en las universidades, con los muchachos que se ven raros, deprimidos. La medicina, por supuesto, tiene sus recursos también, ese es un tema importantísimo y complejísimo, porque a veces esas medicaciones lo que hacen es aplastar la creatividad, poner una pesadez en el cuerpo, crear una sensación de enajenación, de falta de placer. La creatividad se anula. A Daniel se le va anulando la creatividad con los remedios allá en Nueva York. Y todo eso, digamos que hay que pensarlo, y hay que hablarlo, sobre todo hay que hablarlo. Pero eso es una conquista de la autonomía del individuo, hacia la que la civilización tiene que ir necesariamente.

HÉCTOR: Piedad, estoy muy de acuerdo en el tema este, que ya además hay que ir cambiándolo porque simplemente la perspectiva que había era una generación de culpa, de vergüenza, de ocultarlo. Y yo creo que lo que hace falta es más trabajar en la educación, en poder hablarlo desde siempre. Y yo creo que eso es lo que fallaba. Rosa, ¿quieres comentar algo sobre esto?

ROSA: Sí. Yo creo que lo que falla es algo todavía más global. Falla verdaderamente el entendimiento de lo que es un trastorno mental, falla hablar de ello, no estigmatizarlo. Y falla que no se saca el tema, que todos lo ocultamos. O sea, todo el mundo lo oculta. España, por ejemplo, es el país en donde más benzodiacepinas se toman en todo el mundo. Bueno, es terrible. Porque, claro, como no tenemos suficientes médicos de salud mental, pues, los médicos de familia recetan benzodiacepinas como si fueran chicles, y eso ya es malo. Pero a lo que iba es que, aquí en España, nadie de tu entorno dice que toma benzodiacepinas, todo el mundo lo oculta, todo el mundo, y con razón, porque sigue siendo un estigma muy grande. Aunque la pandemia ha levantado un poquito la tapa, por la simple razón de que la pandemia ha empeorado muchísimo la salud mental del mundo. Y ha destapado un poco por el vapor acumulado, pero, aun así, sigue siendo algo verdaderamente tabú y un estigma muy grande. Y aprendemos, desde muy pequeños, unas maniobras de ocultación de todo aquello que nos parece divergente, porque lo normativo se impone de tal manera que desde muy pequeños desarrollamos esas técnicas de ocultación de todo aquello que nos parece distinto. Con razón, porque, si no, el niño que aparenta ser distinto llega al colegio y lo maltratan. Así, todo eso termina siendo tremendamente patológico, en todos sus niveles. Y nos sucede a todos. También a las personas que no tienen ningún trastorno, porque sin tener trastorno también puedes ser diferente a la norma. El que tiene un trastorno neurótico, como yo, pues, también. El que tiene trastornos mayores, psicóticos, también. O sea, todos. Lo que hay que hacer es sacarlo a la luz, hablar de ello, normalizarlo. El 25 %, de la humanidad, dice la OMS, y yo creo que una cifra muy conservadora, va a experimentar, antes o después en su vida, un trastorno mental. Entonces, ¿qué quiere decir esto? Que todo el mundo, todo el mundo, o bien va a vivir un trastorno mental en su carne o bien lo va a vivir alguien muy cercano: sus padres, sus hijos, sus hermanos, sus amantes, sus amigos más íntimos. Porque es cuando menos uno de cada cuatro. Y, sin embargo, no lo hablamos, no lo reconocemos.

HÉCTOR: Al final, Rosa, yo creo que ese es el origen del estigma, lo diferente, que al final me da miedo, pero tenemos que ser conscientes de que, efectivamente, el 25 % de las personas pasarán por una enfermedad mental. Por lo tanto, es una realidad global, no es algo ajeno a mí.

ROSA: No, forma parte de lo que el ser humano es, uno de los grandes elementos que constituyen el ser humano. Porque, además —ya digo yo que creo que es mucho más grande el porcentaje—, fuera de lo que consideramos trastorno mental, hay una cantidad de peculiaridades inmensas. O sea, vivimos en una apariencia de lo normal que es un puro invento. Yo lo cuento en mi libro. En 2018, se hizo una investigación en la Universidad de Yale que concluyó que la normalidad no existe, porque lo que llamamos *normal* solamente es la media estadística de todas las variables posibles. Entonces, no debe haber una sola persona en el mundo que se adapte, en todos sus parámetros, a esta medida estadística. Todos somos divergentes en algo, absolutamente todos. Así que necesitamos ir aceptando la diferencia e ir sacando todo eso a la luz y, bueno, también tenemos que exigir —que esa es otra cosa—, exigir muchísimo más dinero para la salud mental, que todos los países están bajo mínimos, todos, absolutamente todos.

HÉCTOR: Volviendo un poco más al tema de la escritura, también he visto otro nexo. Al principio, habéis hablado de vuestra infancia y de ciertos problemas psicológicos que influenciaron vuestra obra. Yo también quería preguntaros sobre la escritura como terapia. Y, reflexionando, recordé una rama de la psicoterapia que a mí me interesa muchísimo. No sé si la conocéis, las terapias narrativas, en las que las terapias narrativas lo que dicen es que es la forma de contar tu historia de vida la que al final modula tu identidad. Me parece muy interesante. Y el terapeuta es casi como un coescritor, ayuda a que la persona reescriba su historia de vida. Y me parece muy potente esa idea. Quería preguntaros sobre esta idea de la terapia y la escritura, porque podéis hablarlo como las mejores, yo creo. Y os he apuntado unas frases que a mí me han encantado de vosotras. Rosa, tú en tu libro… Vamos, la tengo subrayadísima porque me ha encantado, dices: «Si consigues convertir el dolor en algo creativo, entonces acaricias la sensación de ser invulnerable». Y, Piedad, en una entrevista, creo que por *Lo que no tiene nombre,* dijiste esta otra cosa maravillosa que era: «Uno suele decir que la literatura va por un lado y la vida por otro. Nunca había comprobado de manera tan impresionante cómo literatura y yo somos una sola, porque lo primero que se me ocurrió fue escribir». Como nos contabas antes, a partir de ahí fueron apareciendo preguntas sobre las cosas: qué es un duelo, qué significa perder a alguien. Me gustaría que habláramos un poco sobre el poder terapéutico de la escritura. Y también, sobre todo, sobre el poder terapéutico del proceso de duelo en la escritura. Efectivamente, como antes comentaba Piedad, ambas tenéis otro nexo, que son las obras que hablan de duelo. Y eso son dos obras interesantísimas para cualquier persona que esté pasando por este proceso, que son *La ridícula idea de no volver a verte* y *Lo que no tiene nombre.* Me gustaría, Piedad, si nos puedes hablar un poco sobre si existe escritura terapéutica, si tú lo has vivido en tus carnes. ¿Cómo es escribir un duelo?

PIEDAD: Voy a tratar de ser sintética, porque sobre eso se podría hablar muchísimo. Quiero, de verdad, remitirme a la infancia, porque yo fui una niña desacomodada desde que me acuerdo. O sea, a los tres años yo ya me sentía que no. Y mi mamá me daba gotitas para los nervios. Era la cosa más absurda. Cuando yo tenía, ya, bueno… Yo empecé a sufrir lo que después entendí que eran ataques de pánico, como Rosa, que era un estado de ansiedad tremendo, de manera que, te digo, a los dieciséis años yo pensaba que yo iba a ser loca, que yo iba a terminar loca. Estaba absolutamente segura de eso. Es más, cuando me empezaron a hacer entrevistas, me preguntaban: «¿Usted a qué le tiene miedo?». Y yo decía: «A terminar loca». Y luego la vida me juega la mala pasada de que el que en realidad es invadido por la locura, si así se puede decir, pues tuvo pocos episodios, es Daniel. Y vivió, digamos, el destino que yo creía que era el mío. Ahora, yo desde que era muy niña empecé a escribir como una necesidad. Es como si la vida no pudiera estar en una sola dimensión, como si necesitara de un segundo paso que es la escritura a partir de las emociones, de los dolores, de las adecuaciones. A mí me mandaron interna a los catorce años porque era una niña muy rebelde. Después entendí que había asumido como un gran abandono, solo lo entendí mucho tiempo después, en una terapia, cuando lloré a mares recordando cómo me habían mandado a mí a otra ciudad a un internado. O sea, como en una novela del siglo XIX, pero ya en el siglo XX. Ahí empecé a escribir poesía. La poesía es un gran canal para el desahogo emocional. Y, bueno, ya luego asumir la literatura como la he asumido siempre, que es como una opción de vida, por un lado, pero un oficio también, que se aprende. Y quisiera rematar con lo que pasó mientras yo escribía *Lo que no tiene nombre,* que escribí sentada, aquí, donde estoy, y Daniel subía por esa escalera a veces. Me atormentó durante mucho tiempo la idea de que, de pronto, podía mirar para allá y verlo subir. Porque la muerte es una cosa que nos introduce en un espacio de incomprensión absoluta. Y, de pronto, hay unos desvaríos, y uno piensa que el que timbró, de pronto, es Daniel. O sea, la realidad, como que se corre. En fin, yo me puse a escribir esta historia tremenda básicamente, sí, de los diez años de Daniel, los diez años de la enfermedad, y los diez meses en que vivió en New York antes de su suicidio. Yo me tenía que hacer unas preguntas que se hace un escritor: «¿Cómo narro esto? ¿Desde qué punto de vista? ¿Con qué estructura?». Y yo estaba en un duelo absoluto. De eso habría que hablar después, también, porque lo que pasa es que yo hice un duelo de diez años porque yo estaba perdiendo a mi hijo con una enfermedad mental. Yo venía preparada para un gran duelo, porque yo ya estaba haciendo un gran duelo. Así pues, me sentaba aquí a escribir, y voy a poner un ejemplo de los más... Voy a poner dos ejemplos. Uno muy brutal, yo me decía: «¿Cuánta verdad contar?», que es la pregunta que se hace Doris Lessing en sus diarios: «¿Cuánta verdad contar?», porque no todo hay que contarlo. Y, además, hay estrategias narrativas y silencios que se dejan. Bueno, eso podrá parecer increíble en un duelo, pero así es. Uno es un escritor, por encima de cualquier cosa. Entonces, yo decía: «¿Será que cuento la donación de órganos?», porque la donación de órganos fue una de las cosas más brutales que pasaron. O sea, que a las dos horas me llaman de los Estados Unidos y me dicen que si quiero donar los órganos. Y cuando me convenzo de que sí, me siento en la cama de Daniel —porque estaba ahí, casualmente— y en vez de que me digan «los riñones» o «los pulmones», no, empiezan a decir unas cosas que jamás me había imaginado, como «la piel de la espalda», «los huesos de las piernas», y era una cosa brutal. Por eso, a la hora de escribir, yo digo: «Voy a contar eso. Bueno, lo voy a contar». Y empiezan a venir a mi cabeza los recuerdos. Y empiezo a llorar. O sea, yo nunca... Solamente una tarde lloré, toda una tarde. Toda una tarde. Cuando nació mi nieta, tres meses después de que Daniel se matara. Pero yo nunca lloré interminablemente, porque yo ya había hecho un duelo muy grande, y tuve una aceptación muy inmediata. Lo que quiero decir es que pensaba en todo esto, lloraba unos minutos e inmediatamente decía: «¿Cómo cuento esto?», y empezaba a escribirlo. Y al empezar a escribirlo, yo me calmaba. Y me convertía en la escritora que estaba mirando cuáles eran los recursos para narrar. Y había en eso como una especie de compensación, me serenaba con eso. Y escribí todo ese libro, digamos, así. El segundo ejemplo que iba a poner es de una cosa muy pequeñita. Yo vivo en una lomita y, a veces, bajaba en mi automóvil y veía a Daniel subiendo, con su esfuerzo. Él era un muchacho grande. Pero yo veía el esfuerzo del alma mientras él subía. Y un recuerdo tan pequeñito me hacía tener un dolor infinito a la hora de recordarlo. Y yo creo que esa fue una manera de hacer el duelo. Ahora, uno nunca sabe hasta dónde ha hecho un duelo. A veces yo me digo que todo eso fue una manera de distraer el duelo, y que seguir hablando de eso puede ser otra manera de distraer el duelo. O sea, es un enigma lo del duelo. Dónde termina un duelo, cómo lo estamos haciendo. La literatura yo no la escribo para curarme, pero estoy absolutamente segura de que la literatura me cura, y de que la literatura hizo —ha hecho toda la vida, no es de ahora, ni con ese libro, siempre ha hecho— de muleta. Incluso yo tenía una fantasía: cuando me sentía muy mal en algún momento de la vida, yo inmediatamente empezaba a pensar en mi escritorio, mi escritorio, mi escritorio, mi computadora. Era la manera de llegar a salvarme, allá, como lo que le daba algún sentido a mi vida.

ROSA: Pues, sí. Yo me siento muy cerca de todo lo que has contado de la infancia, y de todo. Yo creo, además, que es más que terapéutico: es estructurante, te permite vivir. O sea, es más básico todavía. Yo, como muchos otros escritores, empecé a escribir con cinco, casi seis años. O sea, que desde que me recuerdo como persona, me recuerdo escribiendo. Y es eso, lo que tú dices. Lo contaba en *La ridícula idea de no volver a verte*: es intentar coger la sucia y dolorosa y tremenda vida cuando la vida es mala. ¿Verdad que es tan sucia, tan bruta, tan dolorosa? Y apretarla hasta convertirla en un diamante. Es decir, intentar convertir eso en algo bello, eso es. Cuando empiezas a escribir sobre cosas que te rompen, en realidad estás convirtiendo, intentando convertir eso en algo bello. Lo decía Georges Braque, el pintor francés que me encanta, en una frase que me parece completamente luminosa. Precisamente, decía: «El arte es una herida hecha luz», y, efectivamente, ¿qué vamos a hacer con las heridas de la vida sino intentar convertirlas en luz a través del arte? Para que no nos destruya, porque si no no se puede vivir, con esa herida no se puede vivir. Entonces, he llegado a la conclusión —es algo que dicen muchísimos expertos— de que para llegar a la obra se parte también de un trauma infantil con el que, de alguna manera, has tenido una experiencia temprana de la decadencia, de la pérdida de la infancia. Tú, no sé cuándo sería, a lo mejor cuando te mandaron al internado o antes. Yo, creo que fue muy temprano. No vamos aquí a contarlo. El caso es que el niño, ante el trauma, se disocia en dos personas —por un lado en el niño que sufre, y por otro, en el cuidador del niño que sufre—, del que Ferenczi, uno de los padres del psicoanálisis, dice que es «un otro yo que todo lo sabe y que no siente nada». Es bellísimo. Y ese cuidador, ese otro yo que todo lo sabe y no siente nada, es el que escribe, es el que pinta, es el que compone. Así, ese otro yo…

HÉCTOR: Rosa, perdóname que te interrumpa, pero es que justo quería preguntar sobre eso, y viene superbien, el tema del trauma en la disociación. En tu libro hablas sobre el caso de Mark Twain, que a mí me puso los pelos de punta, yo no lo conocía. Y me gustaría que contaras.

ROSA: Eso lo inventó, es mentira.

HÉCTOR: ¿Es mentira?

ROSA: Claro, pero sí, te lo cuento. Mark Twain contó plácidamente a un periodista que había tenido un gemelo y que eran tan iguales, tan iguales, que los diferenciaban con una cuerdecita de colores amarrada a la muñeca, una amarilla y otra roja. Y que, un día, de niños, los bañaron y se les desató en el baño la cuerdecita, y uno de los gemelos se murió, se ahogó. Y que, entonces, como se había desatado la cuerdecita, pues, él decía —ya te digo, plácidamente, al periodista— que no sabía si el que se había ahogado era Mark o el otro. Si era él mismo o el otro, ¿no? ¡Pero era mentira! Era uno de esos inventos de Mark Twain. Lo que pasa es que es un invento que dice mucho.

HÉCTOR: Te iba a preguntar, Rosa, sobre el origen del trauma y la salida creativa que puede ser la escritura. También la disociación es muy interesante en los escritores, porque desde luego se da este yo real y el yo imaginado.

ROSA: No, más que eso. Me vas a permitir que diga otra cosa. Yo tuve, como se ha dicho antes, ataques de pánico hasta los treinta años. Y a partir de los treinta, no he tenido. Y me he preguntado por qué. A veces me he preguntado, me he dicho que, probablemente porque aprendí a perderle el miedo. Y es verdad que eso ayuda, lo de aceptar y acostumbrarse a vivir con tu maleta de oscuridad —que todos tenemos una maleta de oscuridad—. Y eso fue así. Pero luego, con el tiempo me he dado cuenta de que estoy segura de que se debe a otra causa mucho más clara, que les pasa a otros autores, y es que dejé de tener ataques de pánico a partir del momento en que empecé a publicar narrativa. Empecé a publicar novela de una manera habitual. Cuando empecé a publicar novelas, dejé de tener ataques de pánico. Y, claro, es lógico, porque las novelas, que algunos psiquiatras las llaman «delirios controlados», pues sacan de ti lo más íntimo, lo más oscuro, el corazón de esa oscuridad que todos llevamos. Esa parte que te hace sentirte loco o loca, como decía Piedad, que nos hemos sentido las dos. Sacas eso que es lo que te da más miedo, lo que es más profundo tuyo, lo que te parece más loco, lo sacas y lo pones ahí. Entonces —no hace falta tener 1200 millones de chinos de lectores, basta con que tengas unos pocos—, si tienes la suerte de tener lectores, esto es, que les guste tu obra, pasan y dicen: «Bueno, esto que tú has sentido, yo lo he sentido también», «esto que tú piensas, yo también lo pienso» y «esto que te emociona, me emociona a mí también», y con eso te unen al mundo. O sea, ese desgajamiento de la realidad creo que es la locura. La locura es una ruptura de la narración común: te vas de la especie humana, te vas del entorno, te vas de la realidad. Si hay lectores que dicen que se sienten hermanos contigo en esa cosa tan íntima tuya como es una novela, pues, eso te cose a la realidad. Y, desde luego, te hace mucho más cuerda. Yo creo que es esencial. ¿Y qué es lo que decías que querías que habláramos?

HÉCTOR: Te preguntaba, que ya lo habéis nombrado varias veces, y que me parece muy interesante cómo lo hablas, de la relación entre un escritor y el trauma, del trauma infantil hablas, creo que en tu obra.

ROSA: Es que no lo digo yo sola, lo dicen todos los expertos. Yo creo que eso tiene un añadido muy interesante. Aparte de que el que crea es ese otro yo que todo lo sabe y no siente nada, resulta que, al tener esa disociación defensiva desde pequeña, y esa frialdad, «todo lo sabe y no siente nada», ese no sentir, te resulta muy difícil sentir tus propias emociones, sentirlas de una manera directa y natural. Es muy difícil y sucede que necesitas la escritura para poder sentir la vida, necesitas la poesía para poder sentir la vida, necesitas a tus personajes para, a través de ellos, sentir las propias emociones, porque, si no, ese mecanismo de defensa de no sentir nada, te impide vivir la vida. Lo dice muy bien Fernando Pessoa, en unos versos extraordinarios. Dice Pessoa: *El poeta es un fingidor./ Finge tan completamente,/ que hasta finge que es dolor/el dolor que en verdad siente.* Sientes, en verdad, ese dolor, pero necesitas fingirlo para poder aprehenderlo, para poder vivirlo. Y esa es otra manera en la que te curas, en la que te cura la escritura, porque, gracias a la escritura, puedes experimentar de forma plena tus propias emociones. ¿Qué te parece eso, Piedad?

PIEDAD: Sí, estaba pensando en lo que decía Daniel que es la pintura. Porque se encerraba horas a pintar aquellos cuadros que él me decía que eran sobre *Vigilar y castigar* de Foucault, y el perro era una intelectualización de su propio dolor. Nunca fue más cuerdo y más feliz que cuando logró pintar. Estuvo como cuatro años dedicado a esa pintura. Y la gran obra que dejó —«gran obra», entre comillas, lo mejor de su obra es de esa época—. Y cuando se va a los Estados Unidos, que se quiere reinventar y empieza a pintar unos dulces tipo pop, absurdos, ahí es que está perdiendo esa capacidad de sublimar, de transmitir, ¿no es cierto?

ROSA: Te pregunto, ¿tú crees que eso, en parte, se debe a la medicación? Eso es un problema, porque la medicación es necesaria, pero, por otro lado, tiene unos costes gravísimos.

PIEDAD: Claro, es un aplastamiento. Sí, yo creo que tiene que ver con muchas cosas, como tú decías, porque no hay una, un solo factor. Pero él se va para romper con… Piensa que cambiando de lugar va a cambiar la vida de él. Y allá se da cuenta de que no. Y uno de los artilugios para cambiar la vida es cambiar todo eso que venía haciendo, que era extraordinario, porque era desgarrado, era como del alma. Y en ese momento se pone a hacer una cosa plástica, que es, digamos, como despedirse de un mundo. Y yo creo que eso se lo tragó también. Entra a la Universidad de Columbia que, quizá, como universidades brutales de competitivas, tienen sus protocolos para la enfermedad mental, pero eso es un protocolo más, como cualquier otro. Y a la hora de la muerte, ellos ya saben qué hacer exactamente: ponen la foto, ponen las flores, viene este y habla. Porque se suicidan todos los años dos o tres estudiantes. Ellos ya tienen eso como una cosa más dentro de las que suceden en la universidad.

ROSA: Sí, tremendo, tremendo.

PIEDAD: Pero para la persona que se enfrenta a esa competitividad, eso es un peso brutal. Es que, también, no sabemos qué replantear. Eso de la educación, cómo a Daniel le tocaba leer hasta cuatro o cinco libros en una semana. Y es que, para eso no nacimos. La literatura es para otra cosa, para profundizar, para ser felices, para conocer, al ritmo que podamos, pero no leerte seis libros. Así, para un muchacho que está con una medicación y que tiene dificultades de concentración, y que está en una ciudad hermosa, y al lado de un parque. Cómo le costaba a él —estaba al lado del Central Park— tener que estar leyendo seis libros metido en una habitación así de pequeñita, que es como pueden vivir los estudiantes allá. Pues, eso es brutal.

HÉCTOR: En este caso, Piedad, esto que comentas, la lectura. Hemos estado hablando mucho sobre la escritura como algo terapéutico. Claro, la lectura si es obligada y las obras no son elegidas y demás, terapéutica no es, todo lo contrario, se convierte en algo ansiógeno, pero me gustaría que reflexionáramos un poco. Yo por lo menos, desde mi lado, que soy más lector y no tan escritor, para mí la lectura es terapia, desde luego. Yo lo he dicho al principio de la intervención, la uso muchísimo. Tengo un club de lectura para personas con enfermedad mental y para mí es imprescindible. Es que es una herramienta muy potente. Por este motivo, me gustaría que nos contarais un poco sobre qué reacciones habéis tenido de los lectores sobre vuestras obras, que, yo me imagino que habrán guiado en sus procesos, en sus momentos vitales. Y también me gustaría destacar, Piedad, tú lo comentas en *Lo que no tiene nombre*, que a ti las lecturas te acompañaron en el duelo. Leíste mucho, recomiendas varias lecturas en el primer libro. Y, además, también transcribes relatos de Nabokov, ya que habla también mucho sobre la salud mental. Me gustaría que comentarais un poco las reacciones de vuestros lectores para terminar un poco la charla. Y también qué obras y autores, para vosotras, han influido en vuestra salud mental, incluso os han ayudado o recomendarían a otras personas. Rosa, ¿quieres empezar?

ROSA: Estaba pensando en un montón de cosas, pero se me ha ido, de hecho, se me estaba cruzando la idea —hablando de lecturas y tal—, con la curiosidad tremenda de saber qué libro te hizo a ti psicólogo, Héctor. *Crimen y castigo* ¿o qué?

HÉCTOR: No, uno más básico. Es verdad que luego lo releí y fue un poco, hasta traumático, tengo que decirlo. Fue el primer libro que leí como adulto, *Los renglones torcidos de Dios*, que, ahora mismo, desde luego, no es mi favorito en torno a la salud mental.

ROSA: Claro, porque con la edad uno va cambiando.

HÉCTOR: Me sirvió, me abrió el camino y me empezó a hacer el gusanillo de leer. Creo que las lecturas acompañan mucho. No solo terapéuticamente, sino vocacionalmente, te ayudan a autodescubrir.

ROSA: Yo creo que la lectura es el mayor talismán que tenemos en el mundo y a mí me ha salvado de muchísimas cosas terribles. Siempre he pensado —un pensamiento mágico que no es cierto, obviamente, pero esa sensación— que si tenías un libro a mano nada muy malo podía pasar. Y hay una escritora que se llama Nuria Amat, que tiene un libro que se llama *Letraheridos,* antiguo de hace treinta años, que son ensayos de literatura. Y propone un juego para los escritores, les dice: «Si por alguna tragedia tuvieras que escoger entre no volver a escribir nunca más o no volver a leer nunca más, ¿qué escogerías?». Es una tragedia, porque yo creo que todos los escritores tenemos la sensación de que la escritura nos da esa especie de solidez mental que si no no tendríamos, que si no escribiéramos, nos volveríamos locos o nos descoseríamos, y tal. Pero es que no leer es tremendo. Por eso, he cogido esa pregunta y se la he ido planteando en los últimos treinta años a quizá cuatrocientos escritores de ambos lados del Atlántico. No sé si te la he planteado a ti, Piedad, pero se la planteo a todos. Y fíjate, todo el mundo menos dos, escogemos seguir leyendo. Increíble, porque es que si dejas de escribir te vuelves loca, pero si dejas de leer, para mí, es la muerte instantánea, es como un mundo sin oxígeno. ¿Cómo puedes vivir sin ese talismán vital que es un libro? ¿Y tú?

PIEDAD: Pues, mira, Rosa, qué increíble, porque yo iba a hablar de eso. Iba a hablar de la elección, iba a plantearlo como mi problema. Digamos, si tuviera que escoger entre leer y escribir. No, yo me quedaría leyendo, claro. Y creo que es por una razón, porque es que escribiendo estamos nosotros con nosotros, ahí, en un reconcomio. En cambio, con la lectura yo estoy acompañada de otro, oigo mis propias ideas, pero en la voz de los otros, y mejor formuladas, y de una manera que me produce felicidad y que me produce un relax. Es que leer no es una cosa que te tensione nunca, por más cosas horribles que estén pasando. Por el contrario, las cosas terribles incluso te llegan a dar felicidad por la manera como están dichas. Lo maravilloso de la literatura es cómo hace las cosas, si no, leeríamos periódicos y leeríamos revistas. Lo hermoso de la literatura es el lenguaje, cómo hace para decir las cosas que hubiéramos querido decir, que ya hemos pensado, y las que nunca hemos pensado, que son revelaciones extraordinarias. Por eso me gusta la frase de George Steiner que dice que un intelectual es alguien que lee con un lápiz en la mano, porque así es como estamos, con la libreta, tomando apuntes o subrayando sobre el libro. Me pasa en los aviones, que, como los libros tienen dos páginas en blanco al final, yo las lleno, las lleno, las lleno.

ROSA: ¡Yo también! Los libros son cuadernos, al mismo tiempo, sí.

PIEDAD: Es así de rico conversar con los amigos, pero esta conversación que podemos tener en silencio con otros, y que nos permite llegar como henchidos, cuando terminamos un libro. Cuando yo terminé el libro de Rosa sentí esa pulsión tremenda que sentimos los lectores de empezar a decirle a todo el mundo: «Tienes que leer el libro de Rosa Montero, regalar el libro de Rosa Montero, ir y comprarlo». Anoche hablaba del libro de Rosa con una persona que me estaba entrevistando y a ella le había parecido extraordinario. Por eso, ese compartir, esa felicidad de lo descubierto, eso le añade a la vida una cosa maravillosa.

ROSA: Es que es una pasión amorosa leer.

PIEDAD: Claro, son un enamoramiento, los libros, los que no nos gustan también.

ROSA: También es el odio con el libro, los libros, que no nos gustan es el odio. Yo creo que leer es más íntimo que hacer el amor, porque realmente te metes en el corazón y en la cabeza de otra persona. O sea, es una intimidad absoluta.

HÉCTOR: En este sentido, Rosa, Piedad, ¿es más terapéutico leer que escribir? Esto es más difícil.

ROSA: Es más necesario, no te diría más terapéutico: es más esencial. Es lo que te digo, el oxígeno; puedes vivir loca, pero no puedes vivir sin oxígeno.

HÉCTOR: Y para terminar —es más bien para mí esto, que me gusta mucho que me den ideas—, ¿autores y libros que para vosotras son imprescindibles en la temática de salud mental?

ROSA: Imposible. Yo tengo en mi libro como ochenta o noventa libros que cito, que son de la temática, pero que ninguno es imprescindible. Y hay como ocho mil más. Es que cada uno tiene, ¡quién sabe cuántos! Es muy personal el camino que uno se hace con la escritura, y no ha habido ninguno que sea revelador, esencialmente revelador, como te pasó a ti. Todos me han dado.

PIEDAD: Para mí fue revelador Proust, porque me descubrió el mundo que más me interesaba, que es el de la introspección. Y una escritura amorosa, amorosa, lenta, donde no pasa nada. Me gusta mucho ese tipo de literatura. Y últimamente, bueno, yo leo mucho, ya ahora cosas de carácter autobiográfico. No biografías ni nada de eso, sino libros que están hechos a partir de experiencias particulares. Quizá porque es lo que me está interesando hacer ahora a mí. Lo que voy a hacer es la segunda parte de *El peligro de estar cuerda.* Yo ahora me propongo escribir la segunda parte de eso. Porque Rosa siempre me coge la delantera. Así, si ella ya sacó el libro que yo iba a escribir, pues ahora lo voy a escribir yo.

ROSA: ¡Qué bueno!

PIEDAD: Hay un tipo que me gustó mucho, que se llama John Banville, que habla de seres que están en una frontera, que uno no sabe si están locos, que siempre están como agobiados por unas penas. *El mar* me parece un libro precioso. Pero, bueno, también podría decir muchos nombres que no voy a decir aquí porque no vienen al caso.

ROSA: Oye, fíjate si nos parecemos, Piedad, que yo la tesina de Periodismo la hice sobre Proust.

PIEDAD: ¿Sí? Mira tú. ¡Ah!, es increíble. Es que, ¿sabes qué creo, Rosa?, que hay esa cosa que Eugenio Montejo, el poeta venezolano, dice: que hay escritores con el mismo ADN. O sea, que pertenecemos a la misma especie, estamos comunicados por unas cosas muy esenciales, somos como clones, que hay como un ser ideal, platónico, que encarnó en un montón de personas, que no son un montón, somos unos pocos, creo.

HÉCTOR: Yo creo que también, Rosa, esto me suena como que lo has hablado en algún momento, que hay escritores de la extrañeza y escritores de la normalidad. Quizá los escritores de la extrañeza son los que se manejan mucho mejor en lo que es la psique, la salud mental y todo esto, ¿no?

ROSA: Exacto, quizá estamos más locos.

HÉCTOR: No, no me refiero a eso.

ROSA: Quiero decir que somos más conscientes de la disociación y de lo ajeno que uno puede llegar a sentirse.

HÉCTOR: Antes os puse en una pequeña encerrona, que espero que no haya sido mucha, pero os he pedido, como para terminar, que leáis un pequeño fragmento de vuestras obras. Y yo solamente quería deciros que muchísimas gracias, que ha sido un auténtico placer, que estoy deseando leer vuestras nuevas obras, las que vengan, «El peligro de estar cuerda II», las que haga falta. Y luego, pues, me gustaría recomendar a todos los oyentes que compren vuestras historias, porque son maravillosas. Así que, muchísimas gracias a Piedad y a Rosa, por participar en esta charla.

ROSA: Muy bien, pues nada.

HÉCTOR: Piedad, ¿quieres empezar a leernos algo?

PIEDAD: Voy a leer algo que, desde luego, será suficientemente corto: «Daniel murió en Nueva York, el sábado 14 de mayo de 2011, a la 1:10 de la tarde. Acababa de cumplir 28 años y llevaba 10 meses estudiando una maestría en la Universidad de Columbia.

Renata, mi hija mayor, me dio la noticia por teléfono dos horas después, con cuatro palabras, de las cuales, la primera, pronunciada con voz vacilante, consciente del horror que desataría del otro lado, fue, claro está, "Mamá". Las tres restantes daban cuenta, sin embargo, sin envases ni mentiras piadosas, del hecho, del dato simple y llano de que alguien infinitamente amado se ha ido para siempre, no volverá a mirarnos ni a sonreírnos. En esos casos trágicos y sorpresivos, el lenguaje nos remitió a una realidad que la mente no puede comprender. Antes de preguntar a mi hija los detalles, de rendirme a la indagación, mis palabras niegan una y otra vez, en una pequeña rabieta sin sentido. Pero la fuerza de los hechos es incontestable. "Daniel se mató" solo quiere decir eso, solo señala un suceso irreversible en el tiempo y el espacio, que nadie puede cambiar con una metáfora o con un relato diferente».

HÉCTOR: Muchísimas gracias, Piedad.

ROSA: Tremendo. Es el comienzo de *Lo que no tiene nombre*, ese párrafo que ha leído. Yo voy a leer también un parrafito del comienzo de *El peligro de estar cuerda*: «Siempre he sabido que algo no funcionaba bien dentro de mi cabeza. A los seis o siete años, todos los días, antes de dormir, le pedía a mi madre que escondiera un pequeño adorno que había en casa: un horroroso calderito de cobre, el típico objeto de tienda de *souvenirs* baratos o quizá incluso el regalo de un restaurante. Y se lo pedía no porque me incomodara la fealdad del cacharro, lo cual hubiera resultado un poco extraño, pero, en cierto modo, distinguido, sino porque había leído en alguna parte que el cobre era venenoso y temía levantarme sonámbula en mitad de la noche y ponerme a darle lametazos al caldero. No sé bien cómo se me pudo ocurrir semejante idea, con el agravante de que jamás he sido sonámbula, pero ya entonces hasta a mí me parecía un poco rara».

HÉCTOR: Muchas gracias.

ROSA: Bien, cuando hagas tu libro los publicamos juntos en una cajita.

HÉCTOR: Una edición de lujo de Piedad y Rosa. Estaría estupendo. Muchas gracias, Rosa Montero, Piedad Bonnett. Ha sido un auténtico placer. Espero que coincidamos en otra ocasión. Han quedado cosas en el tintero, pero yo creo que ha estado muy interesante. Gracias, también, a «Paris ne finit jamais». Muchas gracias y hasta la próxima. Bueno, y gracias a Gonzalo, que nos invitó.

ROSA: Chao. Gracias a todos, a Gonzalo. Gracias, Héctor. Un beso enorme, Piedad.

PIEDAD: Chao, chao.

# Cruzarse en el laberinto: escribir las formas del deseo LGTBI

**ALIA TRABUCCO • GIUSEPPE CAPUTO**

Conducido por **Mateo Sancho**
(Universidad de Nueva York, Estados Unidos)

*Dice el autor colombiano Giuseppe Caputo que está al alcance de todos los artistas la capacidad de repetir o de reinventar, de ser espejo o de ser grieta. Y, efectivamente, como podrán comprobar enseguida en el próximo panel titulado «Cruzarse en el laberinto: escribir las formas del deseo LGTBI», la novelista chilena Alia Trabucco se apresta a calificar la obra de Caputo de grieta. Las etiquetas, tan necesarias como reduccionistas, y las preguntas que no cesan sobre la identidad, constituyen el arranque del diálogo cómplice, ameno y profundo que ambos creadores sostienen a instancias del escritor y periodista Mateo Sancho Cardiel de la Universidad de Nueva York. Las nociones de migración y de conciencia de clase se unen a un objetivo común: huir de la taxonomía radical de los esencialismos. «Lo* queer *es no olvidar nada y no olvidar nada es desjerarquizar», concluye Trabucco.*

MATEO SANCHO: Pues, aquí estamos, en la charla sobre literatura LGTBI que ha organizado este festival, y tenemos dos invitados de lujo. Tenemos, por un lado, a Alia Trabucco desde Chile. ¿Cómo estás, Alia?

ALIA TRABUCCO: Hola. Bueno, muy bien. Muchas gracias, Mateo. Muy contenta de conversar hoy día con ustedes y con Giuseppe.

MATEO: Giuseppe es nuestro otro invitado de hoy. Giuseppe Caputo, escritor colombiano, desde Cota, Bogotá. ¿Cómo estás? Buenos días, Giuseppe.

GIUSEPPE CAPUTO: Hola, Mateo. Feliz de volverte a ver. Y muy feliz de que pronto voy a pasar de esta pantalla virtual a darle un abrazo a Alia.

ALIA: Cuando dice «pronto», quiere decir «hoy». Giuseppe está en este momento en Bogotá, pero se está por tomar el avión para venir a Santiago, aquí a mi casa. Así que lo estoy esperando.

MATEO: La virtualidad por fin se convierte en encuentro en persona. Bueno, pues estamos siempre con este espinoso tema, con esta cuestión de etiquetarnos en la literatura, que a veces nos ayuda, a veces nos limita, a veces es una manera como otra cualquiera de presentarnos. En este sentido va mi primera pregunta. Quería empezar esta conversación un poco por ahí. ¿Cómo habéis negociado la cuestión identitaria como escritores? ¿Cómo os ha servido o cómo se plantea en el momento en el que se les invita a una charla sobre literatura LGTBI? Sentimientos, claro, encontrados, conflictivos.

ALIA: Dios, empieza tú y te sigo.

GIUSEPPE: Yo creo que, por un lado, me sorprende la pregunta. Supongo que hay algo que siempre está en un permanente movimiento, en todas las respuestas que podamos dar, y en ese sentido, como en una atención que se renueva, yo siempre la he sentido como una pregunta que lo lleva a uno como a un callejón sin salida. Por un lado, pensándome como lector —y sobre todo como lector a los diecisiete, dieciocho años— recién empecé a acercar el deseo a la vida. Me gusta decir, empezar a vivir mi sexualidad, pues, abiertamente. Obviamente, a esa edad yo escribí en Google: «novelas gay», cosas así, y me daban un faro. En ese sentido, lo que llamamos etiqueta me dio un faro para ver, acercarme, o leer representaciones de lo que hoy llamamos sexualidades o identidades de géneros disidentes. Por otro lado, también siento que la respuesta «correcta» —entre comillas— o la que se espera es, para decirlo con María Teresa Andruetto, una literatura sin adjetivos, donde, por supuesto, ella usa o se refiere a eso para hablar de la literatura infantil y juvenil. Dice que los adjetivos *infantil* o *juvenil* distraen de la palabra importante que es *literatura*. Entonces, preguntas tipo a qué se refiere uno con novelas LGBT u obras que son escritas por autores que se identifican con la sigla, si son libros que abordan complejidades de esta comunidad, si son libros que tienen personajes LGBT. Sí, como que eso también me gusta. También devolver la pregunta. Digamos, si ya he llegado

—sobre todo leyendo muchos manuscritos en talleres, etcétera— a que ya no hay una relación íntima. De hecho, la cuestión es si debería haber una relación entre las estéticas y las identidades. Yo creo que eso cada vez es más claro que no, que no se corresponde. En ese sentido de que, bueno, no sé si ustedes vieron todo el concepto del «rayo homosexualizador» que se inventó acá en la derecha colombiana cuando con el matrimonio igualitario hablaron de que eso era un «rayo homosexualizador», y que los niños… Bueno, lo de siempre. Lo que siento es que para apropiarnos de ese rayo, digamos, del uso de ese rayo, yo siento que todo el mundo —tenga la identidad que tenga— tiene en su haber el «rayo homosexualizador». O podríamos llamarlo el «rayo enrarecedor» o el «rayo normalizador». Y es como que esos rayos pueden salir de cualquier cosa, es decir, de cualquiera. Yo también pienso en autores que son clave para mí, como Marosa Di Giorgio, como Mario Glass, María Moreno, Felisberto Hernández, Mario Lembel, y realmente creo que eso me interesa, mirar sus estéticas, discutir sus estéticas, y, la verdad, no tengo claras sus identidades, así como su sexualidad. En varios, uno lo puede intuir, digamos, pero no, no haría como la equiparación: identidad disidente o sexualidad disidente. Eso lleva a una estética necesariamente rara. Muchas veces salen estéticas muy normativizantes desde ahí, como de personas heterosexuales tales, como unas rarezas maravillosas. Por eso, yo lo que haría es que no juntaría eso.

ALIA: Yo coincido plenamente en la reflexión de Giuseppe. O sea, me parece que a mí personalmente me han pasado cosas un poco más raras en relación a la etiqueta. Por ejemplo, con mi primera novela, *La resta*, donde efectivamente los tres protagonistas son todos bastante *queer*. O sea, digamos de otra manera, nadie es hetero en esa novela. Pero el eje de la discusión en torno a esa novela jamás pasó por ahí. O sea, claramente es una novela que trata principalmente de otro tema. Si de jerarquía se trata, no se trata de la memoria, del duelo, pero, claro, efectivamente nadie es hetero en la novela. Eso como que provocó que el tema de la etiqueta no ocurriera de manera predominante. A la vez, pasó algo que a mí sí me molestó, que es que también no se leyera de esa manera. Sobre todo en Chile llegó a ocurrir como una especie de, yo diría como de negación, al punto que en un determinado momento un crítico confundió el vínculo sexual entre las coprotagonistas como con otro tipo de vínculo, o sea, una situación que es explícita en la novela.

GIUSEPPE: Como de amigas.

ALIA: ¡Claro! No, ni siquiera. Era como una confusión. Así que había ahí una negación de eso, que a mí me resultó bastante llamativo en una novela que es realmente, abiertamente… Está como muy presente en la novela. Me pasó ese fenómeno un poco extraño. Y, a la vez, claro, sí, el tema de este callejón sin salida del que habla Giuseppe, que yo también lo he sentido. De la misma manera me ha tocado una y otra vez en relación a ser mujer, porque se cruzan esas identidades. Además, está el temita este de las mesas de literatura de mujeres —y todas sus variantes— que a mí siempre me preocupa. Me preocupa porque, por un lado, uno dice: «Bueno, sí, tal vez sigue siendo necesario visibilizar y todavía sigue siendo necesario realzar si existen mujeres escritoras», que no es lo mismo que decir una literatura de mujeres, digamos. Y por otro lado, decir: «Bueno, basta», porque eso deja tan intacta la literatura a secas donde sigue habiendo paneles de puros hombres, donde yo me quiero tirar por la ventana. Hay, pues, como una trampa, muy evidente, en ese sentido. Y, también, la verdad es que coincido. Simplemente, repetiría lo que decía Giuseppe de que no necesariamente porque el autor o la autora sea lo que sea dentro del espectro LGTBIQ, etcétera, su literatura tenga que serlo. Es decir, no hay un deber normativo de abordar temáticamente o de pasarse la vida tematizando ese tema, ni hay tampoco un deber normativo de identificar en su letra con lo *queer*, no. Y coincido en que puede romperse también esa linealidad y que incluso es saludable, y muy necesario, que eso ocurra. Tomarse también uno la libertad de escribir de lo que le dé la gana. Entonces, eso. Y que, también, muchas veces —y esto es algo a lo que yo también le hago hartas vueltas— lo disruptivo, lo enrarecido, lo otro, lo más oblicuo, no tiene por qué necesariamente pasar por la sexualidad. También puede pasar por otras formas de los afectos; es decir, por otras formas de los cuerpos, por otras formas del deseo, por otras formas de los vínculos. Así que yo, por lo menos, me tomo muy en serio el deseo de que eso que es lo *queer* también penetre otros ámbitos que no sean lo, exclusivamente, sexual.

GIUSEPPE: Por ejemplo, con mis dos novelas ha sido como un mundo huérfano. El personaje es abiertamente homosexual, hay muchas escenas de sexo homosexual, etc., como que esa novela se ha entendido como *queer*. Y luego está, justamente, lo que dice Alia, que son personas mayores, mujeres mayores, con otro tipo de relacionamiento que también es afectivo, pero que no pasa por lo sexual. Para mí eso es más *queer* que un chico joven, guapo, en una sauna. Lo que quiero decir es que, también, la pregunta que se ha estado haciendo mucho es: «¿qué es lo *queer*?» y «¿dónde está lo *queer* ahora?», porque también es una palabra, como diría Judith Butler, *ever changing* y que también hay que abrazar esa transformación permanente de la palabra.

MATEO: Al final, es una cuestión de lo normativo contra lo no normativo. Y cuando uno es escritor, hay una parte muy no normativa, quizá en el deseo de salir adelante como artista en un mundo en concreto. Los tres somos de la misma generación, de los años 80. Los tres hemos estado viviendo, estudiando, nos hemos cruzado hacia los Estados Unidos. Así pues, en la trayectoria geográfica y temporal, ¿ustedes cómo se ubican? Esto de que los escritores LGTBQ, por el relativo retraso histórico que hay en reconocer, sigamos siendo considerados como escritores jóvenes. A lo mejor ya no lo somos tanto. Y también está la idea de que la cuestión de la migración viene casi impuesta para muchos escritores y para muchos miembros del colectivo. No sé si esto es algo que tenemos en común los tres, el tema de haber pasado por Estados Unidos y el tema de estar ahí en esta marca que parece todavía joven y no lo es necesariamente. Desde luego, como decías, Giuseppe, apetece mirar también a la gente mayor. O quizá quitarse la etiqueta esta de «nueva literatura *queer*».

GIUSEPPE: Alia, ¿tú quieres decir algo?

ALIA: Sí. O sea, en relación al tema de esta migración que, la verdad, yo no la llamaría «forzada». Simplemente porque fue sumamente voluntaria, por lo menos en mi caso. Yo estuve estudiando primero en Nueva York, donde conocí a Giuseppe, en el máster de donde luego yo partía a Londres, donde hice mi doctorado. Pero yo me volví a Chile. Yo me volví a Chile y ese fue un deseo que tuve muy presente en todo momento. Yo la verdad es que no tuve la voluntad de echar raíces en el hemisferio norte. Y si bien fue una época muy feliz en relación a mis cruces identitarios, fue también una época de mucha libertad, de explorar, una libertad que yo creo que no había vivido tanto aquí en Santiago, porque justamente era mucho menos tema ser lesbiana o no ser lesbiana en estos países que en el mío. Sí me pasó, en todo momento, que si bien en ese sentido podía estar más a gusto, estaba en miles de otros sentidos mucho más a disgusto; en sentidos, también, para mí, muy profundos. Sobre todo, diría, en un sentido político. O sea, a mí me preocupaba muy intensamente lo que pasara políticamente en la región, no solamente en mi país, sino también en mi país. Así, cuando iban pasando cosas en Chile en particular, o en la región, y yo estaba lejos, realmente me costaba mucho vivirlo. Y también pienso, finalmente, escribí yo estando en Nueva York *La resta*, que luego en Inglaterra escribí *Las homicidas* y la mitad, un poco más, de la novela que salió ahora, que se llama *Limpia*. O sea, escribí bastante afuera. Y todo se trata sobre Chile. O sea, finalmente o *se trata de* o *ocurre en* o tiene que ver con problemáticas que están mucho más profundamente vinculadas a este país. También me acuerdo de que con Giuseppe hablábamos de esto cuando estábamos en Nueva York. Me acuerdo de que tú decías esta frase que a mí se me quedó muy grabada siempre —he escuchado muy atentamente a Giuseppe siempre, lo pasamos muy bien conversando—, esto de «dejarse atravesar por la experiencia». Y, claro, yo me dejé, completamente, atravesar por la experiencia de la vida en el extranjero, pero, a la vez, mi imaginación como que siempre se quedó en Chile. Había algo que no logró traspasarse. O yo estaba muy efectivamente anclada con las problemáticas de acá. Así pues, es como que, para mí, esto de irse fue una decisión muy feliz. Estuve muy contenta, fue magnífico en muchos sentidos, pero yo iba a volver, y acá estoy de vuelta.

GIUSEPPE: Sí, yo tuve algo similar. De hecho, curiosamente, también mi experiencia, sobre todo en Nueva York, fue una experiencia absolutamente latinoamericana, porque la maestría lo era. Y, además, nosotros estábamos ahí desde el 2010 y el 2012. Ahora, yo siento que con la maravillosa labor que están haciendo muchas editoriales independientes —bueno, también las grandes—, que hay más comunicación entre los países, una comunicación literaria donde es más sencillo enterarse de lo que está pasando en los demás países. Yo siento que en el 2010 no era tan fácil. Y para mí fue, sobre todo, el gran abrazo a unas corrientes literarias más subterráneas de cada país. Si bien Chile estaba más claramente con nombres como Lemebel, nosotros también podíamos conocer la literatura, bueno, de la misma Diamela. Pienso en María Luisa Bombal, que leerla amortajada en ese momento para mí fue realmente muy impresionante. Y eso en cada país. En Argentina, leer *El desierto y su semilla* de Jorge Barón Biza fue, no sé… Autores que, incluso hoy, de pronto no son autores que están tan tan visibles. Así que, para mí, eso fue una experiencia también, pensarlo como latinoamericano. Quería decir algo asimismo con respecto a lo de la anterior pregunta, en respuesta de Alia, con esta cosa de que su novela no fue leída desde lo *queer,* que también eso creo, que a veces la pregunta pervive porque a veces sí también hay como unos deseos de heterosexualizar los libros: qué se dice en la contraportada y qué no se dice. O sea, eso también. Uno está como luchando con eso también, todavía. Chiquito, o sea, es como que de repente reaparece, no es que sea como hace unos años que era algo mucho más evidente la heterosexualización o el intento de heterosexualizar un libro.

ALIA: No, acá, a mí el «rayo heterosexualizador» se me apareció fuertísimo en Chile. Y fue muy curioso en cuanto se tradujo la novela al inglés. Como que en inglés también son muy rígidos con el tema de las categorías, es como el ejercicio que están todo el tiempo haciendo: «Bueno, este libro acá; tal, tal, tal». Es una obsesión bastante jodida, de hecho, y problemática. Dentro de eso, tiene el aspecto positivo que fue de inmediato que salió en inglés. En inglés era como: «No, o sea: *Queer Literature*». Y yo como: «¡Ah!, bueno. Genial». Pero el «rayo homosexualizador» en Chile estuvo a pleno.

GIUSEPPE: También, el tema de la memoria, me imagino que…

ALIA: ¡Costó! Y era…

GIUSEPPE: ¡Lo capturó!

ALIA: Completamente. Claro, también, yo pienso, en relación a un mundo huérfano que quedara como… No sé, yo también leí muchas de las reseñas y, claro, hay una escritura del deseo que está trabajando muy fuertemente eso. Y sigue habiendo esta cuestión casi exotizadora sobre los libros. Se comió, por ejemplo, todo el aspecto brutal de tu novela que tiene que ver con la relación del padre y el hijo, ¡qué es hermosísima! Es como que uno dice: «Bueno, a ver, ¿qué son estas categorías que borran también?».

GIUSEPPE: Entre la exotización y la heterosexualización. Siempre son como unos rayos que uno va esquivando.

ALIA: Sí, sí, ¡total!

MATEO: Alia, en concreto, tu trabajo ha estado muy relacionado con la cuestión de los derechos humanos. Y, Giuseppe, tú has tratado temas no solo sexuales, sino también en cuestión de clase.

En este sentido, ¿cómo habéis enriquecido vuestras narrativas con lo que ha sido vuestra formación o vuestras inquietudes? ¿Y cómo se añade todo esto al mix de la cuestión *queer?* ¡Qué complejo! Es que a veces se concentra la atención, a veces la desvían, pero ¿cuán importante es para vosotros esa cuestión, ese *background* que tenéis? Que va al margen de rayos o no rayos, que es tocado por un rayo o por otro, pero, al final, Alia hablaba de la etiqueta de mujer, la etiqueta *queer.* Pero ¿qué pasa con la etiqueta de derechos humanos? ¿Qué pasa, Giuseppe, con la etiqueta de clase? O incluso la poesía, que también es un género que hay que remarlo, a veces, más que la prosa.

GIUSEPPE: ¡Ay!, yo te voy a decir algo de Alia, y es que yo sé que fue muy difícil. ¡Los años estudiando Derecho! Pero qué maravilla cómo en esos años los derechos se transformaron en el libro *Las homicidas.* O sea, ahí sí, uno dice: «Valió la pena». Eso es enrarecer un lenguaje y llevarlo a otro lugar. O sea, realmente muy increíble.

ALIA: Yo creo que, para mí, el tema de haber pasado por la Facultad de Derecho era un karma gigantesco —y con lo que Giuseppe bien sabe—. Yo estaba completamente acomplejada, sobre todo cuando llegué. Estaba todo este grupo de latinoamericanos geniales que habían pasado por Letras y que tenían todas estas bibliotecas increíbles en sus cabezas. Y yo, claro, había pasado por cinco años de Derecho —que más que cinco son ocho, porque después del examen de grado y las barbaridades que hay que hacer para titularse...—. Claro, tenía, por supuesto, mi biblioteca, también, pero una enorme incomodidad con esta formación que no tenía nada que ver con lo que yo estaba haciendo. O sea, este salto a estudiar escritura creativa fue para mí como una cuestión muy grande, como que había un *gap* muy grande entre una cosa y la otra. Y me costó. Yo estaba muy acomplejada al principio, y me costó. Por eso, yo creo que *Las homicidas* fue para mí como una especie de hacer las paces con esos años. Y decir: «A ver… Es todo igual. Puede ser algo que sirva para subvertir también». Era un poco una pequeña venganza contra el mundo del derecho. Es decir, el mundo del derecho hace esto con las mujeres transgresoras. Cómo las castiga. También lo hace la literatura; también lo hacen las artes. Los castigos vienen de lugares bastante más inesperados que solamente una prisión. Pero fue una manera también de subvertirlo y de reencontrarme, de reintegrar también mi historia, y decir: «Bueno, también he sido yo». Y se traduce en este libro de estas mujeres transgresoras. Y fue un reencontrarme con eso. Y no hay caso: digamos que uno finalmente es quien es. Y para mí, la preocupación… Creo que tengo una especie de obsesión por el carácter normativo o no normativo de las cosas en general. Como que me preocupa muchísimo los libros. O sea, el carácter normativo que tiene la literatura muchas veces es el carácter castigador que tiene, en ocasiones, todo el discurso de las artes. Para mí es como una preocupación gigantesca, que no sé si la tendría tan grande si es que no hubiera pasado por el castigo de haber estudiado Derecho. No sé. Así que ahora ya me vínculo personalmente, ya lo integré a mi historia y ya me siento como que estoy menos acomplejada por no haber estudiado Letras y seguir este camino más raro. Pero sigue siendo algo que me acompaña, digamos.

GIUSEPPE: Conectando la pregunta de por qué pervive, ya tú eres LGBT (esto que está diciendo Alia). Además, creo que siempre es algo que está transformándose, como que centro y periferia también están en un permanente movimiento y tensión. Creo que esa pregunta que se hace Alia en *Las homicidas* también se puede pensar. Es la pregunta por las representaciones, tanto en medios de comunicación como en obras de arte, sobre estas mujeres que mataron en algún momento. También la pregunta es si uno, consciente o inconscientemente, de manera deliberada o involuntaria, en sus obras reitera el mundo, reitera el orden, reitera las estructuras, o lo reimagina. Y yo creo que esa repetición o reinvención también está. Es una posibilidad que tiene todo el mundo. Todos los artistas pueden o «ser espejos» o «ser grietas» —entre comillas—. Y muchos piensan las grietas justamente como lo que rompe cualquier sensación asfixiante de condena, de estructura, etcétera.

ALIA: Precisamente en tu libro, Giuseppe, está la grieta no solamente con lo gay, como la representación de lo gay, como algo que, hoy día, está tan mercantilizado. No, eso hoy ya obviamente está construido —y en grieta— en tus libros. Pero está la grieta de los vínculos afectivos, como de los vínculos familiares. El no reiterar, que no sea mera repetición normativa. Yo creo que es un gesto muy *queer* que pasa por otro lado. Perdón que te interrumpí.

GIUSEPPE: No, no. Gracias. En ese sentido, pensaba que un autor que ha sido muy importante para mí es Didier Eribon, que es un sociólogo francés. Si uno ve el recorrido de sus libros… Digamos, yo recién salí del clóset, por ejemplo, y leí *Reflexiones sobre la cuestión gay*. En sus libros él ha pasado de pensar la identidad sexual a pensar la identidad social, porque él dice: «Cuando yo salí del clóset sexual, en París, me metí en el clóset social». Ahí habla de toda su vergüenza de clase. En ese sentido, claro, pensar la clase también ha hecho repensar teorías psicoanalíticas. Yo en un momento me arrojé mucho a leer psicoanálisis. Yo pensaba, también: «¿Cómo pienso a mi papá en términos de Edipo, de castración, si estuvo cinco años escondiéndose en una cueva porque pasaban los aviones bombarderos durante la Segunda Guerra Mundial?». Entonces, lo *queer* ha sido también como no olvidar nada, no olvidar el género, no olvidar la sexualidad, pero tampoco olvidar la clase, tampoco olvidar el origen. En ese sentido, yo siento que también he ido como haciendo un repaso al pasado que siempre se está moviendo. También ahora, desde otro lugar, de las procedencias sociales, de las personas que vivían en la casa.

MATEO: Giuseppe, tú y yo nos conocimos cuando estabas llevando la prensa. Y, luego, tu encuentro con el mundo editorial, como escritor, ¿cuánto te ayudó conocer un poco la fiera desde adentro? ¿O ha sido una fiera totalmente distinta? O sea, lo que es la industria editorial. Es para los dos esta pregunta, pero, Giuseppe, empiezo contigo, que yo te conocí cuando estabas del otro lado, de alguna manera. A veces, para los escritores, como que la parte de promoción, publicación, se atraganta un poquito. ¿Cómo ha sido tu experiencia en la industria?

GIUSEPPE: Sí, yo la agradezco. Fui director cultural de la Feria del Libro de Bogotá unos años. Y antes trabajé en la parte de prensa y también de corrección de estilo de la parte editorial. En ese momento, era Santillana. Digamos que eso cambió mucho, pero, para mí, ver… Porque, finalmente, era como tratar con los escritores en el momento de la exterioridad; es decir, en el momento en que sale el libro, que dan entrevistas, todo eso, ese tipo de situaciones. Y yo creo que, para mí, el aprendizaje fue separar muy radicalmente la interioridad de la escritura de ese momento. Quiero decir, yo sí creo que, así como la editorial apoya, uno también tiene que apoyar. Es decir, «tiene» (entre comillas), no *tiene que,* pero está bueno apoyar, con un par de entrevistas, y eso.

Es la salida del libro, entonces lo veo como una manera muy pragmática. Sobre todo, separando muy radicalmente el momento de la interioridad, que es finalmente lo que a uno le gusta. Sí, yo creo que uno es escritor cuando está escribiendo. Luego, en este tipo de situaciones, es lindo porque es una extensión de la lectura. Y uno, en estos eventos o en conversaciones con periodistas, a veces pasa de la intuición, unas intuiciones que uno tenía como algo muy consciente, como: «¡Ay, claro! ¿Verdad que eso está ahí?». Esas conversaciones yo las agradezco porque es algo muy pragmático ese momento de la editorial, de apoyar la salida del libro con un par de entrevistas, de eventos. Y en ese sentido, hacerlo, sí.

ALIA: Sí, a mí me pasa que… A ver, voy a hacer una respuesta completamente dispersa porque me quedó dando vueltas algo que dijo Giuseppe antes y no quiero hacer otra cosa que repetirlo porque me pareció muy hermoso. No es una conversación, es una repetición. Me parece muy hermoso que Giuseppe dijera que hay algo *queer* o que lo *queer* es no olvidar nada. Y creo que, en estos tiempos, donde hay una manera de etiquetar las cosas que supone excluir las otras, por más que se dice intertextualidad, interseccionalidad y como sea, estos cruces de unos factores con otros como algo que obviamente hay que hacer, en verdad, no se hace, ¿no? Y se olvida y se jerarquiza todo el tiempo. Se jerarquiza de una manera muy poco *queer,* de una manera muy normativa. Es como para megaindividualizar algo.

GIUSEPPE: Completamente, para incluirlo en el otro.

ALIA: Exactamente, que cada sujeto tenga, cada vez más, que ser esta serie de categorías y de puntos. Yo diría que, en el hemisferio norte, es más como una especie de afección y es muy brutal. Yo lo encuentro muy brutal.

GIUSEPPE: Una taxonomización radical.

ALIA: ¡Es una taxonomización radical! Cuando uno ve una serie, cuando uno ve televisión en Netflix, en estas plataformas, están estas advertencias que aparecen antes del inicio, que son advertencias que también son una especie de taxonomizaciones de las cosas, como: «¡Ojo!, que en esta serie hay sexo homosexual», «violencia con no sé qué», «intento de suicidio». O sea, todo como una serie de aspectos de lo delicado que también son formas de decir: «Esta serie es estas cosas», y que son formas también de excluir. Por todo esto me parece muy lindo lo que dijo Giuseppe sobre no olvidar nada, y que también es una manera de desjerarquizar que me parece relevante en este tiempo. Y sobre lo otro —o sea, mi respuesta totalmente caótica, pero quería retomar lo anterior—, a mí personalmente me pasa que yo vengo de una formación que no tuvo nada que ver con la formación anterior, no tuvo nada que ver con el mundo literario, y a mí la primera vez, con la publicación, como que todo esto me asustó bastante, fue como: «¡Ay! A ver, ¿cómo uno se maneja con esto?». Y, claro, lo empiezo a ver más pragmáticamente, pero, sí, creo que hay que tener un cuidado porque no necesariamente —cuando digo «no necesariamente» estoy diciendo no, en realidad—… Esta industria y toda su maquinaria no te cuidan, ni te van a cuidar. Y yo veo, no me ha pasado a mí, pero hay un par de escritoras que conozco, cuyas obras han circulado muchísimo y que de pronto están, al cabo de seis meses, llorando en sus camas y no porque les haya ido mal, sino porque hay un exceso de exterioridad que es tan contrastante, tan violentamente opuesto a la escritura que, estoy de acuerdo con Giuseppe que es ahí cuando uno es escritora o escritor. Hay algo un poquito violento ahí. Y, en ese sentido, la verdad es que yo voy con bastante cuidado a esa máquina, que igual es una máquina de mercantilización y es una máquina que, si bien uno puede —coincido— apoyar con algunas cosas y entrevistas, creo que también hay que saber decirle que no, y no ir, y que no pasa nada. Porque, si no, también la escritura no se produce.

GIUSEPPE: Es que cada vez hay que ver más eso. Si uno empieza a decirle que sí a todo… Sí, o sea, también es una cosa que entra porque, por ejemplo, permite también una forma de completar lo del mes, ir a ciertas cosas.

ALIA: Lógico.

GIUSEPPE: Es decir, sí hay una cosa que pasa por…

ALIA: Lo económico.

GIUSEPPE: Lo económico, la necesidad económica. Pero, por ejemplo, para mí ha habido momentos en los que yo ya digo directamente *no*. Yo tengo un documento en mi escritorio que se llama *No*, que es para decir como: «Gracias por considerarme en…». Y como que uno va escogiendo, porque puede ser muy avasallante. Y, sobre todo, también siento que hay que estar muy atento porque el discurso muy fácilmente se solidifica; es decir, el pensamiento se puede solidificar, las preguntas también.

ALIA: Por repetición, Giuseppe. Exacto, tienden a ir por los mismos lados. Uno a veces ya está como en modo automático. Y cuando ya está en eso, sí, es mejor también saber comparar y decir, otra vez: «Hay que poner a mover esto».

MATEO: La sopa recalentada que decía Saramago.

GIUSEPPE: Digamos, mi segunda novela salió en pleno momento de pandemia. Claro, sí fue un esfuerzo, fue una fuerza editorial entonces. Ahí, yo digo: «Bueno, pues, voy a apoyar». Como que ahí entra uno. Y también, aquí, el escritor Tomás González, él se aisló, y yo siempre pienso, siento, que mi fantasía se va para allá. Quiero hacer eso. O sea, llegar a un punto en el que pueda hacer eso.

MATEO: Alia, mencionabas las etiquetas del hemisferio norte. Yo estoy en Nueva York y se habla mucho de la descolonización del conocimiento. Entonces, yo no sé, desde su punto de vista, Giuseppe y Alia, desde Chile, desde Colombia, desde la literatura *queer*, ¿qué relación hay? ¿Qué hay de necesario? ¿Qué hay de pose? ¿Qué hay de contraproducente? O sea, ¿cómo se vive la descolonización desde lo que realmente se tiene que descolonizar? No desde el colonizador que se autoimpone o que se decide a —casi de manera magnánima— descolonizar. ¿Cómo sentís vosotros esta etiqueta de la descolonización, de la historia de la literatura del conocimiento en general?

ALIA: Sí. La verdad es que me parece muy bien como objetivo, por supuesto [...]. Al menos, que haya una conciencia crítica de que la colonización, en todas sus dimensiones, existe, ha existido y sigue existiendo. Pero hay algo también muy superficial, me parece, en ciertos momentos, como de moda, como ciertos giros que tienen la academia y también la política, donde parece que se va a hacer este gran intento descolonizador y, finalmente, quedamos más o menos en lo mismo. Pero, a la vez, me parece muy bien que desde el hemisferio norte se emprenda ese ejercicio. Más relevante o más cercano me resulta el ejercicio en el hemisferio sur. Y es como, un poco: «Descolonicémonos a nosotros mismos y a nosotras mismas». O sea, yo llegué —estoy hoy aquí, en Chile— con la resaca espantosa del plebiscito que acabamos de perder. Y aparte de lo que pasó en ese plebiscito, que se perdió por muchas razones, pero unas de ellas, no menor, tiene que ver con un racismo profundamente arraigado y un absoluto terror en mi país a la palabra *plurinacionalidad,* que tiene que ver con un rechazo gigantesco al indígena. Es como *lo otro.* Y con estas fantasías chilenas de «los ingleses de América Latina», «los jaguares de América Latina» y estas fantasías de blancura de que ya nos tragamos al colonizador. Entonces, lo tenemos incorporado. Esa mirada está incorporada. Incorporada en la sociedad en general. Así pues, si bien me parece muy valioso que en el hemisferio norte hagan todos los ejercicios del mundo que haya que hacer, acá en el sur me preocupa muchísimo. La máxima pesadilla, aquí, para mí fue que ocurrió el plebiscito de septiembre y creo que, en esos mismos días, se murió la reina de Inglaterra. Y era como: «Ya, ¿dónde me tiro, por la ventana?». Con el plebiscito que acaba de pasar y la televisión en Cadena Nacional con esta reina muerta. Encima aquí eran las fiestas patrias, por lo que las banderitas chilenas estaban por todas partes. Y hubo una parada militar los mismos días de la muerte de la reina. En este sentido, todo el tema de la colonización y de las identidades, porque hay identidades que sí —como ser chileno— y hay identidades que no. Ahí hay mucho que trabajar.

GIUSEPPE: Siempre con esta pregunta, yo recuerdo uno de los ensayos de los *7 ensayos de interpretación* [*de la realidad peruana* (N. del E.)] de Carlos Mariátegui, que se pregunta sobre la literatura colonizada; es decir, qué es una literatura colonizada. Él menciona a una serie de obras que son españolas, no necesariamente porque están escritas en español, sino españolas en su espíritu, y destaca al *Inca Garcilaso* por su espíritu y su sentimiento, cómo está hecho. Por eso, a mí me gusta mucho pensar ese texto como ¿qué sería una literatura colonizada hoy? O quizá eso, incluso un pensamiento colonizador. Y yo sí siento que una respuesta posible pasaría por la mercantilización, porque absolutamente todo lo es. Por ejemplo, en muy buena línea con lo que dice Alia, con lo de la reina, yo aquí estoy en una permanente estupefacción porque di hace unos años un taller en el barrio Santa Fe, que es una zona de tolerancia de Bogotá, que fue una experiencia hermosa. Entre todas las edades del barrio, entre otras cosas, iba un chico panadero que siempre me pedía plata para volverse para su casa en el bus, etcétera. Un chico que la mamá es afro y el padre es mestizo, y él es afro mestizo. Uno lo ve y, o sea, claramente, uno jamás pensaría que es blanco. Y, bueno, en algún evento literario, en estos momentos de las preguntas del público, él alzó la mano y dijo: «Yo, como hombre blanco, privilegiado, no sé si hacer este comentario». Y yo quedé como: «¿¡De dónde sacaste que eres un hombre blanco privilegiado!?». Pero es porque también era un gran lector de teoría que se produce en Estados Unidos. Lo cual me parece muy bien, pero es eso, como esa incorporación completamente sin pensar, sin pensarse o sin pensar desde acá. A mí me parece que también es un problema porque hay una reflexión que es como una paranoia alrededor de unos supuestos privilegios, que cuando uno se sienta a hablar con la persona, resulta que vive al ras o con el mínimo indispensable, y ya por eso se siente como… Eso pienso que termina siendo beneficioso para las personas que sí realmente tienen poder económico, político, etc. Es una persona que no tiene nada o el mínimo indispensable, y si se siente ya privilegiada, eso termina generando como una disonancia cognitiva, como una fragmentación interna, de la que habla también James Baldwin en *La próxima vez el fuego,* que él dice que cuando tenía cinco años y veía películas de Disney y veía vaqueros, dice: «Quería que los vaqueros ganaran hasta que me di cuenta de que el indio era yo». Por eso yo creo que muchas veces hace falta darse cuenta de eso, que ese paso es muy importante, justamente, para ya pensarnos de una manera como descolonizados o como para empezar a descolonizarse. Y Daniela Maldonado Salamanca, que es una de las fundadoras de la red comunitaria trans acá en Bogotá, nos enseña que no somos blancos y que somos pobres. Eso a veces creo que es un aprendizaje que hay que dar e incorporar e internalizar.

MATEO: Vamos a ir ya terminando la conversación, pero antes me gustaría haceros una pregunta un poco estereotípica: ¿qué estáis leyendo y qué estáis escribiendo en este momento?

GIUSEPPE: Yo leí hace poquito *El corazón del daño* de María Negroni, que me gustó muchísimo. Y ahora, a partir de esa lectura que me gustó tanto, estoy leyendo otro de María Negroni que se llama *Galería fantástica,* que son ensayos sobre literatura fantástica latinoamericana. Y hace poquito Random publicó, aquí en Colombia, una edición de bolsillo de *El libro de los seres imaginarios,* de Borges. Entonces, estoy fascinado porque hay unos animales que no tenía idea que se habían inventado alguna vez en la vida, y estoy muy impresionado por esos animales imaginados. Estoy como en un terreno fantástico, diría.

ALIA: ¿Y trabajando en eso, Giuseppe?

GIUSEPPE: Escribiendo de eso, un poquito. Lo que pasa es que están todas las cosas aquí, en Colombia, sobre el realismo mágico. Para mí son códigos completamente diferentes, pero como que todo pasa por ahí. Y eso me tiene como un poquito…

ALIA: Yo estoy también… No sé, estoy leyendo caóticamente distintas cosas. Ahora mismo estoy leyendo el libro *Los apuntes de Malte Laurids Brigge* —no sé cómo se pronuncia, en realidad— que es de Rilke, que puso el diario. Digamos, es como que hay un yo que no es el yo. Sobre todo porque la escritura realmente me fascina. Así que estoy como muy fascinada por la prosa, y hay unas reflexiones ahí que tienen que ver con un tema en el que estoy trabajando, que es el tema de la representación, de las caras, de los rostros. Estoy trabajando en eso. Hice una reciente relectura de *El desierto y su semilla* y algunas obras así más…

GIUSEPPE: ¡Ah!, claro, porque estás con la cara.

ALIA: Sí, claro, con ese proyecto hace un tiempo. Y también me leí un libro muy hermoso sobre la cara, del antropólogo David Le Breton, que se llama *Rostros* y que es un libro muy extraordinario, la verdad. Muy bueno. Así que he estado leyendo, temáticamente, ese tipo de cosas, tratando de nutrir un poco mi escritura que, por otro lado, está bastante paralizada. Pero en eso estoy, leyendo varias cosas sobre la escritura, cosa que yo, en general, no he hecho mucho. Es como el típico momento en que los escritores empiezan a reflexionar sobre la escritura como proceso. Pero, últimamente, lo he estado haciendo. Y es un tema también que me interesa pensarlo. He estado leyendo un poco eso. Y justo comentábamos con Giuseppe un poema muy hermoso de Mary Oliver, hace unos días, y me empecé a leer anoche un libro de ensayos de Mary Oliver, que tiene que ver con la escritura, y se llama *La escritura indómita*. ¡Qué linda palabra, *indómita!* Por otro lado, a propósito de locura.

GIUSEPPE: Bueno, y yo mañana me empiezo *Limpia*.

ALIA: Hoy en la noche te lo dejo aquí en el velador, Giuseppe.

MATEO: Pues, muchísimas gracias por haber participado en este panel y por habernos llevado por una conversación tan fluida entre tantos temas tan importantes y con tanta profundidad y tanto sentimiento. Que, a veces, son cuestiones que, como decía Alia, tendemos a tratar de manera un poco superficial y tendemos a quedarnos en la etiqueta y en el *check the box*, como dicen aquí, en cumplir el expediente. Y aquí creo que os agradezco que os hayas abierto, vuestra complicidad y todas las reflexiones que nos habéis dejado. Para volver a ver esta charla, tomar nota y reflexionar sobre quiénes somos y cómo nos presentamos y cómo nos sentimos. Así que espero que la conversación no les haya parecido muy normativa.

GIUSEPPE: No, no. Gracias, Mateo, por conducir la conversación. A Gonzalo y al festival, por la invitación. Y, bueno, qué rico que ya pronto le voy a dar un abrazo a Alia.

ALIA: Sí. Muchas gracias, Mateo. Muchas gracias al festival. Giuseppe, buen viaje, nos vemos en unas horitas acá.

MATEO: La próxima, yo también quiero estar.

ALIA: Muy bien, serás muy bienvenido.

MATEO: Bueno, gracias.

ALIA: Un abrazo.

# Nosotras y las poéticas de la desobediencia

## YOLANDA CASTAÑO

Conducido por **Manuela Palacios**
(Universidade de Santiago de Compostela, España)

*La profesora de Literatura Inglesa de la Universidade de Santiago de Compostela, Manuela Palacios, especialista en literatura irlandesa y gallega contemporáneas, entrevista a una de las autoras más relevantes de la cultura gallega hoy en día, Yolanda Castaño: poeta, traductora, editora y gestora cultural con intereses en ámbitos creativos diversos. Su voz ha ejercido una extraordinaria influencia en la comunidad poética desde que comenzó a publicar, en los años 90. La belleza, la identidad, el lenguaje y el erotismo marcan su exploración artística siempre desde el prisma de la vanguardia y la conciencia crítica, convencida de que la poesía es un género desobediente que ofrece nuevas formas de pensar la vida. Su último libro,* Materia, *publicado este mismo año, indaga en la renuncia a la maternidad, encuentra complicidades con las madres disidentes que rompen expectativas de lo que se espera sobre las mujeres y se reconcilia con sus emociones genuinas.*

MANUELA PALACIOS: Buenas tardes. Nos encontramos en una nueva edición del Festival de Literatura Hispanoamericana que lleva por nombre «Paris ne finit jamais», y hoy tenemos una sesión especial que lleva por título «Poéticas de la desobediencia». Vamos a hablar con Yolanda Castaño, una poeta gallega y en lengua gallega, que nació en Santiago de Compostela, pero que nos recuerda siempre que vive en la ciudad de A Coruña, también en Galicia; Castaño es, además, licenciada en Filología Hispánica. Permíteme darte las buenas tardes, Yolanda, antes de seguir con un breve perfil de tu carrera literaria.

YOLANDA CASTAÑO: Estoy encantada de estar aquí con vosotros, y particularmente contigo, Manuela. Muchas gracias.

MANUELA: Pues yo también estoy encantada, porque sigo todo tu trabajo con muchísima atención. De hecho, ya conseguí animar también a algunas alumnas para que trabajen sobre tu último poemario, *Materia*. Así que esperamos contar con tu ayuda para aclarar alguna duda que pueda surgir durante este trabajo.

YOLANDA: Encantada.

MANUELA: Decía que Yolanda Castaño comenzó su carrera literaria muy joven, incluso, con apenas diecisiete años cuando ganó el Premio Fermín Bouza Brey de Poesía, lo cual le permitió la publicación de su poemario *Elevar as pálpebras* ('Elevar los párpados') en 1995. Y a partir de entonces no ha cesado de generar debate sobre cuestiones candentes en la reapropiación, por parte de las mujeres, de sus cuerpos. Lo vimos en los años 90 con aquellos poemarios *Vivimos en el ciclo de las erofanías* —voy a mencionar los títulos en castellano, para no repetirlos—, *Libro de la egoísta*, *Profundidad de campo*, *La segunda lengua* y, como decía, este año ha publicado *Materia*. Es un libro que yo he comparado con otros poemarios publicados en Irlanda, que raramente tocan el tema de la renuncia a la maternidad, entre otros temas, como la memoria familiar, etc. Las obras de Castaño fueron premiadas tanto en Galicia como por parte de reconocidas instituciones de la cultura española, con el Ojo Crítico, por ejemplo, de Radio Nacional de España. Ha trabajado intensamente en proyectos en los que híbrida la poesía con otras artes como la plástica, la música, *performance*, danza, arquitectura, el medio audiovisual o incluso la gastronomía. De esta fusión interartística nacieron interesantes publicaciones como el libro CD *Edénica*, en el año 2000, o su colaboración como letrista de músicos. En 2018, publicó también *O puño e a letra*, que es un libro de poemas ilustrado por cuarenta artistas del cómic gallego. También ha realizado una intensa labor como conferenciante, recitadora y articulista. De hecho, todos pensamos que es la mejor embajadora que la cultura de Galicia puede tener en el exterior. Ha representado la cultura y la literatura gallegas en diversos foros del mundo del arte y, en concreto, en muchísimos países de Hispanoamérica. También fue presentadora de televisión y, en 2005, recibió el Premio Mestre Mateo a la Mejor Comunicadora de TV, pues sin duda es la mejor comunicadora de televisión. También es guionista, comisaria de muestras de arte, autora infantojuvenil, traductora y ensayista. Sus obras se han traducido a una treintena de idiomas. Dirige —y esto me parece una labor realmente admirable— en A Coruña, el ciclo

«Poetas Di(n)versos», que es un foro mensual en el que creadores gallegos y otros creadores del resto del mundo recitan juntos sus textos. En la misma línea —y esta también es una idea muy original—, coordina un taller internacional de traducción poética que se celebra cada otoño en la isla de San Simón, próxima a la localidad de Redondela. Bienvenida, Yolanda Castaño, a «Paris ne finit jamais».

YOLANDA: Seremos capaces de hacer de estos rincones de Galicia en que nos encontramos una París infinita, sin duda.

MANUELA: Seguro que sí. Siempre nos gusta estar relacionados con París, sea cual sea la razón, porque es un foco cultural muy estimulante. Sin duda, este encuentro con escritores de Hispanoamérica, a través de este festival, es una muestra más de ese hervidero de ideas que es París. Yo tengo una serie de preguntas, Yolanda, pero son muy generales. Por favor, siéntete libre de llevarlas a tu terreno como quieras, para que te encuentres cómoda. Una de las preguntas con las que querría comenzar es si a ti te irrita el hecho de que cuando se te presente se utilice el término *mujer, mujer escritora.* Porque es cierto que, muchas veces, si vamos a hablar o a entrevistar a un autor varón, a un poeta varón, no necesitamos (o muy pocas veces sale a colación) la identidad de género como algo que se tenga que mencionar o que valga la pena mencionar. ¿Cómo es tu reacción a este tipo de consideración o presentación como *mujer escritora?*

YOLANDA: Claro, entiendo que la consideración de género, la identidad de género, es un rasgo muy marcado que acaba saliendo a la luz. Y que acaba reflejándose, obviamente, en los textos. A veces, de una manera más patente y otras, menos. Otra cosa distinta es que hagamos de eso un gueto aparte. O sea, hay otras consideraciones como, no sé, que un poeta, que una poeta, viva en el rural o en la ciudad, o en un país en vías de desarrollo o en otro, o en un sistema económico o en otro, o la consideración de ser una persona, pues, con necesidades especiales o con una movilidad reducida. Son cuestiones que, a lo mejor, se marcan, acaban trasluciéndose, en la poética. Otra cosa es que de ahí hagamos categorías aparte. Quiero pensar que habrá un momento en el que no sea necesario hablar de poetas mujeres, de escritoras mujeres, que de algún modo dejemos de ser el género todavía marcado, mientras que el no marcado (y por lo tanto, genérico) es el masculino. Parece que no hace falta hacer esa especificación en el caso de los autores varones, porque son la literatura universal. Y es como si nosotras fuésemos un subconjunto dentro de este, algo subalterno, dentro de la literatura universal. Claro que no creo en nada de eso. Creo en el género como hay otros tantos rasgos de identidad que se traslucen. Pero no para que hagamos etiquetas aparte, autores y autoras en sentido genérico. Soy optimista, y creo que en el futuro no va a tener mucho sentido. No va a hacer falta. Empezamos a hacer ya números más equilibrados, sobre todo en estas latitudes desde las que hablamos, Manuela. A veces ya nos encontramos incluso con antologías con mayoría de mujeres. Así que empiezan a perder sentido estas categorías.

MANUELA: Esa es una idea bien interesante, pues nos gustaría a todas no tener que seguir utilizando este término para definirnos en nuestras profesiones. El feminismo también ha estudiado esa necesidad de hacer intersecciones con otros vectores identitarios: de clase, podría ser, como bien mencionas; étnicos, podría ser también; necesidades especiales; digamos que, factores diferenciales. Es realmente necesario hacer esas intersecciones y evitar los esencialismos sobre una categoría, la de mujer, que sea igual por todo el mundo. Si en obras anteriores habías escrito sobre la identidad de mujer y reclamabas o te reapropiabas del cuerpo para expresar el deseo femenino, ahora, en tu reciente poemario, *Materia*, parece que vuelves a reclamar ese cuerpo tuyo para desobedecer —ya que estamos en una sesión sobre las poéticas de la desobediencia— las expectativas, las normas, sobre lo que podría ser el desarrollo vital de la mujer.

YOLANDA: Sí, la verdad. Creo que el cuerpo es una presencia bastante constante en la literatura y, sobre todo, en la poesía escrita por mujeres en general. Por mis compañeras, también, allá en los años 90. Efectivamente, ese cuerpo deseante que pasaba de ser objeto pensado a sujeto pensante, que reclamaba esa posición. Por supuesto, no soy ninguna isla ni mucho menos. Soy producto de mi generación, de la evolución histórica de la literatura gallega, soy consciente de la tradición en la que me inserto, de la comunidad escritora literaria a la que pertenezco. Leo a mis compañeras. Y sí que creo que ha vuelto el cuerpo en estos últimos años. Bueno, en sentido no tan circunscrito, bastante amplio. Y las autoras más jóvenes también vuelven los ojos al cuerpo, aunque es un cuerpo seguramente más conceptualizado, más intelectualizado, más pensado, no tan visceral y tan carnal como el que aparecía en los años 90. Quizá me fijo en eso. Y, en este caso, además creo firmemente que la poesía es el género literario que más habla a través del cuerpo. Es decir, esa voz dónde se sitúa, esa voz poética, ¿de dónde viene? Creo que de un punto en donde confluyen lenguaje y cuerpo sentidos. Creo que es eso: el género literario en el que más habla el cuerpo de la autora o del autor. En el caso de las mujeres, pues, ya tiene una larga tradición a sus espaldas el tratamiento del cuerpo. Además, reconozco que no puedo escribir de aquello que no me toque, que la propia evolución literaria mía discurre pareja a mi propia evolución como persona y como mujer. Y en cada época vital. La unidad de los libros. No dicen, pues: «Ah, pues, ¡qué unitario es este libro!». Cuando componemos un libro o componemos su arquitectura, a veces su unidad viene dada porque todos los poemas de ese conjunto se han escrito en una misma época vital, y de ahí vienen esas circunstancias. Pues, no soy capaz de escribir de algo que no me esté tocando, preocupando, zarandeando, de algún modo, en cada época a la que me enfrento. Esa época (casi postadolescente) que tú recordabas, era la época en que, de un modo u otro, nos encontramos con nuestra carnalidad, con nuestro deseo, conocimos el amor por vez primera, la experiencia sexual también. Y esa era la mayor novedad que ocupaba mi mente y mis emociones. Así, con el paso del tiempo, encaré otra etapa —en la que todavía sigo un poco— que es ese momento crucial y biológico al que nos enfrentamos todas las mujeres, en la que por fin tenemos que, de algún modo, tomar una decisión u otra. No es tanto como en el caso de los varones, que pueden postergarlo porque sigue siendo posible; para nosotras, biológicamente deja de ser factible. Entonces, tenemos que presentarnos ante esa decisión. Y, en mi caso, encaré esa decisión renunciando a la maternidad. Pero, además, reconciliándome también con esa idea y pasando de una vez por todas esas páginas, ese capítulo de mi vida como mujer, intentando abordarlo con dignidad e incluso con cierto cariño.

MANUELA: Pues es curioso, porque así como aquella poesía erótica, aquella *poerótica* de la que se hablaba en aquella época, era, como tú bien señalabas, frecuente en el ámbito internacional, en la literatura, por ejemplo, norteamericana, aquí en Galicia también surgisteis muchas poetas que tratasteis este tema. Y muy bien tratado, me parece a mí, muy valientemente. Sin embargo, el tema de la renuncia a la maternidad no es un tema que yo haya visto. Comentaba antes que, por ejemplo, en la otra literatura con la que trabajo, la literatura irlandesa —quizá pueda ser por el país—, aunque conozco a muchas poetas que han renunciado a ser madres, no es un tema que hayan tratado. Han tratado, por ejemplo, la pérdida de un niño, la pérdida del hijo, pero no la renuncia a tener un hijo. ¿Tú, que participas en muchos foros literarios internacionales, has visto que este tema que has examinado en *Materia* se trate tanto como se trató el de la *poerótica* en los años 90? ¿O no? ¿O es algo en lo que tú piensas que has dado un paso adelante, pero que no es algo tan visible en otras literaturas?

YOLANDA: Por un lado tienes cierta razón. No solo en foros internacionales, sino también, por ejemplo, en cuanto a foros estatales. Estoy segura de que estás familiarizada con la idea de que la poesía femenina gallega tuvo una influencia literaria en la poesía vasca, por ejemplo. Que es un fenómeno muy interesante de analizar, sobre todo en la poesía femenina vasca se pueden rastrear muchas citas. Y, bueno, es un tema del que ya han hablado críticos literarios, desde Jon Kortazar a otros. Precisamente, venía de un encuentro donde coincidí con algunas autoras o alguna autora vasca y me decían que sí, que se estaba hablando de la maternidad también en la literatura vasca, pero era una maternidad, de algún modo, todavía en un estadio anterior. En el sentido de que todavía se estaba reivindicando, pero de un modo un poquito más edulcorado, desde luego, de lo que se hace aquí. En cualquier caso, si bien es cierto que soy muy consciente de la tradición, que estoy muy en contacto con tradiciones literarias, creo que hoy día los contenidos y las corrientes de pensamiento, etcétera, no vale la pena rastrearlos exclusivamente en el código literario, sino en otros códigos expresivos y comunicativos que están a nuestro alrededor. Y sí, es un poco cierto que, a lo mejor, como objeto de contenido directo, no lo podemos encontrar de una manera tan patente en otras tradiciones que nos pueden resultar vecinas o próximas. Sí hay cierta onda, a lo mejor, más de literatura; o sea, código escrito, más de comunicación, ensayo, medios, etc., pero más orientado, sí, quizá, a libros de no ficción, por ejemplo, a ciertos libros de narrativa. Yo creo que la renuncia a la maternidad, contra lo que pueda parecer —puede parecer un poco paradójico lo que voy a decir— sí que tiene puntos en común con las maternidades disidentes, lo que yo llamo *maternidades*, que otro llamará *maternidades disidentes, alternativas, maternidades rebeldes*, ese romper con la expectativa que, al fin y al cabo, es de lo que se trata, como bien apuntabas, Manuela. La expectativa que cae sobre las mujeres, romper un poco con eso, esa expectativa de madre perfecta, o esos cuidados que recaen sobre nosotras. Creo que hay algunos puntos en común que puedo encontrar, por ahí ciertas complicidades. A lo mejor no tanto en la renuncia, pero sí que sigo creyendo muchísimo en el valor de la autenticidad, o una especie de honestidad, de buscar nuestras emociones genuinas para tratar de hacer de ellas literatura, como buenamente podamos. A veces tenemos más referentes en los que apoyarnos al lado y, a veces, pues, tendremos menos, pero en algún puntito tendremos que hacer, a lo mejor, un ejercicio de distancia, de traslación, de transposición. Podemos no pegarnos demasiado, pero podemos poner un poquito el pie.

MANUELA: Sí, sí, efectivamente. Es cierto que hubo una época en la que se daba por sentado que todas las mujeres debían ser madres. Después, hubo una época influida por el feminismo en la que se buscó una liberación con respecto a ese destino impuesto. Y yo ahora me pregunto si, a lo mejor por parte de algunos autores y algunas actitudes generales en la población, hay una tercera línea que, como decías tú, idealiza o incluso potencia una mística de la maternidad. Lo que también puede hacer que la persona que renuncia se sienta muy extraña, muy rara, muy marginal, muy diferente.

YOLANDA: En general, intento beber de esa honestidad, franqueza, con lo que me encuentro, con lo que siento. No, nunca es fácil, por supuesto, averiguar lo que sentimos. Entenderlo y analizarlo, no, nunca es sencillo. Esa es una de las bases. La otra es, efectivamente, encontrarme que, desde luego, no eran muy numerosos los modelos de mujeres —noto en el ambiente que leo, que veo— en los que se legitime esta opción de la no maternidad. Es decir, sí en la teoría, sobre el papel sabemos que todas somos libres para escoger un papel u otro, pero, claro, la verdadera libertad solo reside en que estén ambas opciones legitimadas, tanto una como la otra. En todo esto habría que aún hilar mucho más fino. Es cierto que no siempre la opción legitimada es la de ser madre, en todos los espacios, en todos los estamentos, para todas las instituciones. Puede que para el mercado sí lo sea, pero para las instituciones no. O viceversa, eso nunca queda claro. Todavía tiene muchos más matices, pero es cierto que creo que siempre merece la pena contribuir, poner nuestro pequeño granito de arena, ofrecer cuantos más modelos a las mujeres y todos igual de legitimados. Es cierto que, con las mejores intenciones incluso, una lucha que nos merece tanta tanta admiración como la lucha feminista, también ha evolucionado y también ha ido mejorando y puliendo sus aristas. Había formas de entender el feminismo en el pasado que casi ofrecían un modelo de feminista en el que había que encajar.

No dejaba de ser un pequeño estereotipo, de alguna manera. Y creo que, hoy en día, seguimos evolucionando, seguimos abriéndonos, porque, afortunadamente, el feminismo también es una constante revisión —incluso de autorrevisión— que nos permite abrir el campo a que seamos aquellas mujeres que deseamos ser, libremente, siempre que lo hagamos con conciencia crítica, claro. Hasta nos podemos maquillar, siempre que lo hagamos desde una conciencia, y fuera del patriarcado. No, pues, eso. Tomar la decisión de ser madres porque así lo deseamos. O no. Siempre desde una perspectiva y conciencia crítica. Cuantas más opciones tengamos, más libres seremos nosotras y nuestras compañeras.

MANUELA: Estoy totalmente de acuerdo contigo. Me pregunto, Yolanda, si podrías leernos algún poema que pueda ilustrar esto de lo que estamos hablando. En tu poemario tienes varios, pero ¿cuál seleccionarías para que tus lectores sepan lo que quieres hacer en *Materia*?

YOLANDA: Para que sepan lo que quiero hacer en este poemario, necesitarían leer más de un poema. En el sentido en que me parece que la poesía nunca es un terreno dogmático, un terreno en el que tener las opciones lo más claras y programáticas posible, sino casi todo lo contrario. Es precisamente el terreno para los matices, para entrar en todos esos matices, incluso para alguna que otra duda. Podría empezar con un poema que se llama *Araña* del que, por cierto, hay un videopoema que se puede encontrar incluso por la red, poema al que tengo que agradecer siempre su colaboración a Alberto Castaño, mi hermano, y que dice algo como esto: *A nai toca o seu fillo coma se fose un instrumento./ A culpa volveuse unha moediña pintada./ Algo nela:/ clausurado.// Se tivese oito patas/ ofrecería ás crías tamén eu/ a miña carne.// Fíxate na das crianzas que está toda feita de espello./ Un brazo vicario e miúdo nun/ pulso contigo mesma./ A cega, a animal, a xíbara.// A nai e mais o fillo negocian o seu poder con moediñas de plástico./ Comen e defecan esa mesma linguaxe./ Medo, rabecha, eloxio, confianza.// Polo envés do día vai rosmando a nai a súa tenrura./ Leva coma cunchiñas penduradas dun colar./ Culpa, deber, atención e pertenza.// Abrázanse moi forte para que a felicidade non derrame./ Frotan dos panos o que nunca desexaron./ Atándose ao mastro dun amor tan fero/ algo na araña quedou clausurado.// O fillo e mais a nai comercian co seu pracer e o seu castigo./ Algunhas manchas non saen xamais.*

MANUELA: Es un poema impactante, Yolanda. Tratas no solamente esa cuestión, que hemos escuchado tantas veces, de la absoluta entrega de la madre al hijo, sino que hay bastante más, hay esa difícil negociación de exigencias, de lo que requiere el hijo, lo que querría tener la madre. Y están todas esas emociones, por ejemplo, la emoción de la culpa. Dicen que somos las mujeres las que más experimentamos la emoción de la culpa, que los hombres no tratan tanto el tema de la culpa. ¿Tú cómo ves esta cuestión?

YOLANDA: Es un temazo. Sí, claro, eso viene, otra vez, de todas las expectativas que recaen sobre nosotras. Esas eternas responsabilidades, esas eternas deudas. La mujer es un ser perpetuamente endeudado: con la sociedad, con los suyos, con los que le tocan de cerca. Sí, claro, todas esas expectativas con las que se sobrecarga hacen que después, si tiene otros ámbitos, como el ámbito personal, el ámbito profesional, nunca acabe de estar plenamente en ninguno, porque siempre siente esa culpa de no estar en el otro. Así, esa compatibilización, esos juegos de poder, de negociar con el deseo de cada uno y las necesidades. Pero también esos pactos a los que se llega. De todo eso habla un poco el poema.

MANUELA: Sí, de hecho utilizas todo ese léxico: *comercian, monedas, negocian*; no aparece ahí de casualidad. ¿Por qué hay ese materialismo? Casi remite al título del libro.

YOLANDA: Sí, es que el título del libro también viene de escuchar demasiado esa palabra, *matria,* que había estado últimamente escuchando mucho. Y me resultaba siempre sospechosa esa confluencia de *territorio, mujer, país, maternidad.* Soy mucho más matérica que eso. Entonces, introduje esa *e.* Pero, sí: esa culpa, esa deuda, ese negocio, ese pacto en el que nunca se sabe cuánto de libre, por parte de la mujer; es esa afectación, ese pacto, esa entrega. Y esa renuncia, porque, claro, implica muchas renuncias. No se sabe todavía muy bien a qué precio.

MANUELA: Y decías que tienes un vídeo también sobre este poema, lo cual me lleva a preguntarte, ¿cómo es esa experiencia de colaborar con otros medios, con otros formatos? ¿Qué gana este poema con su vídeo o cómo se transforma? ¿Da pie incluso a lecturas diferentes?

YOLANDA: Me interesan mucho, desde hace tiempo —como sin duda sabes— los proyectos intergénero, interdisciplinares. De alguna manera, porque ponen en diálogo el código poético con otros códigos. En general no soy muy amiga de permanecer en la endogamia, en la torre de marfil de la poesía, que no sale de ella, que no sale a la calle, al mundo y se empapa de vida y de mundo. Me apetece, precisamente, todo lo contrario. Me apetece una poesía que sí se contamine de mundo y de vida, y que se ponga en relación con otros códigos y que llegue a otros espacios. Me interesan las lecturas cualificadas, las lecturas profundas que somos capaces de llevar a nuestros terrenos. Bueno, cualquier lectura, cualquier buena lectura, no deja de ser una traducción, también a nuestro terreno. La traducción también es una lectura cualificada que me interesa. Y más allá de ella —si seguimos tirando de ese hilo—, la traducción a otros códigos expresivos, o la ilustración también, que no deja de ampliar los significados de ese poema, ampliarlos alcanzando otros lenguajes. Las metáforas, los contenidos en general que podemos encontrar en este poema, encuentran un eco en el código audiovisual, que no deja de reforzarlo o de ilustrarlo. Es como los textos ilustrados: cuando vemos que se hace con propiedad ese asunto de la ilustración, no deja de ofrecernos más asideros para esa lectura; o, en cambio, entra en diálogo con ella, o incluso la confronta ligeramente y nos cambia un poquito la idea preconcebida que tenemos, o la amplía o la glosa o le da un rodeo. Son diferentes formas de abordarlo, pero creo que todas amplían y amplifican los contenidos del poema.

MANUELA: ¿Y ejerces mucho control sobre cómo los demás medios de alguna manera condicionan tu obra? ¿Ejerces mucho control, diciendo: «No, no, eso no es lo que yo quería decir»? Hablabas de que glosan o pueden confrontar un poco. Pero yo me pregunto, ¿hasta qué punto tú necesitas ejercer algo de control sobre cómo pueden transformar el significado de tu obra?

YOLANDA: ¿Sabes qué pasa? Como yo en mi propio discurso siempre digo que un poema cuando lo publicamos deja de ser nuestro, pasa a ser de las lectoras, y ellas lo llevan a su terreno y hacen con él lo que consideren, sí que confieso —así, más íntimamente entre tú y yo— que alguna vez no me siento tan identificada con las lecturas de alguna compañera, de algún compañero, pero tengo que ser coherente, claro, con lo que digo.

Así que, por ejemplo, alguna vez que se ha ilustrado algún poema mío, pues, sí que me chocó un poco la interpretación. Claro, cualquier ilustración, cualquier proyecto en colaboración, implica y pasa por una lectura cualificada, como decía, y una interpretación, sea previa o no, o bien, sea o tenga un eco, una representación de esa interpretación, una representación audiovisual o plástica o lo que sea. A veces, esa representación me ha chocado porque... Bueno, veía cuánto de polisémico es el código poético. Y a qué resultados tan diferentes se puede llegar. Pero tengo que aceptar eso, cuanto más cómoda me siento con la artista, con el artista, o tenemos visiones más o menos coincidentes en algunos puntos, pues, existe menos ese riesgo. Y, entonces, por ejemplo, con el audiovisual trabajo con alguien con quien me compenetro tanto como mi propio hermano. Entonces, hay también debate o mucho diálogo previo. Así que, se corre menos ese riesgo.

MANUELA: Sí. Estaba hablando de ese control porque me imagino en esa situación. Pero también hemos vivido la situación de la emoción de escuchar un poema, por ejemplo, acompañado de música, y sentir una emoción extraordinaria por cómo se conjuntan voz e instrumento musical. Esta es una pregunta, a lo mejor, un poco simple, pero ¿con qué otro medio has sentido más emoción al ver cómo interpretaba o cómo enriquecía tu trabajo?

YOLANDA: Te entiendo. Es una pregunta muy bonita porque realmente sí que, claro, ejerzo poco control sobre esto. Intento no imponer mi visión ni mucho menos, y dejar el respeto de la libertad creativa al artista que me acompaña. Ahora deseamos esos momentos así de choque inicial, pero hay justo lo contrario, como bien apuntas. Hay grandes descubrimientos, grandes emociones, de decir: «¡Guau! ¡A qué resultado ha llegado esta persona!». Por ejemplo, llevo muchos años colaborando con Isaac Garabatos, el compositor y músico de Vigo, en nuestros proyectos «Tender a man», primero, y ahora «Idioma da tinta». Y lo que él logra componer inspirado en mis poemas, no sé, parece que siempre hubieran nacido juntos, juntas. O en otros casos, como en «O puño e a letra», pues, efectivamente, llegué a esa antología de poemas propios ilustrados por cuarenta de los artistas y de las artistas más relevantes del cómic en Galicia. Algunas de las interpretaciones de mis poemas, llevadas a viñetas, llevadas a cómic, me produjeron una enorme emoción y entusiasmo por cuánto habían trascendido mi propio poema, cuánto lo habían amplificado, y a qué resultados tan fascinantes y tan enriquecedores habían llegado también en el plano visual o algunos otros.

MANUELA: Otra pregunta relacionada con esa dimensión internacional que tienes por tu participación en tantos foros y residencias literarias en tantos países; tú, cuando compartes con todas esas personas tus poemas, ¿has notado que hay ciertos temas, ciertos aspectos formales, que les interesan especialmente de ti? ¿O no? O digamos que todo es muy específico dependiendo de cada contexto: aquí les gusta esto, en otro sitio les gusta esto otro. ¿Tú qué observas sobre qué es lo que les puede llamar la atención sobre tu manera de escribir y los temas que tratas?

YOLANDA: Volviendo a enganchar con una pregunta que comentamos un poco atrás, que es un poco —¡por qué no decirlo!— la posición de vanguardia que lleva la poesía gallega con respecto a ciertos temas con respecto a la poesía en general. O sea, yo ya no me corto, aunque pase por poco humilde (pero lo hago, por supuesto, comunitariamente, con respecto a mis compañeras). Llevamos una posición bastante de vanguardia, y yo ya no me corto en decir que la poesía gallega sacó una ventaja de veinte años con respecto a ciertos fenómenos que empezaron a salir a la luz en la poesía española hace algunos años. Hace como cinco o siete años, empezó esta eclosión de mujeres en la poesía española, con unas poéticas atravesadas también por el cuerpo y una perspectiva de género que la poesía gallega había adelantado hasta en veinte años. Esta posición de vanguardia la verdad es que reconozco que la noto a veces en el *feedback* que me devuelven algunas lectoras en el extranjero, incluso en países europeos. Y les interesan estas posiciones y estas perspectivas de género un poco originales y un tanto, no sé si llamarlas «empoderadas» o, bueno, desde luego genuinas y un tanto valientes. Me atrevo a decir que en otros lugares, por lo contrario, todavía me noto muy supeditada a la idea que existe sobre una autora gallega, una autora en gallego, una autora que viene del Estado español pero que escribe en gallego. Todavía esto pesa un poco en cuanto a la lectura o a la percepción con la que somos tomadas. Es decir, en un foro, en una mesa redonda, por ejemplo, otros poetas y otras poetas europeas (de Macedonia, de Estonia, de varios lugares) cuyas lenguas tenían menos hablantes que la mía, la pregunta con la que se me presentó o el foco que se puso sobre mí fue: «¿Cómo es esto de escribir en la lengua minoritaria?». Incluso sin hacer el distingo entre minoritaria y minorizada de que estamos hablando exactamente. Alguna vez me encuentro con esta cuestión —que no deja de ser una cuestión política, por supuesto—, cuando creo que en poesía los números poco tienen que decir y no es mejor poética aquella escrita en una lengua hablada por mayor número de hablantes.

MANUELA: O sea, que sigue siendo esa cuestión de la lengua minorizada o minoritaria, como dices tú, la que puede sorprender, la que puede llamar la atención, y te ven como muy combativa por esa lengua que está en peligro. Es esa cuestión de lucha por una cultura propia la que pueden percibir en ti. O me pregunto si hay algún otro matiz.

YOLANDA: Sí. Nos perciben con esas dificultades. Y, desgraciadamente, me atrevería a decir que aún como un sistema un tanto subalterno con respecto al español. Incluso me han llegado a decir: «¡Ah!, sí, sé que hay otros dialectos dentro de España» y «escribís en vuestros dialectos», y tal. A veces hay un poco ese sesgo. Las dificultades con las que podemos enfrentarnos a ser consideradas, en el ámbito estatal y más allá, o el encontrar pocos lectores. Ahora, por ejemplo, este libro que acabo de sacar lleva ya mil ejemplares vendidos en gallego, solo en Galicia, que son cifras que en países europeos a veces no se alcanzan. Todavía pesa este estereotipo, este prejuicio de que no vamos a tener tantos lectores, tantas lectoras. Se toman las cosas de una manera muy simplista, pensando que cuanto mayor sea la lengua en la que escribas mayor repercusión tendrás. Claro, estoy hablando ya de cuestiones —no lo niego— un poco más extraliterarias, pero, bueno, la realidad es muy otra. Mis compañeros chinos: con frecuencia hablamos de lo difícil que es llegar a la comunidad lectora de semejante público potencial. Así que la situación es un poquito más compleja.

MANUELA: Sí, mil ejemplares es una cifra impresionante. Yo recuerdo hablar con Tony Frazer de Shearsman Books, en una ocasión, y él mencionaba que con 250 ejemplares vendidos se daba ya por satisfecho.

YOLANDA: Claro. Estamos hablando del ámbito anglosajón —para quien no lo tenga presente—.

MANUELA: Efectivamente, estamos hablando de Inglaterra y la lengua inglesa. Entonces, es cierto que mil ejemplares… ¿Cuál es la razón por la que crees, Yolanda, que *Materia* está siendo recibido con tanta curiosidad, con tanta atención, con tanto entusiasmo?

YOLANDA: La verdad, porque hace ocho años que no sacaba un libro. Siento ser tan prosaica, pero, sí, porque hacía ocho años que no sacaba un libro para adultos como tal, una nueva colección poética para adultos. El que haya sacado antologías con música, como la que saqué con Isaac Garabatos con «Idioma da tinta», poesía para niños y niñas, varios experimentos, pero no propiamente una nueva colección de poemas desde hace ocho años. Y, bueno, otra cosa (también extraliteraria) es que salió con una editorial, como sabes, bien potente, comercial, con una buena distribución. Vuelvo a ser prosaica hablando de esta cuestión, pero es importante tener y encontrar una buena distribución que nos coloque accesibles a las manos de las lectoras. Y también, quizá, la temática, que tenía cierta originalidad —como generosamente comentaste antes— y que puede poner un punto crítico. No, siempre mi discurso poético intenta ser cuestionador porque creo que para eso sirve la poesía, para cuestionar el *statu quo*, para cuestionar la realidad. La poesía es para mí un lenguaje alternativo a los discursos del poder o los medios de comunicación, al lenguaje ordinario ya tan gastado. Y la poesía es entonces quien resignifica las palabras para ofrecernos nuevas combinaciones y nuevos significados. Así que la poesía debe ser siempre suspicaz con el *statu quo*, crítica con el poder, disidente con él. Y a través de un nuevo lenguaje, buscar nuevas formas de pensar la vida.

MANUELA: O sea, que para ti la poesía, como género, es un género desobediente —volviendo al título de este programa de hoy, que es la desobediencia poética—.

YOLANDA: Absolutamente.

MANUELA: ¿Y qué tal lo llevas? Porque, después de todo, hablábamos de mercado, mercado literario, ejemplares vendidos, difusión. ¿Qué tal se lleva la desobediencia con el mercado literario y otras instituciones que subvencionan el mercado literario? ¿Cómo se llevan?

YOLANDA: Es que una nueva vuelta de tuerca, yo creo que también conviene. Repensar esas cuestiones. Pensar si realmente es cierto que para acceder al mercado tengamos que replegarnos al poder. Si es realmente eso cierto, por lo menos en poesía. Alguna vez encuentro que la gente me dice: «¡Ah!, pero es que vivir de la poesía va a implicar que te repliegues al mercado, a su significado, a sus valores, al mercado y al poder». Yo no lo creo. Todavía no he conocido a ningún poeta en el mundo —no hablo por los narradores, las narradoras— que tenga un compromiso comercial por el cual tenga que sacar un libro cada equis tiempo con su editorial. No. Y, al mismo tiempo, siempre que tengo dudas sobre mi propio terreno creativo, sobre mi propia disciplina, echo mano de otras. Y creo que sí que hay pintores que desde la libertad creativa son capaces de seguir viviendo de la pintura y vender sus cuadros. Así que creo que somos más todas las minorías, que necesitamos discurso alternativo, que no somos tan pocas, no somos tan poca gente. Y que, realmente, también existen esas minorías y esos oídos alternativos para discursos alternativos, que también demandamos otros contenidos. Y sí que pueden dar números más o menos decentes. O sea, que sí, que sin renunciar a esa honestidad y a ese espíritu crítico, sí que se puede producir, pues, esto: productos artísticos que encuentren personas, público.

MANUELA: ¿Y tú piensas que en Galicia hay suficientes cauces —de publicación, de difusión— para la producción que está teniendo lugar? Estaba hablando, hace unos días, con un poeta irlandés que también conoces, Keith Payne. Y comentaba que en Irlanda no llega el número de editoriales para publicar todo lo que se está escribiendo. No digo *todo* en el sentido de cualquier cosa, sino todo lo muy bien escrito. Entonces, están empezando a barajar otras posibilidades, que aquí a lo mejor pensamos que eran propias de cuando se empezaba a escribir: la autoedición; pero allí están volviendo a esa posibilidad. Y, por ejemplo, una escritora tan reconocida porque incluso fue Ireland Chair of Poetry, Paula Meehan, acaba de hacer una autoedición de su último poemario para poder decir y escribir lo que quiera sin tener que pasar por ningún tipo de aprobación. No estoy hablando de censuras, sino simplemente de que ese mercado no alcanza a integrar lo mucho y lo bueno que se está escribiendo. ¿Tú cómo lo ves en Galicia?

YOLANDA: Es difícil. Requeriría un análisis muy profundo y con muchos matices porque, claro, sí que hay mucho que necesita encontrar salida. También, a lo mejor, hay otras cosas que se publican sin que exista una necesidad tan grande de gastar papel, desde una posición ecologista, hasta muchas otras cosas, libros que casi salen para quedarse en el almacén. Estoy hablando ahora de poesía, o de este tipo de géneros más de ficción, que no dan salida, desde luego, a todo el potencial creativo que existe. Aquí hay colecciones de poesía por parte de empresas potentes que están sacando muy poquitos números al año, por ejemplo, para circunscribirnos a la poesía, para que sea un poco más manejable la respuesta en Galicia. Sí, están sacando muy poquitos números, y está siendo muy complicado darle salida. Hay que explorar otros canales, también, hay que intentar ver que la poesía no solo se consume de manera escrita, en estos poemarios que manejamos, sino también asistiendo a *performances,* a recitales, actos poéticos, pequeños espectáculos. Hay otras maneras de canalizar la poesía. Sí, vale la pena seguir explorando porque, desde luego, tenemos muchas carencias en Galicia en cuanto a mercado, en cuanto a canales de distribución y en cuanto a apoyo institucional, todavía mucho peor, claro.

MANUELA: Una última pregunta, porque no te quiero robar mucho más tiempo pues sé que estás preparándote para otro viaje. Precisamente, tiene que ver con el tema de la traducción. Estábamos hablando antes de cómo llegar a otros lectores que no sean hablantes de gallego y, tú has explorado la vía de la autotraducción. Pero también has pasado por la experiencia de ser traducida. ¿Nos puedes hablar brevemente sobre esa experiencia de la autotraducción y la experiencia de ser traducida para que en otras culturas, en otras lenguas, puedan saber sobre qué escribes?

YOLANDA: Yo misma soy traductora literaria, más ocasional de lo que me gustaría, pero gozo profundamente. Para mí es un ejercicio expresivo enormemente enriquecedor traducir a otras y a otros. Me refiero a que es un ejercicio en el que sueño, imagino, ser otras poetas que no soy. Igual que las actrices viven otras vidas a través de los papeles que interpretan. A mí me parece que, a veces, es muy aburrido ser la misma poeta, Yolanda Castaño, todo el tiempo, y jugar a ser otras poetas es maravilloso gracias a la traducción. También la traducción es como despiezar un reloj y tener que volver a montarlo para que funcione. A veces sobra una piececita, es verdad, pero tiene que volver a funcionar en el nuevo idioma. Y ese ejercicio de despiece y de entender ese mecanismo creo que es uno de los más formadores, de las acciones que más puede hacer por nuestra formación, también, como escritoras. Como poetas, es enormemente enriquecedor para educar nuestro gusto, para explorar otras vías, otras maneras de entender la poesía distintas a la nuestra. Así que, para mí, es un ejercicio muy interesante a nivel expresivo, a nivel creativo. ¿Y por qué no también explorarlo en mi propia poesía ya que cuento con esta más o menos decente competencia en castellano? Me permito abordar también esas traducciones a esta lengua y me encuentro con problemas, me encuentro con cambios, me encuentro con pequeños retos, pero que me resulta muy enriquecedor solucionar o salvar, o a veces recrear. Así, no dejan de ser mías esas pequeñas meteduras de pata y también los —todavía menores— aciertos que encuentre.

MANUELA: Pues, sí. La poeta irlandesa, Lorna Shaughnessy, que tradujo poesía gallega al inglés, decía que en la traducción también descubría sus propios tics, sus propios hábitos, se hacía consciente de esos recursos a los que volvía una y otra vez cuando tenía que traducir, y a lo mejor no se daba cuenta de ellos cuando estaba escribiendo, creación por su propia cuenta.

YOLANDA: Incluso a veces probamos. Es como someter a prueba nuestros poemas en la autotraducción. Los sometemos a prueba y, de repente, descubrimos una cosa que en nuestro idioma nos parecía que funcionaba muy bien y que, de repente, a través de esa prueba, nos damos cuenta de que no, no funciona y que merecería la pena pulirlo y darle una pequeña vuelta. Todo eso se aprende con la traducción. Sí, a mí me ha resultado siempre muy interesante, muy aportador. Y el ser traducida, bueno, también. Es un ejercicio de abandonarse a la libertad del traductor, de la traductora, que muchas veces llega a hallazgos distintos. Pero hay que dejar rienda suelta, un poquito abandonarse, y ejercer lo que te comentaba al principio, de que nuestros poemas, una vez que se publican, dejan de ser un poco nuestros.

MANUELA: Pues, muy bien. Yolanda Castaño, ha sido un verdadero placer mantener esta conversación. Contigo pasa el tiempo que no se entera una, de lo bien y lo a gusto que se está contigo. Te deseamos muchísima suerte con la promoción de *Materia*, que encuentre las lectoras, los lectores que merece. Nos despedimos de ti y despedimos también de esta manera la sesión de «Poéticas de la desobediencia» del Festival de Literatura Hispanoamericana «Paris ne finit jamais». Adiós, Yolanda.

YOLANDA: Gracias. Muchas gracias. Un placer.

# Realidad y ficción: periodismo y literatura contemporánea

**ARELIS URIBE • GIOVANNI RODRÍGUEZ**

Conducido por **Jorge Rodríguez**
(Universidad San Jorge, España)

*La chilena Arelis Uribe y Giovanni Rodríguez son dos periodistas que han cruzado el puente hacia la literatura. Lo que une y lo que separa ambos mundos o —lo que es lo mismo— los límites entre realidad y ficción es el objeto de este panel, que conduce otro periodista latinoamericano, el peruano Jorge Rodríguez, doctor en Comunicación y profesor en el grado de Periodismo de la Universidad San Jorge de Zaragoza. Con mucho humor —y algunos secretos revelados— Uribe, desde sus columnas furiosas, atravesadas por la perspectiva de género, de raza y de clase, y Rodríguez, a partir del reporterismo cuentamuertos —como él mismo define su trabajo como periodista— reflexionan sobre las actitudes a partir del periodismo y de la literatura frente a esa violencia, la ética profesional, el proceso literario de construcción de una historia, la denuncia y la memoria.*

JORGE RODRÍGUEZ: Muy buenos días, muy buenas tardes, a todos los participantes de este panel sobre periodismo y literatura. En primer lugar, me gustaría agradecer al profesor Gonzalo Vázquez, de la Universidad de la Sorbona de París, y al Instituto Cervantes, también de París, por este panel que trataremos con Arelis Uribe y Giovanni Rodríguez. En primer lugar, los voy a presentar. Unas breves líneas. Y a partir de ahí, empezaremos. En torno a unas preguntas en común, iremos desgranando algunos temas relacionados con el periodismo y la literatura. Arelis Uribe es periodista, escritora y traductora. Publicó *Quiltras,* su debut en ficción que es hoy una famosa obra en el ámbito internacional. Obtuvo el Premio Anual del Ministerio de Cultura de Chile al mejor libro de cuentos y fue destacado por el *New York Times* como uno de los mejores libros de 2017 en Latinoamérica. Posteriormente, fue publicado en España, México, Francia y Colombia. Arelis Uribe ha sido profesora de Escritura en la Universidad de Santiago y en la Universidad de Chile y en 2019 se mudó a Estados Unidos para obtener el máster en Escritura Creativa de la Universidad de Nueva York, donde se encuentra ahora. Giovanni Rodríguez es profesor en la Universidad Autónoma de Honduras desde 2012. Ha publicado tres libros de poesía; una colección de artículos titulada *Café & literatura;* dos de cuentos, *Habrá silencio en nuestras bocas frías* y *Teoría de la noche;* y las novelas *Ficción hereje para lectores castos, Los días y los muertos, Tercera persona* y *Las noches en La Casa del Sol Naciente.* Obtuvo, en 2016, el Premio de los Juegos Florales Hispanoamericanos de

Quetzaltenango, Guatemala, y, en 2015, el Premio Centroamericano y del Caribe de Novela «Roberto Castillo» por *Los días y los muertos*. Dirige la editorial Mimalapalabra y la Feria del Libro de San Pedro Sula. Buenos días, buenas tardes, dependiendo de los horarios en los que nos encontremos. Estamos en Centroamérica, Norteamérica y Europa. Bueno, aparte de daros la bienvenida, quisiera proponer un lugar común, que es el de la formación periodística. Creo que es un factor común en ambos escritores. Me ha llamado la atención, Arelis, que tú has hecho la carrera de Periodismo diferente a un periodismo más relacionado en Latinoamérica con la crónica, el reportaje puro y duro. Tú encontraste una voz propia a través de las columnas y de los artículos de opinión. Tuviste un taller en *El Mercurio* de Chile y posteriormente vino *Crónica*. Pero cuéntanos un poco, ¿cómo encontraste la voz frente a un periodismo muy canónico en Latinoamérica, muy relacionado con la crónica? Si llamó tu atención en el periodismo de opinión. ¿Nos puedes contar algo de eso?

ARELIS URIBE: Sí. Hola a todos. Gracias por esta invitación; honrado panel, se escucha muy talentoso. Así que creo que esta conversación va a estar interesante. Sí, querido Jorge, ¡qué informado estás! Cuando yo tenía dieciocho años comencé como colaboradora en el diario *El Mercurio,* que es el diario más conservador y antiguo de Chile, pero yo era muy joven, no sabía nada de eso, no entendía eso, políticamente. Y lo que me llamó la atención fue que hubo una convocatoria para escribir columnas de opinión para jóvenes, y yo apliqué y fui seleccionada. Y por eso estudié Periodismo, porque me obnubiló el mundo, la idea de escribir y de conectarme con otro a través de la escritura, y de contar historias, y de ver mi nombre impreso en el diario. Como que sentía que existía, como ser autora, como si mi nombre fuese algo independiente de mí. No sé. Y yo, como joven proletaria de los zurdos de Santiago, encontré una vía de formación y de entretenimiento en la escritura. Y, bueno, el estilo que nos enseñaron a escribir en el periódico, de crónica, de columnas de opinión, en realidad era crónica juvenil, entonces contábamos experiencias de nuestras vidas y de ahí. Yo creo que eso fue muy forjador y no me abandonó nunca. Y, de alguna manera, todas las columnas de opinión, todos los artículos de opinión que he escrito, como tú mencionabas, están escritos como con un tono *croniquesco*, se podría asimilar un poco a lo que hace Gabriela Wiener, por ejemplo, que es muy desde la experiencia personal, pero para hablar de temas universales. Y de ahí estudié Periodismo, pero porque me gusta escribir. Entonces, he explorado la ficción, también, haciendo este mismo ejercicio. No sé si eso responde a tu pregunta, estimado.

JORGE: Sí. Te comentaba que en el ámbito académico, sobre todo en España, frente a la tradición de crónica del reportaje, del periodismo, muy pegado a la calle, hay una tradición de columnismo literario. Mientras iba investigando tu vida, leí que hablabas justamente de que esto te da una voz, que directamente puedes opinar cosas que no se pueden decir en el periodismo informativo. Sí, que te permitió tener una voz propia que, además, en tus libros has encontrado una voz de denuncia de ciertas realidades que son difíciles de denunciar en el ámbito puramente informativo.

ARELIS: Ah, la voz. Sí, verdad, también he hablado de la voz. Creo que la voz es una mezcla de ética y de estética, de forma y fondo. Entonces, primero, para mí, el ejercicio de escribir es una mímesis, es como el intento de capturar o de retratar la realidad usando palabras y dejándolas por escrito. Y qué palabras usar, y qué cosas dejar plasmadas. Creo que tiene que ver con el *ethos* de cada uno, con sus inquietudes, con sus identidades, con sus tránsitos. Y, en mi caso, yo hago un ejercicio de identificación personal radical en base a mi posición de sujeta en la sociedad. Como que voy elaborando mis discursos, mis diatribas o mis acusaciones. Durante mucho tiempo fueron muchas acusaciones contra el duro patriarcado ahí afuera o con las cosas que me daban rabia, pero en coordenadas de que yo soy una mujer, con rasgos indígenas, de América Latina, bisexual, que viene de una familia trabajadora, pero que ha tenido una avidez por las letras y la fortuna de poder adentrarme en las letras de forma autodidacta, pero también académica. Así, son esas las variables que van atravesando mi trabajo: la clase —por supuesto que Marx atravesó mi camino en algún momento—; el género, con toda la tradición del feminismo y de la literatura escrita por mujeres o por disidencias; y, últimamente, sobre todo ahora que estoy en Estados Unidos (un país muy supremacista blanco) también el tema del colorismo o el racismo o la etnicidad. Y danzo, danzo —últimamente, mucho— con esos temas. Pues, esos son los temas. Y la voz… La voz me ha intentado convencer de algo que dijo Patricio Pron, que es un escritor argentino que vive en España, en un cuento que se llama *Un jodido día perfecto sobre la tierra*, que trata de un escritor que trabaja y hace dinero trabajando como jurado de concursos literarios. Aquí, él hace una reflexión acerca del material que le llega, y dice: «La gente olvida que escribir debe sonar más como alguien hablándote algo al oído, como una conversación al oído, que como un Shakespeare con estreñimiento en el baño», algo así. Y me gustó mucho eso que él dijo. Por eso, lo que intento es que mi voz suene natural, que ojalá que quien me lea sienta que yo estoy sentado al lado con una cerveza y estamos conversando. Un discurso se va infiltrando, por supuesto, como mis identidades, que son dos mundos. Yo soy muy popular y hablo muchas malas palabras, maldigo mucho —en inglés y en español—, pero también soy una persona que ha leído mucho y eso es como que se va colando. Esa ha sido la construcción de mi voz, en coordenadas de ficción, no ficción, opinión, periodismo, canciones últimamente. Y creo que ese ejercicio que describo para mí respecto de la construcción de la voz aplica para todas las voces y todas las autoridades.

JORGE: Gracias, Arelis. Giovanni, cuando leía tu biografía y tu vida, tan rica en experiencias, me hacía pensar que eras un personaje de *Tinta roja*, de Fuguet. Es decir, ese periodista que se mete en la violencia del país. De hecho, hablabas tú que en Honduras, tu país en Centroamérica, en general, la violencia se ha normalizado. De este modo, ese periodismo que tú hacías ha impregnado toda tu literatura. De hecho, tienes dos personajes que son el periodista López y el escritor Rodríguez: uno es la curiosidad y el otro sus rayaduras. ¿Qué te ha aportado tu escuela periodística que luego ha impregnado tu literatura?

GIOVANNI: Antes que nada, quisiera aclarar que yo no tengo formación académica en periodismo. Yo llegué casi por accidente al periodismo, casi del mismo modo en que llegan todos los escritores que se dedican al periodismo en algún momento de su vida en Honduras. Es decir, porque si estudiamos literatura difícilmente encontramos un empleo pronto. Lo más inmediato es el periodismo. Entonces, recuerdo que me inscribí una vez en un taller de periodismo y el premio —había un premio en ese taller— era que los mejores dos participantes iban a ser contratados por un periódico nacional. ¡Esa idea de obtener un trabajo! Además, en el periodismo, que siempre me ha fascinado, siempre me había imaginado yo trabajando en la redacción de un periódico. Me gusta ese mundo, siempre me había gustado. Y eso me atrajo mucho. Y por ahí empezó todo. En la primera etapa —bueno, de hecho, siempre—, lo que hice fue un periodismo bastante básico que es el que predomina en Honduras. Aquí difícilmente vamos a encontrar en un periódico un reportaje bien escrito, investigaciones profundas o crónicas. Nunca vamos a encontrar una crónica aquí. Le llaman *crónica futbolista* a esos retazos de acciones y recuentos de acciones de partidos de fútbol de cada fin de semana. Y eso es todo. Periodismo serio, en Honduras, casi no existe. De manera que yo lo que hice fue ese periodismo puro y duro —como lo dijiste al principio— de ir a lo inmediato y de ejercer de reportero sobre eso que veía. Era básicamente el formato de noticia; es decir, aquello que ocurre hoy, yo lo cuento y se lee mañana y después se olvida. Sin embargo, mi etapa más interesante trabajando como reportero fue cuando pude hacer de reportero de noticias policiales. Fue bastante difícil el choque. Fue bastante fuerte, digamos, para mí, que no estaba acostumbrado a sumergirme en esos mundos, esos mundos de la violencia, de la noche, del peligro en San Pedro Sula, que durante algún tiempo fue considerada una de las ciudades más violentas del mundo. Estamos siempre en el top diez. Ahorita creo que no, que estamos por el top quince. Así, el choque fue bastante grande, pero me dio y me trajo una experiencia grandísima. Me permitió ver las cosas de otra manera. Sobre todo me permitió reflexionar sobre una cuestión, y es lo que vos mencionaste al principio: cómo la violencia está ocurriendo en nuestros países y parece que fuera una cosa normal. De hecho, es una cosa bastante normal, cotidiana. Convivimos a diario con la violencia, estamos acostumbrados a escuchar noticias de que al vecino lo asesinaron o de que al vecino le asesinaron a un hermano, a un familiar cercano. Estamos acostumbrados a saber que un amigo nuestro ha muerto por un asalto violento, estamos acostumbrados a ver que hay violaciones de mujeres, que hay asesinatos de mujeres por parte de sus parejas. Eso es algo bastante cotidiano en Honduras. Entonces, la reflexión a la que llegué me motivó incluso a escribir esa novela, *Los días y los muertos*. O sea, ¿por qué nos estamos acostumbrando a esto? ¿Por qué creemos que esto es normal? ¿Por qué no reaccionamos con asombro antes? ¿Por qué no reaccionamos para intentar cambiar esto? ¿Por qué nos acostumbramos y lo asumimos, lo asimilamos de manera pasmosa? Por eso, para mí, esta experiencia fue bastante fuerte. Y fue una marca que ha durado durante mucho tiempo en mi vida. Y en lo que podríamos llamar mi carrera literaria, la ha marcado bastante.

JORGE: Por aunar unos factores en común, creo que en vuestras obras están presentes varias cosas, y una es la denuncia de la violencia. En el caso de Arelis, la violencia estructural de los hombres y que padecen las mujeres. Me parece fascinante ese relato que empieza con esa mujer cuya única arma es fruncir el ceño, caminar deprisa y esperar que no la maten o que no la violen. Y, en tu caso, Giovanni, tu novela empieza con esta mezcla de inocencia y violencia, ese niño que está volando una cometa —*papelote*, creo que se dice en Honduras— y debajo hay una retahíla de cadáveres que han sido asesinados. Por lo tanto, está la violencia presente. Decía Miller que un periódico es un país leyéndose y mirándose a sí mismo. Creo que también la literatura lo es generalmente, y más en un tipo de escritores que provienen del ambiente literario. Quiero que cada uno me comente esa denuncia a la violencia en los distintos aspectos. Lo que yo veo en

Arelis es que es una violencia más bien en un sector, y la violencia, en cambio, en Honduras, por razones de la sociedad es mucho más transversal y que llueve para todo el mundo. Arelis, te escuchamos.

ARELIS: Estoy pensando hartas cosas. Estoy pensando sobre la violencia. Ahora que estoy en Estados Unidos también veo formas de violencia que no veo en Chile. Por ejemplo, acá está el tema de los *mass shootings* ('balaceras masivas', en español). Y yo pienso, ¿cómo la gente manda a su crío al colegio si quizá en un momento puede aparecer un adolescente blanco con una pistola matando a sus compañeros? Esto me parece un delirio. Además de la violencia sistémica y racial que existe acá, que es muy intensa. Y yo creo que está todo cruzado, la violencia que yo pude escribir, lo que está expresando Giovanni. De todas maneras, estoy absolutamente segura de que se puede analizar la perspectiva de clase y la perspectiva de género a la vez. Y es muy probable que las mujeres… —bueno, los hombres también sufren violencia, pero de manera diferente—. Quiero decir que están todos los problemas ocurriendo a la vez. Eso quería decir respecto de las diferencias y las similitudes de las violencias, entre los distintos países. Pero, a partir de lo que estaba contando Giovanni —y perdón por la desviación—, me puse a pensar en la tradición del periodismo como herramienta política. Y se me vino a la cabeza inmediatamente Rodolfo Walsh. No sé si lo conocen, fue un periodista argentino. Él reportó y denunció —mientras vivió, como pudo, siendo él guerrillero montonero— los crímenes de las dictaduras argentinas y del régimen de Videla en particular. Y él escribió un reportaje y unos artículos —denunciando siempre los crímenes de la dictadura—, y cuando fue a entregar su último artículo, el libro *Operación Masacre,* lo entregó y lo secuestraron los militares: lo torturaron, lo mataron, lo desaparecieron. Eso ocurrió en la década de los 80 en Argentina. Entonces, bueno, solo quería destacar esa tradición y presentarle mis respetos a Giovanni, porque me parece ese periodismo, el que está denunciando —ahí, al pie del patíbulo, como diría Julius Fučík— lo que está pasando, el juego de la violencia y cómo hay vidas hoy día tremendamente violentas. Y quiero, también, destacar la tradición del periodismo universal, pero también latinoamericano, respecto de recoger los testimonios de un pueblo masacrado. Y pienso en *La noche de Tlatelolco*, en la infinita Elena Poniatowska; y pienso en el trabajo que hizo Svetlana Alexiévich recogiendo la experiencia del pueblo bielorruso de la URSS. El mismo Julius Fučík, después de que lo detuvieron los nazis, escribió hasta un día antes de que lo subieran al patíbulo. Y, en fin, la escritura como el ejercicio de denunciar, la escritura también como el ejercicio de memoria. Ojalá aprender y no repetir, pero parece que no aprendemos nunca la lección.

GIOVANNI: Yo no quisiera recoger tanto el mérito que me ha dado Arelis por este tipo de escritura o por el ejercicio de reportear sobre la violencia en Honduras. En realidad, como lo dije al principio, lo mío era bastante básico, era escribir en formato noticia algo que mañana se leía y que pasado mañana se olvidaba. Porque no solamente las noticias se olvidan de un día para otro, sino los acontecimientos que tienen que ver con las tragedias. Como se ha normalizado todo esto en Honduras, pues, también la tragedia se olvida a los tres días. Al cuarto día ya estamos reconstruyéndolo todo de manera bastante optimista y curiosa, fantástica casi. Entonces, como periodismo, lo mío no era tanta cosa. Sí, en realidad, las experiencias me brindaron una oportunidad, más que todo, literaria. Me hicieron ver ciertas cosas sobre la vida que luego yo pude verter de alguna manera más o menos eficaz en una novela. Y luego en otra, porque van dos novelas. Y eso es una reacción que también tuve ante el fenómeno de la violencia en Honduras. Siendo un país tan violento, en el que ocurren todos los días estas cosas, a las que asistimos, tal vez no siempre de manera presencial, pero estamos viendo en las esquinas de los kioscos, de los periódicos, los grandes anuncios de las masacres o de las muertes violentas todos los días; en algún momento, pensé: «¿Cómo es que, viviendo a diario con esto, aquí no hay una literatura que recoja esto, lo muestre?». Aquí todo esto se reduce al periodismo, el día a día. Un periodista español, Alberto Arce, llegó a decir que el periodismo en Honduras era un «periodismo cuentamuertos» y, efectivamente, para mí no hay mejor manera de calificarlo: es un periodismo cuentamuertos. Todos los días vamos a contar los muertos de esta noche que, en mi caso, era un turno de las dos de la tarde, en que yo contaba ocho, diez, doce, catorce muertes. Escribía sobre eso y aparecía al siguiente día en las páginas del periódico. Y ese era el periodismo que yo hacía. Ahora, en la literatura, yo lo exploté un poco más porque en Honduras no existía prácticamente la novela negra, no se conocía. Y a mí siempre me había gustado el género, no tanto para repetir los patrones con los que se escribe, sino un poco para jugar con esos patrones, con esos códigos. Y tratar de hacer en Honduras algo que sentía que no se estaba haciendo. Por eso inventé la figura de un detective. Cosa insólita era pensar en un detective en Honduras. Pero también eso me parecía muy interesante. Inventar a un detective que trabajara como detective privado en una ciudad como San Pedro Sula es parte del reto que me impuse. Y, claro, por ahí entra —aunque suene un poquito feo decirlo— la parte lúdica de escribir una novela sobre un tema tan tan fuerte: la violencia. Creo yo que al escribir —como sea, independientemente de que escribamos sobre tragedia, sobre el dolor— la actitud frente al teclado y la computadora debe ser una actitud de alegría, muy en el fondo, una actitud que implica cierto entusiasmo. Claro, a mí me entusiasma narrar ciertas cosas que probablemente no sean alegres, por eso quiero ponerle esa alegría a la hora de escribir, porque es un entusiasmo que lo motiva incluso el dolor.

JORGE: A propósito de lo que has dicho, me gustaría tocar algo que es una pregunta que le hacen a Arelis, y a ti también, en otra entrevista, Giovanni, acerca del humor, el humor en la tragedia. Nuestras tragedias no son como las tragedias griegas. De hecho, Alberto Salcedo Ramos tiene una crónica de un payaso contando chistes en los funerales.

GIOVANNI: Bueno, eso iba a decir, justamente.

JORGE: Efectivamente. Quizá es un consuelo muy *sudaca*, muy nuestro —es decir, yo soy peruano y he ejercido el periodismo en Lima—. Efectivamente, es una forma evitativa, psiquiátrica. Eso también se ve en el periodismo literario que se ejerce en nuestros países. Tú lo enseñas como una cuestión, quizá, de optimismo, pero quizá es un consuelo del pobre. Es decir, cómo en nuestro caso es compatible esa dicotomía entre el humor y la violencia. Y la tragedia, en nuestros países, cómo lo convertimos también en objeto literario. ¿Cómo lo ves tú, Arelis? Y luego seguimos contigo, Giovanni.

ARELIS: Lo estaba pensando. Yo soy bien trágica. Me río poco. Mis columnas están más molestas que riéndose. Ahora, a lo último, me doy permiso para incorporar más humor. En *Quiltras* hay humor, pero en mis columnas, cero. Soy así, una grave, enojada, enrabiada, terrible. Pero sí valoro mucho el humor. Estaba pensando en otro texto, donde Alberto Salcedo Ramos dice algo sobre la tragedia, que al menos podemos hacerlo un asunto bailable, algo así dice él. Alguien también decía que tiempo más tragedia es igual a comedia. Como que con el tiempo uno se puede reír con las cosas que lo hicieron mierda a uno. Puede ser. No sé. Es difícil, creo, hacer humor a partir de las heridas de otro. Creo que es complicado eso, de qué nos reímos. Hay una opinión en la que yo reflexiono sobre el humor y la política, y digo que creo que el mejor humor es el que me pega para arriba y no para abajo. O sea, el que me da el poder, supongo. Creo que es uno de los roles del periodismo, estar un poco ahí, al talante, vigilantes. Pero, sí, no soy tan humorística. Yo creo que eso es todo lo que podría agregar. ¿Querido Giovanni?

GIOVANNI: Sí, yo estaba pensando justo en lo que había dicho Jorge antes, de lo que dice Salcedo. Creo que lo dijo también, lo de reír en los funerales. Eso es algo muy tradicional nuestro. Incluso recuerdo, en el funeral de un abuelo, una escena de un grupo de personas jugando cartas y contando chistes. Y yo, que tenía entonces diecisiete años, pensé que debía reaccionar, enfrentarlos, decir algo en aquel momento, pero me distrajeron, y al final no tomé valor para hacerlo, y no lo hice. Pero he reflexionado un poco sobre eso. Y he pensado que esto es algo que no voy a cambiar, y eso no tiene necesariamente que ver con la falta de respeto del fallecido, no. Es una cuestión bastante propia de nuestra cultura. O sea, nosotros somos capaces de reírnos incluso de las tragedias; somos capaces de estar en medio de la tragedia contando los mejores chistes. Es una cosa bastante increíble, podríamos decir. Yo se lo he contado a algunos amigos españoles, por ejemplo, todas estas cosas, y ellos, asombrados, me dicen: «Pero ¿cómo pueden estarse riendo y haciendo chistes cuando están en medio de cosas así?». Entonces, yo digo: «Bueno, es que estamos tan acostumbrados a estar en medio de cosas así, imagínense, anularíamos el humor». Porque tiene que haber humor y no puede ser anulado por el hecho de estar sumidos en la tragedia todo el tiempo. Ahora, el asunto es que, como decía Arelis, tampoco es que se pueda. Esto no es fácil y no ha sido, ni caso el escribir sobre el dolor de los demás. En realidad, cuando yo me refería al humor y al ánimo, y a la alegría que tengo al escribir, me refiero al entusiasmo que tiene que ver con el acto creativo, no tanto con el tema o los temas sobre los que escribo. Así que, sí, porque es muy difícil y además es muy peligroso no escribir sobre el humor cuando se trata de atacar causas en las que no puede haber gente que pueda defenderse por eso. Es mucho más fácil y mucho más eficaz de aplicar el humor cuando se trata de los que están arriba. Es una larga tradición, también. Los bufones en los pueblos hacían obras burlándose de la corte de los reyes. Claro, nos motiva siempre eso atacar a aquellos que gozan de tanta felicidad, de tantos privilegios que, bueno, el mínimo consuelo que nos queda es el de reírnos un poco de ellos.

ARELIS: Me quedé pensando en lo que decías del periodismo de contar muertos, y que escribías el día a día completo con todas las notas sobre esas muertes. Estaba pensando en el obituario. En cstc caso, es como que el diario sería un obituario. El periódico, convertido en obituario. Bueno, es un chiste.

GIOVANNI: Es verdad que el periódico hondureño vende mucho por las noticias relacionadas con sucesos violentos. La sección «Sucesos» del diario en que yo trabajaba tenía muchas más páginas de lo habitual. De hecho, no encontrabas una página cultural, pero encontrabas ocho páginas de sucesos.

ARELIS: Gracias. Ahora termino la idea sobre reírse en los funerales. Me ha pasado también. Y a veces pienso que lo paso muy bien en los funerales. ¿Sabes por qué? Porque es reencuentro. Okey, sí, acaba de morir alguien, pero —al menos yo, cuando tengo partidas— generalmente tienen un bálsamo de reencuentro los funerales. Tú vas a un funeral y te reencuentras con gente, finalmente. Eso es muy gustoso, muy agradable, y termina balanceando la tristeza, y los sentimientos son dinámicos incluso durante el día. Entonces, puedes reencontrarte con alguien y sentir alegría, pero después miras al cajón y está tu muerto y te duele. Y estás oscilando en tus emociones. Creo que también hay una carga cultural —que no sé si será humana o transversal, universal— de la muerte como algo muy muy negativo y como muy solemne y oscuro, cuando es una etapa más. Evidentemente, existe el duelo porque se deja de ver a alguien, pero es parte de un ciclo. Creo que estoy con los que juegan cartas en los funerales porque creo que hay que levantar el ánimo en esas circunstancias, que es parte de la vida. Y, por último, entiendo de dónde viene lo que dice Giovanni acerca de esta comodidad de la alegría en el proceso creativo, independientemente del tópico que se esté tratando, que puede ser muy duro, muy violento, muy tormentoso, pero definitivamente tiene que haber placer y goce en la escritura, porque si no la disfrutamos, ya García Márquez lo dijo: «Si te aburres escribiendo, quien te lea se aburrirá contigo». Hay que disfrutar el acto de escribir. Quizá, especialmente para ver los temas más difíciles, porque esos son los temas que después nos abren conversaciones y, como decía antes, permiten denunciar, pero también permiten la memoria.

JORGE: Exacto. Hablando de un punto clásico de encuentro, que es la ficción o realidad —que siempre nos están machacando algunos académicos sobre la veracidad en el periodismo—, que tiene que contar la verdad, que la literatura se basa en la ficción —y creo que lo habíais dicho ambos, de manera distinta— creo que tanto el periodista como el escritor, el periodista literario fusiona las dos cosas. Uno a través de la ficción y otra a través de los datos reales. Uno ya encuentra puntos en común, más universales, pero ¿no habéis tenido la sensación, alguna vez, en el reporterismo o tal, que de tanto contar la verdad nos dejan de creer? Porque a veces la realidad supera la ficción.

GIOVANNI: En mi caso ha sucedido lo contrario. Me he encontrado personas que han leído escenas narradas en alguna de estas novelas mías y me han dicho: «Yo estuve ahí», «yo me acuerdo de eso». Pero lo que sucede es que es difícil escribir ficción sobre la violencia en Honduras, cuando esa violencia está en las venas de todo el mundo. En este sentido, no es extraordinario lo que se pueda narrar en una novela sobre hechos violentos. Por lo tanto, muchos de los hechos que yo narro se parecen mucho a otros hechos que ya han ocurrido en la realidad. Y personajes creados en mis novelas o en los cuentos pueden parecerse mucho a personajes que ya hemos conocido a través de los medios de comunicación y que ya sabemos que están en prisiones o que están muertos o que han asesinado a alguien más. Por lo tanto, no es difícil identificarse con esos personajes o reconocerlos o verlos como una copia de la realidad. Así, aquí y para mí, creo que es un reto escribir ficción sobre la violencia o específicamente en la novela negra que intento hacer. Por lo menos, estas dos novelas representan un reto. ¿Cómo escribir novela negra en un país que ya es de novela negra? La realidad es de novela negra, por lo tanto, escribir ficción sobre esta realidad es casi como copiarla, diríamos. Ahí es donde entra, para mí, el principal reto en el asunto, que es darle a aquello que vemos todos los días en los afiches de los kioscos y de los periódicos un tratamiento literario, artístico, que se distancia en el periodismo del día a día, del periodismo cuentamuertos, que sea literatura. ¿Y cómo será literatura? Pues, ahí está el meollo del asunto. Y ahí es donde yo me pongo a trabajar y a pensar y a darle vueltas a la cosa para ver qué puede resultar, qué se distancia de esto que vemos día a día.

ARELIS: ¿Yo qué digo a esto? Me hace reflexionar acerca de los límites de la ficción y la no ficción, que creo que son muy acotados. Sobre todo porque —no sé si les pasa—, al menos en mi experiencia hay experiencias reales, no ficticias, que alimentan la ficción. Por supuesto, en mi literatura hay muchas cosas, por ejemplo, todos los escenarios que yo escribo en mis cuentos son reales, son como sacados de crónicas, los nombres de las calles, todo eso es no ficcional, son las historias las que estén inventadas. Es como que hay aspectos de la no ficción que son «reales» (por decirlo de una manera, entre comillas), y al mismo tiempo, la no ficción o el periodismo se basa mucho en el testimonio y en el relato y la memoria. Es muy frágil. Y la memoria también es una reconstrucción. No sé si a Giovanni le ha pasado, pero a mí me ha pasado reporteando, que a veces entrevisto a alguien que me da cierta información y después yo voy a contrastar esos datos y me doy cuenta de que hay incongruencias, y la persona no es que me haya querido mentir. Es que la memoria va reconstruyendo y, a veces, no siempre, la fotografía sale nítida, a veces sale medio borrosa. En este sentido, de alguna manera, creo que están entremezclados. Y he aprendido que, finalmente, lo que los distingue es el pacto, el pacto de quien lo escribió. Tú te comprometes a decir: «Esto es ficción» o «esto es no ficción», y quien te lea va a tener que creerte. Y tú, con la mayor ética (personal, humana) posible, tratar de no engañar a nadie. Pero eso. Eso me parece, que es difícil encontrar la diferencia. Afortunadamente, he podido disfrutar, escribir y leer, los dos, y me encantan por razones distintas. Es muy divertido, me parece a mí. En la no ficción lo que más me gusta es que tienes que transmitirle a quien te lea que lo que pasó ahí es cierto. Y ese pacto, ese compromiso con quien te está leyendo, me parece fundamental, porque es como: «Esta historia te la tienes que tragar porque de verdad ocurrió», y eso lo encuentro genial, de maravilla. Gay Talese dijo que la no ficción de lo que se trata es de encontrar lo mágico, lo que parece ficción, en la realidad. Es maravilloso eso. Como decía Giovanni, que su país ya es una novela negra.

GIOVANNI: Mira que ahora que acabas de mencionar eso, cuando tú entrevistas a alguien y su versión, probablemente, al contrastarla con la realidad uno pueda creer que hay ciertas cosas que son incongruentes, bueno, sucede. Me sucedía cuando llegaba a una escena del crimen, que la misión era esta: llegar al lugar, observar lo que había allí, imaginarse lo que había detrás de ese momento, lo que quedó ahí plasmado en la acera con la sangre y los sesos de las personas y luego intentar que algún familiar, que alguna persona te suelte algo de información. Alguien pudo ver a alguien, cruzarse en aquel momento, alguien pudo escuchar otra cosa, el familiar puede dar referencia sobre el fallecido, los policías podrían tener alguna pista más. Reconstruir un relato con todos esos testimonios, esas pequeñas capsulitas de información, es una tarea bastante interesante, porque me recuerda también al proceso de armar una historia para después contarla en la literatura. O sea, querés contar un cuento, querés contar una novela, recogés versiones de un mismo hecho —que puede verse de diferentes perspectivas—. Entonces, sí, me ocurría ya en ese periodismo cuentamuertos, que tenía tres versiones sobre lo ocurrido. Y, luego, ¿cómo contar la noticia al día siguiente? Porque mi misión no era resolver el caso, obviamente. Mi misión no era mostrar al público lector, el siguiente día, lo que había sucedido. Mi misión era solamente mostrar lo que yo había visto cuando llegué allí y recoger los testimonios de los que habían visto u oído algo, no reconstruir el caso. Pero, de alguna manera, sí, uno intenta reconstruir el hecho para intentar contarlo. En ese intento de reconstruir el hecho, de rearmar el hecho, en ese intento, pues, yo creo que está el ejercicio escritural, y está lo interesante a la hora de escribir, intentando reconstruir el hecho. Es cómo yo me hago las preguntas que tienen que ver con el acto de la escritura. Y eso, para, mí es lo más parecido a la labor artística que hay.

ARELIS: Es como armar puzzles.

GIOVANNI: Así es.

JORGE: Me hace acordar a un tema vital en la escritura, que me llevará a otra cosa, más adelante, que les pondrá en apuros, ¡eh! Hay una frase de *Ausencia de malicia* que es una película muy buena. En determinado momento, la periodista, encarnada por Sally Field, dice: «Yo cuento la verdad, yo soy periodista». Y el personaje encarnado por Paul Newman le dice: «Tú no cuentas la verdad, tú cuentas lo que te dicen». Es lo que tú has dicho, es decir, lo que ha dicho Arelis, que hacemos un pacto de confianza, que vamos a contar la verdad, pero no tenemos la garantía de que estemos contando la verdad, porque recoger testimonios no garantiza que lo que me están contando sea real, porque la gente tiende a inventar. Por lo tanto, el periodismo es una degradación de la realidad a través de los testimonios de la gente, y eso ficcionaliza de una manera la historia, ¿no os parece?

GIOVANNI: Definitivamente. Es que lo que ocurre es que los testigos son filtros, del mismo modo que funcionan como filtro los narradores en un cuento o una novela. Entonces, poner en entredicho la ficción. También podemos oponer una entrevista a la realidad. Bueno, son categorías equivalentes. A la hora de escribir el relato, son categorías casi equivalentes.

JORGE: De hecho —esto ya es una segunda cosa— tú, Giovanni, en un momento dices que a ti no te interesa tanto la anécdota, sino la trama, que no se quede el relato en lo anecdótico. Eso ya es muy viejo, lo abordé en un libro que se llama *El drama como eje del periodismo literario*, justamente en la violencia, en los hechos que se salen de la realidad, que están en los márgenes, como diría Arelis en sus entrevistas. Esa escritura marginal, cuando uno pone atención al periodismo literario y a la literatura, mucho hay en la forma. No solo en el tema, en la mirada. Diría Leila Guerriero que a veces sentimos que queremos escribir una historia buena, cerrada, que tenga una impronta literaria, sentimos como una especie de monstruo dentro. Es lo que le pasó a García Márquez, como se dice, con Samuel Burkart, en el reportaje «Caracas sin agua». Gabo se inventa este personaje alemán para contrastarlo con la irresponsabilidad de los latinoamericanos, ese alemán que se afeitaba como jugo de duraznos. Luego se descubre, con el tiempo, que ese personaje era inventado. En ese sentido, aquí les voy a poner en apuros. En algún momento llegas a esa escena, y puede emerger ese monstruo dentro que te dice: «Bueno, aquí cabría mejor… No pasa nada si te inventas este dato que va más en favor de la forma del relato que va a contar una verdad profunda y no estoy mintiendo, ¡eh!». ¡Te has reído ahora, Arelis! Parece que ya me estás respondiendo con tu sonrisa. Pero es que eso le pasó a García Márquez, y a otros grandes reporteros, le pasó a la periodista de The Washington Post que ganó el Premio Pulitzer, Janet Cooke. Bueno, Arelis, empezamos contigo.

ARELIS: Bueno, está bien. Sí, yo… quizá me he portado mal… ¡Ahhh, he ficcionado en mi no ficción! Más o menos. Así, más o menos, sí. Mira, yo siento que hay una parte creativa que no es lo mismo que inventiva. Hay una parte creativa al momento de escribir crónica. Yo ahora estoy escribiendo una crónica muy larga, estoy escribiendo una novela de no ficción, mi propio *A sangre fría*. Quiero sentir que es eso, para inspirarme. Y, de alguna manera, para mí, escribir un reportaje así de largo es como hacer un documental. Estas son las libertades que yo me tomo. Por ejemplo, en los documentales hay momentos de recreación, se recrea en escenas. Así, de alguna manera, cuando estás escribiendo crónica haces eso, estás recreando lo que pasó, pero no es lo que pasó, es casi como si fuese una escena de teatro: es una recreación. Un texto es una recreación de la realidad. Y en esa recreación, yo, a veces, igual le pongo más color, obvio. Hay veces en las que hay situaciones que no fueron juntas. No puedo contar la realidad tal cual es. Por ejemplo, ahora hay un momento en que un personaje recorre Cusco, va a cinco canales de televisión y da entrevistas. Y yo junté esas cinco entrevistas en solo una, y es como que tomé cosas que me gustaban de todas e hice solo una entrevista en la descripción. Digo algo como: «Bueno, fue a entrevistas y pasó algo como esto». Eso no es mentira, es casi como un *collage,* como un montaje a partir de la realidad. Y yo creo que, a partir de ese ejercicio, obviamente, estoy trastocando la realidad, pero estoy tomando la realidad y trabajando con ella casi como si yo fuese una escultora, como, con sus trocitos, para generar un relato de belleza. Porque —insisto— cada vez que me tomo ese tipo de libertades, pienso que estoy trabajando en un documental con palabras, y lo que estoy haciendo es una pieza artística a partir de relatos reales. Pienso, por ejemplo, en Sara Uribe, que escribió *Antígona González,* que es un texto que juega con la Antígona griega y toma relatos de los periódicos y otras bases de textos y, en función de eso, ella escribe un poemario sobre las voces de los muertos durante estas muchas décadas de violencia narco estatal en México. Entonces, eso. Yo alguna vez fui a un taller con Josefina Licitra, que es una gran cronista Argentina, y ella contó que le tocó ir y hacer un reportaje sobre alguien que era su pariente, un su tío, y ella trabajaba con animales en un laboratorio. Tenían un pajarito, entonces, la escena es que ella está ahí cerca del pajarito y van a hacer como la intervención. Y en vez de lograr hacer la intervención, el pajarito se le muere, que es lo que no debería pasar. Así que agarraron otro pajarito e hicieron bien todo con el segundo pajarito. Ella nos contó cómo ella estaba vinculada emocionalmente a la gente que estaba ahí. Ella no contó que se le mató el pajarito, por ejemplo. Así que, bueno, los periodistas también somos humanos, tenemos sesgos, por lo tanto también se nos tiene que creer, parcialmente, creo.

GIOVANNI: Quisiera contar una anécdota bastante terrestre de mi ejercicio periodístico, pero creo que ilustra muy bien tu pregunta. Y es que, sucede una vez —bueno, en varias ocasiones me ha sucedido—, yo trabajaba en un periódico, en mi última etapa trabajando como reportero, trabajaba en un diario que nos retrasaba el sueldo hasta tres meses, a veces. Era normal que se acumularan dos meses, tres meses, sin que nos pagaran. Y ganábamos muy poco, el sueldo era cosa de risa. El trabajo yo lo conservaba porque me permitía ir tirando, mientras intentaba encontrar otro trabajo, sobre todo, pero me permitía llevar algunas cositas al refrigerador de la casa, aunque nos retrasaran el sueldo tres meses. Entonces, nos poníamos con los compañeros, a veces, casi en huelga. No de brazos caídos absolutamente, pero casi en huelga. Y nuestro modo de hacer huelga era que solo pasábamos a la redacción una nota diaria, ese era nuestro gesto de rebeldía: mientras no me paguen, solo pasaré una notita diaria, una, cualquier cosita. Pero resulta que se acumulaban tres meses justo en los días de la celebración de la Independencia. Aquí, los desfiles, todo eso, son una cosa, una gran fanfarria de roncos y olifantes. Todos, el 15 de septiembre, desfilan: colegio, la gente se viste, gran algarabía, etc. Bueno, en Latinoamérica casi es igual en todos lados. El asunto es que yo no quería pegarme la soleada que debía pegarme esa mañana cubriendo los desfiles patrios, todas las noticias relacionadas con eso porque no me habían pagado el sueldo los últimos tres meses, no tenía suficiente dinero para llevar a casa, estaba malhumorado con mi jefe porque no me pagaba, etc. Así que le dije a mi compañero fotógrafo: «Mira, aquí nos vamos a declarar en rebeldía, pero vamos a cumplir con el trabajo». Y el asunto es que me dijeron: «Debes llenar tres páginas, las dos primeras páginas; es decir, la apertura, noticia más importante de los desfiles, y luego la tercera página puede ser con alguna información relativa a cualquier cosa que surja por ahí». Pues, nos fuimos con el fotógrafo, nos sentamos en un café frente a la calle principal por donde pasaba todo, y le dije: «Vos tómate una foto del desfile, en general, lo que más te llame la atención; tómate unas cuantas fotografías de las personas que venden agua, que venden comida, que andan en el comercio ambulante, y tómale una foto a los policías, etc.». Y de ahí me inventé tres páginas completitas. Bueno, solamente veíamos a través del vidrio lo que ocurría en el desfile, ahí afuera, pero me inventé la nota de los desfiles: que cuántos colegas, que cuánto duró, etc. Una crónica, pero todo inventado, totalmente inventado. Veía algo, es verdad, pero todo lo inventé. Luego me inventé una noticia, también, sobre el comercio informal alrededor de los desfiles. Y yo entrevisté a personajes que en realidad no me dijeron nada, pero imaginé que aquel señor que estaba vendiendo agua se podía llamar Pedro Pérez, imaginé que la señora se llamaba Juana Lainez, y los puse en mi nota dándome sus impresiones respecto a lo que estaba sucediendo, a que les iba muy bien en esa fecha, que vendían mucho más que en otra fecha, etc. Y luego solo conseguí un dato, el dato de cuántos policías andaban ahí resguardando la gente en el desfile. Pero las tres páginas me las inventé completitas. Y les gustó mucho todo lo que hicimos, ¿verdad? A pesar de ser en huelga, tres páginas muy bonitas. Así, con los años, yo le confesé a mi editor que todo aquello me lo había inventado: «No, pero ¡quedó muy bien! ¡Mira!», «funcionó bien», me decía.

ARELIS: ¡Te dio el Pulitzer después!

GIOVANNI: La cosa funcionó bien, pero, en realidad, lo que queríamos saber era cómo funcionaba el comercio informal, cómo habían estado las cosas de la seguridad y cómo habían transcurrido los desfiles; que fueran verdad o que fueran ciertos los nombres que citaba yo, pues eso era irrelevante, lo que importaba era que funcionara el relato. Al final de cuentas, yo creo que así funciona también la literatura; al final, la anécdota no es tan importante. Obviamente, sí, es un motor que impulsa todo. ¿Cómo funciona esa anécdota cuando la contás?, esa debe ser la gran pregunta que se hace uno al escribir. O sea, cómo hacer que esa anécdota sea eficaz cuando la contás. Porque si tenés una buena experiencia, una buena historia, una buena anécdota, pero si sos torpe para relatarla, pues, no va a funcionar. No va a pegar, no va a sintonizar con la gente. Por eso, yo creo que la efectividad del relato pasa por esa pregunta que uno se hace.

JORGE: Esto me hace acordar a una entrevista que le hice en Bogotá a Germán Santamaría, este periodista de los años 80 que fue famoso porque fue el que entrevistó a la niña Omayra en aquel volcán que mató a mucha gente. Y él me comentaba más o menos lo mismo. Él decía: «Es que a mí lo que me interesa es lo más fundamental de la historia». De todos modos, estaríamos suspendidos si nos aplican los manuales de ética del periodismo, ¿no? Es decir, que hay que contar la verdad siempre, la realidad y todo este asunto. Y así, una pregunta, que yo sé que os compromete, porque, efectivamente, cuando tienes ese impulso de escribir con un lenguaje que vaya más allá, pues, ese monstruo se aparece por dentro. Bien, por otra parte, periodísticamente, ¿qué historia os ha impactado más para contar, que sea un hecho difícil a la hora de escribirla? Una historia que os haya conmovido. Tú decías, Arelis, que tú le reclamas mucho a la realidad, a la vida, que eres una mujer que está ahí, siempre reclamando los derechos. Ayer me conmovió un montón incluso tu biografía personal, que hablas del dolor de las heridas en este asunto. ¿Qué historia te ha dejado una herida? Y a ti también, Giovanni

ARELIS: Mira, me voy a referir al periodismo, principalmente a mi faceta como periodista. La violencia machista me dejó muy golpeada, y en mi primera juventud, porque la experimenté como joven que sale a la calle. Y pareciera que sales a la calle y los hombres se vuelven hienas contigo, es terrible. Como niña de catorce años, experimentar eso es… Hombres mayores diciéndote cosas explícitamente sexuales mientras caminas por la calle yendo a la escuela. Es muy violento el espacio público para las mujeres. El espacio público es muy violento. Y la mujer, la forma en la que las mujeres reciben violencia, está marcada por ese ejercicio de dominación sexual que ejercen muchos varones. Y escribí mucho de eso por una experiencia propia, pero, aparte, porque al yo hablar de lo que me pasaba conecté con otras mujeres. Yo participé en una organización feminista en Chile que promovió la ley contra el abuso sexual en espacios públicos, que era una norma que no existía como tal. Estoy en contra de las cárceles, de cualquier medida punitiva. Pero haber pasado esa ley abrió la conversación. Y yo, por ejemplo, hablé de experiencias de ese tipo (de experiencias de abuso o de acoso) con mi mamá, abrió ese tema. O sea, en Chile promovió, logró mover la aguja de lo tolerable, creo, en mi país, y en América Latina, un poco. Pero cuando yo hago crónica, generalmente los temas que me interesan siempre son cosas que me parece que son chistes, y a partir del chiste empiezo a investigar, y aparece la herida, por supuesto. No he hecho muchos reportajes, es la verdad, pero hay dos que recuerdo ahora. En carabineros de Chile —que es la policía armada, todo policía tiene una pistola, por lo tanto todos los policías son soldados— tienen un Departamento de Derechos Humanos y… ¡Qué *cute*! ¡Qué tierno! Hice un reportaje acerca de, por ejemplo, el Departamento de Derechos Humanos, donde les enseñan, no sé, que hay que respetar a las personas homosexuales —¡es bien delirante!—. Entonces, a mí me daba risa, porque era como un oxímoron, que los soldados están entrenados en el arte del dolor e infligir dolor, y les enseñan sobre Derechos Humanos. No sé, son las contradicciones del sistema. Y eso me costó mucho escribirlo. Todas las historias siempre son un campo desconocido y de batalla difícil con el que lidiar. Y ahora, por ejemplo, en el libro que estoy escribiendo trato de un joven grafitero. Y me llama la atención, porque no es una historia de violencia, por ejemplo, como las que cubre Giovanni, ni de muerte, pero a partir de un grafiti, Chile y Perú casi se van a la guerra hace como veinte años atrás. Me impresionó el efecto mariposa de aquello, y cómo era un cabro, un chico de dieciocho años, el que hizo el grafiti. O sea, yo podía haber ido a Cusco a los dieciocho años y haber dejado yo esa cagadita ahí. En este sentido, me gusta mucho la historia del día a día de la gente común y corriente, que yo siento como que me podría haber pasado a mí o a cualquier persona que yo conozco. Hay autores, yo no sé, Jon Lee Anderson, al que le encanta hacer entrevistas a famosos, a gente importante. Yo no. A mí me gusta el periodismo de lo cotidiano, del mundo pequeño. Y cómo, aparte de esos pequeños hitos, está transcurriendo detrás la historia universal. Y cómo, a partir de ese grafiti chiquitito, por ejemplo, dos países casi se van a la guerra. ¿Por qué? Porque hay una historia detrás, acerca de la colonización y cómo se fueron dividiendo los países en América Latina. En fin, esa es mi respuesta: historias de la vida pequeña.

GIOVANNI: Ya hemos hablado de la normalización de la violencia, un fenómeno aquí en Honduras. Por lo tanto, uno está casi como curado de eso, y ve cosas todos los días. A mí me ocurrió que, al principio, cuando empecé a trabajar como reportero de las notas policiales, durante la primera semana, yo llegaba a la escena del crimen y veía aquellas cosas, y me daba ganas de vomitar. Y me chocaba demasiado el impacto de aquello que me entraba por los ojos, por el olfato. Fue muy muy fuerte para mí. Luego, un compañero fotógrafo me dio un consejo, me dice: «Utiliza Vicks VapoRub en la nariz cuando llegues a la escena del crimen». «¿Por qué?», le digo. Y me dice: «Bueno, porque cuando giran los cadáveres, a veces sueltan ventosidades, y eso es espantoso». Es así, huele feo, porque llegamos a una escena del crimen que se descubre un cadáver después de varios días. Huele a podredumbre. Todo eso te revuelve el estómago si no estás acostumbrado. Pero a mí me sucedió que a la semana me había acostumbrado a todo eso. Ya no me impactaba aquello. Ahora, una escena que sí fue muy fuerte para mí es la que citaste al principio, de un niño elevando un papelote en un contexto de violencia. En mi novela, yo describo una masacre, pero en el área de juego de un restaurante de esas de comidas rápidas. Y mueren niños y mueren adultos, y todo eso sucede en la ficción, en la novela. Pero lo que yo quise hacer en esa escena es extrapolar un hecho real que viví siendo reportero. Y es que llegué a un campo de fútbol donde murieron catorce personas asesinadas. Un grupo armado apareció detrás de una colina, con una ametralladora, y así dispararon a todo lo que se moviera. Murieron catorce. Ocho de esos fallecidos quedaron ahí, en el campo de fútbol. Cuando nos llamaron a nosotros para que fuéramos a cubrir la noticia, yo recuerdo que, cuando llegamos, como era un campo de fútbol, el perímetro de la escena primera era muy grande y solo había una patrulla resguardando la escena. Entre comillas, «resguardando la escena»: las cintas amarillas no las usaban para cubrir toda el área, entonces no estaba marcado dónde había ocurrido todo. De manera que yo, cuando voy adentrándome en el campo de fútbol, me doy cuenta de que estoy poniendo mis pies sobre pedazos de cuerpos, sobre los sesos de un cadáver, y veo otra cabeza por allá, así, abierta, lo que sea. El impacto de eso fue bastante fuerte para mí (y eso que ya llevaba algunos meses haciéndolo). Pero me di cuenta de que yo estaba en la escena del crimen, en medio, en el centro mismo de lo que había ocurrido, y que estaba poniendo mis zapatos sobre los cadáveres. Bueno, sucedió, avanzaron las horas, y todo eso. Y, luego, cuando ya sí habían conseguido suficiente cinta amarilla para bordear el área, pues, detrás de la cinta amarilla se amontonaba la gente, los vecinos, etcétera. Y en el fondo yo vi un papelote en el cielo, así. Entonces traté de seguir el hilo del papelote, y vi, allá, a un grupo de niños jugando con el papelote. Pero estaban a cincuenta metros de distancia de todo el grupo de gente reunida alrededor de los cadáveres que habían quedado allí. La mayoría había sido trasladada herida, pero ver aquellos niños jugando con un papelote, casi a la par de donde habían asesinado a catorce personas, me produjo un impacto bastante grande. Cómo conviven, en contextos como el nuestro, la violencia y la inocencia. O sea, cómo pueden estar de manera simultánea, en el mismo plano. Para mí, eso fue muy fuerte. Jamás había pensado en algo así. Y me di cuenta, entonces, de la gravedad del asunto, de cómo es que estamos acostumbrados tanto a eso. Luego volví a ver a unos niños jugando fútbol en una calle y, de vez en cuando, paraban el juego del fútbol para asomarse a la escena del crimen detrás de la cinta amarilla. Eso también lo vi muchas veces. Y contarlo así suena bastante fuerte, pero es algo bastante cotidiano. Y eso me ha marcado, definitivamente.

JORGE: Te agradezco la sinceridad, de verdad. Contáis experiencias muy duras. En Europa, el tipo de periodismo no es tan explícito con la muerte. La pandemia aquí ha dejado más de cien mil muertos. Lo que pasa es que aquí se esconden o no se ven los muertos. Como se quemaban en la India (o en otros lugares), es una muerte más quirúrgica, más limpia. Sin embargo, por las condiciones de nuestros países, eso también como que da una voz de autoridad. Digamos, esa realidad que vemos en los países latinoamericanos para contar ese periodismo tan descarnado, que nos hace ver siempre. A mí no me pasa, por ejemplo, en mi país, pero en tu país es posible. Y yo hablo de la realidad de Lima, por ejemplo, pero es que ese es el mundo en que nos ha tocado vivir y es la realidad que tenemos que contar. Eso implica que tengamos un compromiso social al denunciar aquellas realidades. De alguna manera, los dos, en este periodismo literario que hacéis, y en esta literatura, es un periodismo de denuncia, ¿no?

ARELIS: Sí. Yo me quedé pensando también en las formas de violencia. Muy impresionada por tu relato, Giovanni, por lo que cuentas de ese niño —«encumbrando volantín», decimos en Chile— encumbrando un volantín en medio de toda esta violencia, cómo convive la vida y la muerte. Y me quedé pensando en lo de la normalización, que hoy ya las cosas dejen de sorprenderte. Y creo que eso pasó en Chile con la pobreza. Hay dos tipos de violencia que identifico ahora, inmediatamente, que son el tema de la diferencia de clase y cómo los colegios —que son administrados por el Estado público, y a los que tienen acceso, por supuesto, las personas que no tienen tanto poder económico—, son colegios donde los niños pasan frío, donde comen mal. Todos los años las movilizaciones estudiantiles o las movilizaciones sociales parten con el movimiento estudiantil con escolares. O sea, jóvenes de dieciséis o dieciocho años protestando porque en su colegio no tienen papel higiénico o los vidrios están rotos. Hay una precarización, y la brecha entre la gente que vive acomodada y el pueblo es muy grande y muy violenta. Y otra normalización que creo que existe en Chile, en mi país, es la violencia sistémica racista, asesina, contra el pueblo mapuche y los pueblos indígenas en general. Creo que eso tiene que ver con la herencia de la colonización de España, y es un supremacismo blanco y el horrible racismo que se inventó en su cabeza Carlos, que jerarquizaba a las personas o a los humanos según los colores de la piel. Y en Chile, los carabineros que tienen tanques y metralletas y asesinan a gente mapuche, hacen allanamientos a casas de familias mapuches que son indígenas, que hablan todavía su lengua y mantienen sus costumbres. Más de quinientos años de tormento. Y eso es terrible, porque allí el periodismo juega un rol tan… malvado y necio. E hipócrita y terrible, porque los medios más grandes tienden a titular, como: «Muere líder Camilo Catrillanca», pero ¿qué? ¿Murió? ¿Murió solo? No se levantó en la mañana y le dio un ataque cardíaco: lo mataron los carabineros por la espalda. Y el sujeto de la acción y del asesinato es omitido siempre en los titulares. Eso es infame, infame y miserable. Eso se hace en Chile. Y esa violencia está sistematizada, es visibilizada y es indignante. A mí me indigna, por lo menos. Y, bueno, es sumamente doloroso porque niños mapuches son violentados de esa manera. Hay muchos testimonios de niños de catorce a doce años heridos de balines de los carabineros, etc., etc. Solo quería traer a colación la idea que dije hace un rato y me parece que todavía es válida, de que hay focos de violencia en todos nuestros países, estemos en Latinoamérica, en Asia o en África, donde estemos, pero la estética o la forma de esa violencia varía dependiendo de dónde estemos. Les acabo de contar un poquito de la horrible violencia que se vive en Chile.

GIOVANNI: En Honduras, el periodismo funciona más o menos así como lo ha descrito Arelis para Chile, es un periodismo infame. El mismo periodista aquel, español, que dijo que en Honduras se hacía un periodismo cuentamuertos, llegó a decir en algún momento que en Honduras, creo que el 90 % de los periodistas, recibían machaca, y la *machaca* es la palabra que se utiliza como equivalente de 'mordida' también, al dinero que recibe la gente a cambio de favores. Los periodistas hacen favores al poder y el poder les paga con dinero o con puestos en el Gobierno, con ciertos privilegios, o con el pago de publicidad en sus medios, etcétera. Así, el periodismo de Honduras casi no existe. No existe casi el periodismo de denuncia. Hay balbuceos, a veces, de iniciativas periodísticas independientes que sí tienen una voz firme. Pero esa voz, esas voces, se escuchan muy poco, porque está la avalancha de lo mediático, infame, aliado con las causas más fuertes, con los que tienen el poder. Aquel periodismo decente se escucha poco, se ve poco, se lee poco. En el caso mío, que yo no ejerzo ya el periodismo, me dedico a la literatura. De hecho, soy profesor de Literatura en la universidad, y eso fue lo que estudié. Obviamente, en mi caso, que he estado en el periodismo y que he escrito un par de novelas en las que abordo un poco este fenómeno del periodismo y de la corrupción y cómo se juntan estas cosas en países como los nuestros, pues, sí, la literatura, obviamente, no funciona como una pancarta para denunciar de manera denostativa las cosas. La literatura funciona a través de la sugerencia, es más un vehículo de expresión. Pero, obviamente, tiene también implícita esa palabra: la *denuncia*. A través de la ficción, reflejas una situación, un contexto, una realidad existente en el país. La reflejas, aunque sea en la ficción. Pues, esa ficción, obviamente es fácilmente identificable con la realidad, y ocurre siempre que los lectores digan: «¡Ah!, bueno. Esto que me están contando es una historia inventada, pero en realidad es reflejo de lo que sucede». Y, por lo tanto, funciona de alguna manera, aunque no sea ese el propósito inicial de quien escribe.

JORGE: Tenemos que ir acabando. Nos quedan unos minutos, ya para terminar con una pregunta. Los periodistas, los escritores, tenemos la muy mala costumbre de comer tres veces al día, de pagar facturas. Y, en vuestro caso, que ejercéis la docencia, me gustaría saber, en vuestra caja de herramientas, tanto para el periodismo como para la literatura, ¿cómo distribuís el tiempo? Que un futuro alumno que quiera ser escritor y/o periodista pueda encontrar un referente. Porque en la literatura son muy pocos los escritores que tienen esa fama, un Premio Nobel, eso es muy raro. Digamos, el periodista de a pie es el que tiene que hacer actividades alimenticias. Cada uno ¿cómo lo lleva en su realidad y cómo se organiza en su vida para encontrar ese tiempo? Porque la literatura exige disciplina. Puedes tener todo el talento, pero si no tienes disciplina, raramente llegarás más lejos.

ARELIS: Quiero partir yo, y me quiero agarrar de algo que estaba hablando también Giovanni. Quiero pensar —vinculando un poco lo anterior— que los medios y el periodismo pueden ser distintos porque el problema de los medios es que son empresas capitalistas y tienen un director que probablemente fue director de otra empresa, y así. Y tratado como empresa, necesita avisaje, y a veces el avisaje genera problemas. Pero, bueno, no sé, esto lo quería añadir, esa reflexión. Y sobre lo que tú decías del tiempo, qué difícil. Creo que suceden varias cosas. Primero, claro, está el talento, la disciplina o el trabajo que alguien realice dentro de su disciplina, que puede ser la literatura, el arte, pero por supuesto que te va a ir bien si vienes de una familia bien. Hay cosas que se heredan. Y dónde arrancas, y con la ayuda que tienes, evidentemente te va a servir. Yo vengo de una familia de clase trabajadora y mis padres no me heredaron mucho materialmente. Sí mucha afición y mucha pasión por las letras. Y de ahí viene lo que hago. Pero tengo lo que llevo al hombro, nada más. Pero creo mucho en aquello que dice David Byrne: «*Never for money, always for love*» ('nunca por plata, siempre por amor'). Y también creo eso de que si tú tienes una pasión, el dinero y cómo llevar cositas al refri, como dijo Giovanni, van decantando después. Yo soy una obrera de la literatura, tengo que trabajar todos los días para comer y llevar cositas al refri, pero como amo tanto lo que hago, trabajar para mí es estar aquí ahora hablando de la prensa o hablando del periodismo o hablando de la literatura. Me las he ingeniado para trabajar en lo que amo. Ganar como obrera, pero ser feliz como nadie. Y disfruto mucho lo que hago. Y me dedico a dar taller, leo todos los días, escribo todos los días, doy taller, doy charlitas. Y eso. Y como que mi vida gira en torno a mantener la literatura viva, ya sea leyéndola, escribiéndola, compartiéndola. Y eso para mí no tiene precio. Por ahí, Fernanda Trias dijo alguna vez que el desafío de ser escritora es que ella tiene que encontrar la forma de pagarse a sí misma para encontrar el tiempo para escribir su propia obra. Y eso es muy muy desafiante, porque yo me tengo que pagar las horas de lectura, yo no voy a la oficina para que alguien me pague porque estoy leyendo ahora, por ejemplo, *El señor de las moscas*. O sea, es un tiempo que yo tengo que encontrar para mí, pero se puede. Y yo no me dedicaría a otra cosa en mi vida que no fueran las letras.

GIOVANNI: En mi caso, tengo un horario de trabajo en la universidad. En este momento lo cambié ligeramente, ahora entro a la una y salgo a las siete de la noche, son seis horas diarias que tengo que estar allá, y me quedan las mañanas libres. Lo que pasa es que tengo un niño de dos años —no sé si lo escucharon recién, golpeándome la puerta—, y cuando tenemos un niño más pequeño en la casa, resulta más difícil todo, porque hay que atenderlo y todo eso. Recuerdo yo que cuando mi primer hijo, que ahora tiene once años, era pequeño, también como de dos, tres años, yo tenía una novela, *Los días y los muertos*, precisamente, empezada. Nunca lograba terminarla. Para ese tiempo, con mi esposa, dos amigos y mi cuñado, habíamos puesto un bar, y en el bar nos desvelábamos mucho. O sea, llegábamos a la casa a las tres o cuatro de la madrugada, y así. A veces, a medianoche, a las dos, y yo dormía muy poco. O sea, llegábamos muy tarde en la noche, me levantaba muy temprano en la mañana, porque mi hijo a las siete y media estaba arriba. Así, para darle un descansito a mi mujer, me levantaba temprano para estar con él, darle la comida, etcétera. Pero llegué a la conclusión de que yo no iba a poder terminar la novela si no hacía un esfuerzo extra. Así fue como, de pronto, empecé a levantarme a las cuatro de la mañana. A veces, llegaba a medianoche a la casa pero a las cuatro me levantaba, y me levantaba a escribir. Y decía: «Por lo menos, entre las cuatro y las siete y media, algo podré escribir». Me puse a escribir la novela, y la terminé de esa manera. Esto es un poco lo que decía Arelis, hay que buscarse el tiempo. Yo estoy acostumbrado, uno, aquí en Honduras, está acostumbrado a escuchar que aquí nadie nos apoya, pero es que nadie tiene que apoyarme a mí para escribir. O sea, yo no necesito que nadie me apoye para escribir. Obviamente, hay ciertas cosas que te facilitan dedicarte a escribir más que otras. Y en Honduras hay más motivaciones para no escribir que para escribir, pero yo soy de los que piensan que hay que intentar aprovechar las cosas negativas y tratar de convertirlas en cosas positivas. O sea, si aquí lo que abunda son las carencias, pues, hagamos de las carencias una posibilidad más. Hay que buscarle optimismo, el lado bueno al asunto. Incluso en medio de la tragedia. Y esta tragedia de intentar escribir en el país que no te anima a escribir, o que no te da las facilidades para hacerlo, pues, está ahí, siempre. Hay que intentar revertirlo como sea. Y quien tiene madera para esta cosa, lo hace. Yo creo que, al final, con estoicismo, con esa cabeza dura, uno termina haciendo las cosas aunque no tenga tiempo, aunque no tenga las condiciones necesarias. Así debería ser, creo yo.

JORGE: Creo en este manifiesto, como obrero de la literatura, de que no basta el talento, sino que hay que darse el tiempo. El talento es, precisamente, mantener viva esa pasión, es ir cueste lo que cueste. Yo agradezco nuevamente al festival literario «París no se acaba nunca». Me gustaría agradecerle al profesor Gonzalo Vázquez, la Universidad de la Sorbona y el Instituto Cervantes de París. Tanto a Arelis Uribe y a Giovanni, nos encantaría seguir hablando de estos temas, pero, bueno, pues, tenemos que cortar. Mi nombre es Jorge Rodríguez, soy profesor de la Universidad San Jorge de Zaragoza, y los esperamos en una siguiente oportunidad, si nos invitan. Muchas gracias.

ARELIS: Adiós.

GIOVANNI: Gracias. Adiós.

# Caminos hacia uno mismo: identidad y territorio

**ANDRÉS NEUMAN • EDUARDO HALFON**

Conducido por **Javier Ferrer Calle**
(Universidad de Innsbruck, Austria)

*La próxima conversación reúne a los escritores Andrés Neuman y Eduardo Halfon ante las preguntas del investigador y profesor de Literatura Hispánica y Estudios Culturales en la Universidad de Siegen, Javier Ferrer. El coloquio se titula «Caminos hacia uno mismo: identidad y territorio», pero las circunstancias biográficas que los tres comparten, la de ser padres recientes y primerizos, convierten de un modo espontáneo y natural a la paternidad en la columna vertebral de un intercambio apasionado de experiencias que provocan reflexiones sobre la vivencia plena de la descendencia, en especial, del aspecto y los cuidados que el patriarcado hurta a los hombres. El nacimiento de sus respectivos hijos coloca a estos autores, hispanoargentino uno y guatemalteco residente en el extranjero el otro, en estos caminos hacia ellos mismos, a los que alude el enunciado, en tanto que tienen consecuencias personales y narrativas en su manera de vivir el tiempo y en su condición de expatriados.*

JAVIER FERRER CALLE: Buenos días o buenas noches a todas y a todos, dependiendo de en qué parte del hemisferio nos estén viendo cuando visualicen este video. Mi nombre es Javier Ferrer y soy investigador en la Universidad de Siegen, Alemania. Hoy tengo el enorme placer, el lujo, de moderar esta charla entre los escritores Eduardo Halfon y Andrés Neuman, a los que les agradezco enormemente la posibilidad y la oportunidad de este diálogo, estoy seguro, muy fructífero e interesante. Y también, por supuesto, quería darles las gracias a los organizadores y a las organizadoras de este fantástico festival —lamentablemente *online* y no presencial— que es «Paris ne finit jamais», y en especial a Gonzalo Vázquez. Pero, antes de daros la palabra a vosotros, a los protagonistas de este encuentro, a Eduardo Halfon y Andrés Neuman, me gustaría presentarlos muy brevemente. No voy a ser para nada exhaustivo en vuestras largas trayectorias como escritores, para dejarlos y dejar más oportunidad al diálogo, a la charla, porque también estoy seguro de que los que nos escuchan, los que nos vean, bien conocen ya vuestras obras. Empiezo por Eduardo Halfon. Eduardo Halfon nació en la ciudad de Guatemala, en 1971. Fue incluido, ya en el año 2007, en la lista Bogotá 39, como uno de los escritores latinoamericanos más prometedores menores de 39 años. Ha publicado numerosas obras, entre las que me gustaría destacar solo un par de ellas aquí: *La pirueta*, en el año 2010, con la que obtuvo el Premio de Novela Corta José María de Pereda, y *Duelo*, de 2007. Precisamente con esta obra, con *Duelo*, obtuvo el Premio al Mejor Libro Extranjero en Francia y el International Latino Book Award, entre otros. Y, asimismo, fue, en 2018, galardonado con el premio más importante de su país: el Premio Nacional de Literatura de Guatemala. Su obra más reciente se titula *Un hijo cualquiera* que, si no me equivoco, salió este mismo mes (como quien dice, caliente todavía del horno) y en ella el autor aborda y relata —a partir de distintas historias y relatos— su universo literario desde la perspectiva que le brinda la paternidad. Vamos a hablar seguramente después sobre este tema porque se conjuga muy bien con la última obra de Andrés Neuman, a quien quiero también ahora pasar a presentar brevemente. Andrés Neuman nació en el año 1977 en Buenos Aires. Emigró en 1991 a Granada (España) donde reside desde entonces. Es hijo de músicos argentinos emigrados y es un autor prolífico que ha publicado hasta la fecha más de cuarenta obras entre novela, ensayo, relato breve y poesía. También me gustaría destacar hoy solo un par de ellas de estas numerosas obras, como pueden ser: *Bariloche*, publicada en el año 99, su primera novela, con la que fue finalista del Premio Herralde; y, por supuesto, *El viajero del siglo*, de 2009, con la que recibió, entre otros premios, el Premio Alfaguara de Novela y el Premio de la Crítica de Narrativa Castellana. Sus textos, como en el caso de Eduardo Halfon, han sido traducidos a numerosos idiomas, entre ellos, por supuesto, el francés, y también fue incluido —si no me equivoco, los dos— en la misma lista Bogotá 39 en el año 2007 —algo más que tienen, desde el inicio casi, en común en estas carreras literarias—. Su última obra se titula *Umbilical*, y fue publicada también este año. En ella aborda, a través del relato lírico, la experiencia de ser padre, padre primerizo, y se relaciona, por tanto, muy bien, con lo que decía antes, con la última obra de Eduardo Halfon, *Un hijo cualquiera*. Bien, hechas estas breves notas, como os decía, poco exhaustivas, pero el objetivo aquí es el diálogo entre vosotros. Me gustaría que comenzáramos esta charla que se titula «Territorio e identidad». Y una primera pregunta que quería formularos va en relación precisamente con esta coincidencia temática sobre la perspectiva de la paternidad que se vislumbra en vuestras dos últimas obras, sería si creéis que ha cambiado vuestra escritura —o, al menos, vuestro modo de narrar— la aparición de ese territorio, en este caso, tan íntimo, como ha sido este territorio tan inexplorado que ha supuesto para vosotros la paternidad. Aquí lanzo esa primera pregunta, y puede empezar Eduardo o Andrés, como gustéis los dos.

EDUARDO HALFON: Las bellezas primero. Andrés, vas tú.

ANDRÉS NEUMAN: Querido… Primero, muchas gracias por acompañarnos, Javier. Somos un trío de padres primerizos, de manera que la primera pregunta me parece pertinente, gozosa e inevitable. Gracias al festival por habernos invitado y muchísima suerte para esta edición y las siguientes. Es consabido que la sensibilidad y, también, la vivencia del futuro, lo cual incluye la agudeza de la mortalidad, cambian o se intensifican cuando llega un hijo. Me acuerdo de que, hablando con Eduardo hace un tiempo, me dijo que un hijo era un reloj de arena, o algo así. Eso lo sabemos y se verifica. Lo interesante es que la paternidad también creo que abre un horizonte de relectura del pasado y de la propia memoria. Es decir, que la maternidad o la paternidad son fenómenos también retrospectivos, de manera que afectan a todo el arco cronológico. A mí me resulta un fenómeno, desde luego, emocional y sensorial de primer orden. Pero también, amplificándolo a la escritura, creo que la paternidad tiene profundas consecuencias narrativas en nuestra manera narrativa de vivir el tiempo y creo que lo de menos es lo argumental. Por supuesto que se podría hablar de las pequeñas grandes historias de cada cual a la hora de acompañar una gestación, vivir un parto, estar permanentemente comprometido con la primera crianza. Todo eso es esencial. Quizá haya ahora tiempo de hablar de esas cuestiones. Pero, más allá de lo temático, creo que lo que se aborda menos o se viste menos —y por eso me parece interesante introducirlo en primer lugar— es que todos los tramos del tiempo, todas las instancias de ese otro reloj de arena que llamamos *tiempo*, se ven afectados por el fenómeno de la mater-paternidad. Por un lado, hay una especie de regreso de los ancestros, una especie de reaparición fantasmagórica. Por ejemplo, de mi madre, en mi caso, a la que yo perdí siendo muy joven. Era un duelo que yo creía tramitado, creía superado —hasta donde se puede superar una pérdida de ese calibre—. Y me sorprendió la viveza con la cual el problema de que mi hijo no tenga abuela me rebautiza como huérfano. Por eso, en *Umbilical,* en un momento dado se dice: «Me estás dejando huérfano de nuevo, hijo, por puro amor». Esa sensación de orfandad no la tenía hace muchísimos años, y haberla tenido al ser padre me descolocó. No me esperaba esa parte del relato. En cuanto al presente, hay una cosa, creo, muy digna de aprendizaje por parte de cualquier criatura antes de ser intoxicada por eso que llamamos *adultez* y sus influjos, que es la capacidad de vivir el presente. Siempre se insiste en que la criatura crece muy rápido. En cuanto tienes un hijo o una hija, lo primero que te dicen es: «Disfrútalo, que el tiempo pasa muy rápido», y esa advertencia siento que dice solo media verdad porque, a pesar del crecimiento velocísimo de las criaturas, no conozco a ningún ser tan comprometido con su presente como mi hijo o como cualquier niño de esa edad. De manera que esa especie de intensidad y demanda de pedirle todo al presente, aquí y ahora, que solo se alcanza con las más sofisticadas filosofías en la vida adulta, y siempre se fracasa en el intento, una criatura lo tiene de fábrica, de serie, es la relación total con el presente. Y, finalmente, en cuanto al tercer plano, que sería el futuro, claro, te empiezan a invadir pensamientos póstumos que no tienen nada que ver con la literatura o con la posteridad. Hablábamos de la orfandad retrospectiva, ahora podemos hablar de la orfandad prospectiva: la sensación, el temor, de faltar demasiado pronto, sobre todo si tienes hijos a cierta edad. Y eso, que puede parecer un tanto fúnebre, como melancólico, creo que abre también un horizonte profundamente vitalista. El saber que no hay tiempo que perder, que no hay demasiada transición posible hacia el amor, también te convierte en alguien mucho más proclive a dar y recibir amor de manera urgente. En ese sentido, esto está conectado, por último, con las ansias de escritura. Escribir no solamente sobre la paternidad, sino, en mi caso —ahora Eduardo nos contará el suyo—, él es un nuevo libro. No solamente escribir desde la paternidad y la crianza, que me parece importante porque los padres en la literatura suelen ser más bien objetos de análisis de los hijos, de las hijas, y la paternidad es más un balance, un ajuste de cuentas, que una narración de la crianza. Y creo que esto, los escritores hombres en algún momento necesitaremos explorar con más atención. Pero, digo, no solamente eso, sino el deseo de escribir como una conversación con el hijo, las ganas de poder hablar incluso antes de que existan las palabras, las ganas de poder iniciar una conversación literaria con una criatura preverbal. Y esto nos hace saltar a un terreno casi fantástico. Saltamos, digamos, del costumbrismo familiar al fantástico, ¿cuál es el lenguaje posible de comunicación y de intercambio con un ser preverbal y presuntamente —solo presuntamente— prerracional? Y estas eran algunas de las preguntas que me hacía al escribir *Umbilical.*

EDUARDO: Hay mucho ahí. Bueno, antes de dar mi punto de vista paterno, quisiera agradecer al festival, a Gonzalo, a Javier por acompañarnos y a mi amigo Andrés porque seguimos recorriendo más o menos el mismo camino. Llevamos quince años, Andrés, en esto. Desde Bogotá 39 donde nos conocimos, y luego hemos tenido una serie de encuentros a través de los años y, pues, este es uno más de ellos, felizmente, y la paternidad es otro. Te llevo un poquito de ventaja porque Leo está a punto de cumplir seis.

ANDRÉS: ¡Mucha!

EDUARDO: Y, claro, a esa edad es mucha, porque Leo ya es un niño, ya va al colegio, ya es rebelde —como debe serlo a esa edad—, ya no come siempre lo que le servimos, porque no le da la gana. Había olvidado lo del reloj de arena. Qué bonito, ¿yo te dije eso?

ANDRÉS: Me gustaría recordar que sí.

EDUARDO: Digamos que sí. Pero me gusta como imagen, porque yo nunca, Andrés, he sentido tan fuerte mi propia mortalidad como ahora como padre. Porque ves el tiempo, hay una evidencia del paso del tiempo que tienes ante ti: cómo crece, cómo empieza a caminar, cómo empieza a hablar. La entrada al lenguaje es extraordinaria. Pero el reflejo de eso, en mí, ha sido esa mortalidad. Y creo que también en Leo, creo que también en mi hijo, porque hay pocas cosas que lo preocupen más que darse cuenta de que su padre no es joven. Entonces, él quiere recalcar todo el tiempo: «Pero ¿no eres tan viejo, verdad, papá?», «pero tú todavía eres joven, ¿verdad?». O sea, hay una preocupación de él también porque no me parezco a los demás papás de sus amigos. O sea, sí, tiene un papá más viejo. Pero para ir a tu pregunta, Javier, cómo ha cambiado eso la escritura o mi escritura, lo que dice Andrés de cómo con la llegada de un hijo se vuelve al pasado, lo entiendo perfectamente. O sea, mi primera vista, cuando él nació, fue hacia atrás, hacia mi infancia. O sea, me empecé a mirar en él a esa edad. Me volvían recuerdos que yo había olvidado —o que creía olvidados— de ciertas cosas que le suceden a él y que yo recordaba entonces que también me habían sucedido a mí o me había sucedido algo similar de otra manera. O sea, fue un abrirse a la memoria muy interesante e inesperado, pero creo que, en mi caso, el cambio más grande ha sido que yo, como padre, he cambiado como hijo. O sea, yo ya soy un hijo que además es padre. Y, como Andrés sabe, mi relación con mi papá siempre ha sido difícil.

ANDRÉS: Y está en tu primer libro, además.

EDUARDO: Está en mi primer libro, está en muchos de mis libros, pero en mi primer libro abre mi carrera literaria, con un grito al padre, un reclamo al padre. Un reclamo o un berrinche hecho por alguien que no era padre, que solo era hijo; de pronto, algo cambia cuando también eres padre. No sé si es que escribes, no sé si se evidencia explícitamente en la escritura, pero hay algo en el proceso de la escritura que sí ha cambiado. Quizá más empatía, más paciencia. O sea, ya veo a mi padre de otra manera. De modo que, aunque esté escribiendo de otros temas —que es esto que decía Andrés—, o sea, el tema no tiene que ser el hecho de ser padre o el hecho de tener un hijo, de ver un hijo corriendo por la casa. Solo el hecho de sentarse a escribir ya eres otro, ya hay otras cosas que estás manejando. Lo que ha cambiado ya más explícitamente es tener un ser humano chiquitito en la casa. Mi rutina estaba muy establecida, mis horarios. Yo sé que Andrés se ríe porque nos ha pasado a los dos. Y, de pronto, yo tenía mucho miedo antes de que naciera Leo. Mucho miedo, mucha ansiedad, porque sabía que esto me iba a pasar, uno lo prevé, que todo va a cambiar, que el mundo se va a poner de cabeza. Y fue así. Fue así. Yo por eso dije, antes de que empezáramos a grabar, que mi primer año fue muy duro, porque fue el año de adaptación, y no solo uno tiene que adaptarse a la rutina de ser papá, sino también adaptar su rutina de escritor, a qué horas, cuándo, fines de semana. Por ejemplo, yo antes no diferenciaba entre fin de semana y semana; ahora, los fines de semana soy papá, primero. Y otra cosa que la paternidad ha puesto en contexto es el hecho de escribir. No quiero decir que le restó importancia, pero le resta importancia. O sea, le quitó el aspecto casi sagrado. Yo hago libros, el trabajo de papá es que hace libros. Igual pudiese hacer corbatas o pantalones, pero papá hace libros. Nada más. Para Leo todo lo demás es superflojo, toda esa magia que nosotros le tuvimos al proceso y la superstición y todo no. No. Primero soy papá. Y, además, soy un papá que hace libros. Entonces, sí, Javier, ha cambiado, pero creo que el proceso es el que más se ha visto influenciado. En mi nuevo libro, *Un hijo cualquiera,* la paternidad no es más que un telón de fondo, porque incluso los relatos —que son relatos cortos la mayoría, alguno que otro largo— que fui escribiendo en los últimos seis años, en algunos está Leo; o sea, está mi hijo, pero está como punto de partida. Uso su nacimiento para reflexionar sobre la circuncisión y si circuncidar o no la cuestión. Y hago un pequeño ensayo sobre la historia de la circuncisión, que me lleva finalmente a tomar esa primera decisión paterna, lo que para mí fue el primer mandamiento paterno —«tú serás circuncidado»— y cuando siento el peso de ser padre. De la mitad del libro no aparece el niño, son relatos que fui escribiendo en ese tiempo, pero escribiendo como padre. Entonces, hay, en la intencionalidad de las palabras, o detrás de las palabras, o entre las palabras, en algún lado, hay un niño corriendo por ahí.

ANDRÉS: Sí, muy hermoso eso último. Y me parece importante. Estamos en una sociedad donde el razonamiento de la urgencia periodística se come casi cualquier campo de análisis. Entonces, no sé, si se quiere abordar la literatura del exilio, se buscan novelas donde el personaje se exilie: no vayas a elegir una novela alegórica donde el tema del exilio sea solamente simbólicamente abordado. O sea, no, Kafka no nos sirve para este reportaje, tiene que ser todo muy literal. Obviamente, si hablamos de literatura de la maternidad, que es una literatura de una tradición mucho más larga e importante aún que la de la paternidad, o la de las nuevas paternidades, buscaremos libros donde aparezca un padre con un niño en brazos. Y eso está bien, porque hay que poetizarlo, pero al mismo tiempo nos olvidamos de eso otro que acecha entre líneas, que es lo que invocaba Eduardo, ese niño que corre durante las palabras o detrás o entre las palabras. Dos comentarios solo, muy breves, a todo lo que ha expuesto Eduardo —y, bueno, le devuelvo, por supuesto, la palabra a Javier que, en realidad, podría estar del otro lado también de este debate dadas sus circunstancias con su criatura de dos meses—. Sí, dos cuestiones, una relacionada con las condiciones materiales de escritura y la otra con respecto a los discursos a veces sobreactuadamente iluminados de la mater-paternidad. En cuanto a lo primero, creo que las circunstancias materiales de escritura son cuestiones profundamente políticas y, de nuevo, para escribir políticamente no hace falta —como, por otra parte, me ha tocado a mí hacer alguna vez— analizar las dictaduras de nuestros países, etc., etc. Pensar las condiciones materiales de la realidad también es un acto político y, por cierto, a veces el más drástico de todos. Y esto, que han sabido las escritoras madres de toda la vida, es la enorme dificultad para conjugar con eficacia la presencia emocional, las obligaciones, dolores y placeres cotidianos de la crianza con la vocación, la profesión, etcétera. Esto es una obviedad para cualquier madre, pero no hay demasiada literatura escrita por hombres al respecto, ni hay todavía una gran conversación colectiva al respecto. Entonces, creo que por eso tiene un enorme valor el estar deteniéndonos tanto en nuestra conversación en este tema. Las razones son evidentes: la primera tiene que ver, por supuesto, con el reparto tradicional de los roles en la familia, que nos dispensaba a los hombres de preocuparnos de estas cuestiones porque siempre alguien más, como nuestra pareja o alguien contratado por el matrimonio —si lo hay, tal matrimonio— que se encargue. Más que resolver este problema, necesitábamos, históricamente, afrontarlo. Y esto es una laguna enorme del patriarcado, con la que los nuevos padres nos estamos topando de cara, una y otra vez, de manera inevitable. Y creo que es un proceso muy saludable y ya era hora de que sucediera. Eso no nos exime de las dudas e incertidumbres, al contrario, nos las inaugura por fin. Pero también, en otro sentido, creo que es interesante pensar en cómo la forma de la escritura, la estructura de nuestros libros, el punto de partida, se ve enormemente condicionado por esas condiciones materiales y, por lo tanto, es posible que el planteamiento inicial de los libros, la relación con lo fragmentario, la relación con el plan inicial, algo, tiene que cambiar en el método. Porque no se puede escribir igual que antes, pero, al menos, tiene que haber algún tipo de transformación que, de nuevo, no es argumental, sino que tiene que ver con lo que sabemos que podemos escribir. Y eso que nos acerca un poco más a la experiencia de las escritoras madres creo que, además, nos permite leerlas mejor, y que esta es otra adquisición muy hermosa de este proceso. En cuanto a lo segundo, muy rápidamente, quien nos puede estar escuchando y quizá no tenga criaturas —como era el caso de los tres hombres aquí presentes hasta hace seis años, dos años y dos meses, respectivamente—, podrá pensar: «Bueno, tenemos, otra vez, que escuchar el discurso de que todo cambia». Es decir, hay un punto de inflexión sagrado, trascendente. A mí me gustaría poner un matiz a eso, porque conocemos idiotas con y sin hijos, y conocemos gente profundamente feliz e infeliz con y sin hijos y no aparece que la mater-paternidad haya imbuido de gran sabiduría a todo el mundo porque, sino, el planeta funcionaría de otra manera. Claramente, hay tanto hijo de puta o ignorante con familia, que es evidente que no hay un aprendizaje obligatorio al respecto. Y, de hecho, hay gente que uno desearía que no tuviese nunca hijos. Creo que una cosa que no se tiende a decir demasiado es que, más que emociones nuevas —no sé si ustedes están de acuerdo—, más que ver la luz de pronto, me gusta enfocar, todo lo que no tiene que ver con la descendencia, como si fuese adolescencia. Me parece que hay una falacia ahí, y hay grandes artistas que no procrearon y no parecían haberse perdido algo importante de la naturaleza humana, al menos en su obra. En este sentido, creo que, más que emociones nuevas, lo que a mí me ha asombrado de la aparición de nuestro hijo, Telmo, es que todas las emociones que ya conocía con mayor o menor cercanía, ideas a las que me había aproximado anteriormente, de pronto están resonando de manera simultánea y ensordecedora. Lo visualizo como un piano, es como que, sí, a esas teclas las he escuchado, pero nunca se me había ocurrido que el piano sonase con todas las teclas a la vez. Estás tocando el piano, o alguien está tocando tu teclado, con ambas manos y con los pies. Hay una especie de acorde no necesariamente armónico. El reconocer resortes propios que venían de antes, pero que se presentan de manera simultánea y caótica, creo que eso tiene profundamente que ver con mi experiencia de la paternidad, más que reproducir esta idea tan culturalmente establecida que uno está casi obligado a sentir, de que todo cambia, en el sentido de que entiendes o te pasan cosas que antes no te habían pasado. Creo que esto es solo parcialmente cierto, y que tiene que ver más bien con la incapacidad que tenemos para reunir lo de antes y lo de ahora. Nos gustan mucho los puntos de inflexión, los *turning points*, porque nos eximen de tener que hacer un ejercicio más profundo que trate de relacionar nuestra experiencia anterior con el presente. Es más cómodo pensar una especie de *reset*, porque la narrativa de eso es menos compleja. Pero creo que sería interesante pensar en esos acordes de lo ya conocido y de la gradación de sus intensidades, más que en la súbita iluminación de todo que creo que es una perspectiva, como mínimo, simplificadora.

EDUARDO: Javier, ¿me permites dos minutos? Y luego te devolvemos la palabra, te prometo.

JAVIER: Por supuesto. Menos preguntas y más diálogo, así de espontáneo, muchísimo mejor.

EDUARDO: Muy bien, porque me parece importante lo que menciona Andrés. Lo de la forma, Andrés, es interesantísimo. Vuelvo a ese primer año «difícil» (entre comillas). O sea, digámoslo, un primer año con menos tiempo —porque estás con menos tiempo— y entonces surgen o empiezan a surgir esta especie de textos muy breves en donde él es el punto de partida para reflexionar sobre la música, para reflexionar sobre el lenguaje o para reflexionar sobre cualquier cosa, pero son la brevedad, a consecuencia del poco tiempo. Sin embargo, siguen siendo mis mismos temas, mis preocupaciones siguen siendo las mismas o mis atracciones siguen siendo las mismas, pero ahora, con esta nueva disonancia, para usar tu palabra. ¡No sabes qué se me ocurrió! Hace poco estábamos en Guatemala, durante el verano, y me di cuenta de que su mamá le toma muchísimas fotos, mucho más que yo. Yo no tiendo a tomar tanta foto como ella, digamos, pero mi manera de fotografiarlo es escribiendo estas viñetas o escribiendo pequeñas escenas. Casi que, el álbum que le va a dejar ella es álbum de fotos, y la luz que le voy a dejar yo es un álbum de estos pequeños recuerdos, estos pequeños *snapshots* de su infancia, incluso de su gestación, porque hay un texto del embarazo que está en biblioteca Visor. Pero, bueno, lo dejamos ahí, porque no sé si Javier quiere hablar de otros temas, porque, si no, seguiríamos en esto toda la tarde.

JAVIER: En el fondo, sigue relacionado con el tema, porque creo que da para hablar muchísimo, para extenderse muchísimo en este tema. Y, de hecho, es algo que habéis nombrado al menos, de forma directa o indirecta, los dos. Y es, primero con esa metáfora que decía Andrés, que te atribuía a ti, Eduardo, sobre el reloj de arena, también sobre esas sensaciones, esos acordes, que cuando nace la criatura a uno le vienen esos recuerdos que vienen de una vez, y creo que hay un concepto que quizá, en vuestras dos últimas obras al menos, se vislumbra, y es el de *vulnerabilidad*. Cómo el nacimiento —como es, también, habitual— de un hijo viene, de alguna forma, con esta fragilidad, esta vulnerabilidad a la que el padre o la madre —pero, en este caso, el padre— se ve sometido. Y me pregunto, ¿qué importancia creéis que este concepto de lo vulnerable, de lo frágil, ha adquirido a partir del nacimiento de vuestros hijos en vuestra obra? Ya, en el método, por un lado, como habéis hablado, pero también a la hora de narrar. ¿Qué importancia tiene? O si ha tenido, o sigue teniendo, más importancia.

ANDRÉS: Creo que tiene una importancia enorme, pero me da hasta pudor la otra parte de la frase, «nuestra obra». En el fondo, es lo de menos. En nuestra vida, creo que hay un par de experiencias esenciales en alguien que escriba —y no solo en alguien que escriba, sino en alguien que viva— que tienen que ver con la enfermedad y la muerte de los seres queridos, y con la llegada de nuevos seres queridos. Esas dos puertas son clásicas a la hora de empezar a hablar el idioma de la vulnerabilidad. Yo siento que mi vida, en realidad, cambió en este sentido con las respectivas enfermedades de mi madre y de mi padre, además, con resultados disímiles y con un intercambio de roles en la mitad. Lo cual fue aterrador y fascinante de analizar, en otro sentido, porque primero enfermó mi padre. Hablo de enfermedades cuando yo era muy joven, casi un adolescente; es decir, cuando en teoría no estás preparado para afrontarla, aunque creo que nunca se lo está. Y, claro, creí que iba a perder a mi padre. Y mi madre y yo cuidamos a mi padre. Tenía problemas cardíacos. Y, entonces, todo mi escenario y toda la cadena de significación de mi angustia del futuro tenía que ver con la pérdida de mi padre. Sin embargo, la vida, que es narrativamente perversa, hizo que mi madre, que en ese momento se suponía que estaba bien, cayera gravemente enferma. Poco después, mi padre y yo la cuidábamos. De modo que el cuidado pasó a cuidador y viceversa —con más o menos velocidad—. Mi madre murió, en este caso, de un cáncer. De manera que yo me quedé huérfano por el lado que no esperaba, y, al mismo tiempo, el personaje que yo consideraba frágil ha sido el que me ha ayudado a sostener toda la situación. Entonces, esto que ocurrió hace muchos años, hace más de veinte años, creo que ya me había introducido, me había entreabierto la puerta de pensar la vulnerabilidad y la fugacidad no como un tema o una circunstancia, sino como el punto de partida de todo, incluido de la forma de adjetivar, de todo. Ahora —como digo, veinte años después— la experiencia de nuestro hijo, claro, te abre otras puertas. En este caso, algo que es en principio luminoso y esperanzador como un nacimiento, también detecta vulnerabilidades por todas partes. Sin duda, en primer lugar, la vulnerabilidad del cuerpo de la madre. Cuando se habla de poner el cuerpo en algo, ponerle el cuerpo al amor, bueno, creo que la gestación y la experiencia de las madres no necesita ni siquiera esa metáfora, porque es una encarnación literal de eso. Y creo que se puede aprender mucho en el acompañamiento de ese proceso, hasta donde sabemos o nos han enseñado a acompañar. Ese también sería otro tema. Pero también está la vulnerabilidad de la criatura recién nacida, que es todo vulnerabilidad y todo necesidad de cuidados. Y eso te pone en un lugar extraño. En nuestro caso, al menos como padres, es que te hace pensar inevitablemente en todas las limitaciones, debilidades, dudas y miedos que este personaje padre —que se supone que debería ser cuidador— tiene. De manera que la desprotección del protector o el cuestionamiento de qué sería un protector o un cuidador, creo que es una vivencia diaria para cualquiera que tenga una criatura en la casa. Y creo que si uno tiene una ética Clint Eastwood de la vida —que por suerte no es mi caso, creo—, puede tratar de eludir la vulnerabilidad o mostrarla estratégicamente en momentos sensacionales. Pero, durante la crianza, no puedes elegir los momentos, no puedes decidir ocultarlos, porque es el pan de cada día. Todo el tiempo, el campo de juego de la crianza es la vulnerabilidad. Ya la posibilidad de la educación clásica masculina, demostrar u ocultar, esto se diluye, porque no hay nada que ocultar, no se puede ocultar, es como que el suelo por el que pasas es delgado y quebradizo, de forma que necesariamente eso te hace revisar, por ejemplo, tu personaje poético —si hablamos de la escritura—, su punto de vista o incluso las funciones de la mirada omnisciente. Y ni que hablar de lo que decía Eduardo, que me parece lo más importante, que es el análisis empático, la introspección de lo propio, la empatía y la comprensión, el análisis de los otros también.

EDUARDO: Andrés, yo no sé, ¿lo tuyo cuando salió? ¿En tres, en cuatro meses?

ANDRÉS: Sí, en mayo.

EDUARDO: ¿Te preguntaron mucho sobre la vulnerabilidad y este género de literatura? Porque mi libro salió la semana pasada y fue tema recurrente en todas las entrevistas. No solo la vulnerabilidad, sino especialmente la falta, por la carencia de este tipo de libros escritos por padres. Hay muchos libros y yo no había caído en la cuenta de que hay un vacío en la literatura hispana de este tipo de tratos, de un padre que escribe sobre su hijo. Y nuestros libros se dialogan. Así que, en ese sentido, me encanta que así sea porque tú y yo llevamos años dialogando en muchos planos, y ahora estamos dialogando en este.

ANDRÉS: Antes nos hacían hablar de la extranjería.

JAVIER: Ya llegará, a lo mejor, la extranjería. Ya llegará.

EDUARDO: Ya llegará. Ya llegará la extranjería del que está perdido en España y tal. O sigamos hablando de nuestros hijos y no les demos tiempo para esa pregunta, ¿qué te parece? Entonces, lo vulnerable. Yo empecé a escribir así, yo no sé otra manera de escribir que abriéndome. Este es simplemente una continuación de esa apertura cuando me siento a narrar algo. Pero de lo que sí me di cuenta es —quizá lo tenía medio vislumbrado antes, pero cuando nació mi hijo lo vi claramente— de al mundo terriblemente machista al que lo hemos traído. Pondré dos ejemplos —y, seguro, Andrés, tú tendrás los tuyos—. Mi padre no podía entender cómo un papá cambiase pañales: «Eso es trabajo de la mamá, ¿qué está haciendo usted cambiándole pañales a su hijo?» o «lo iba a recoger al colegio, cuando su trabajo es trabajar, su trabajo es otro, no es ese». Un día, yo tenía a Leo sentado en el regazo y lo estaba acariciando, así, en el brazo. Y un tío —no tan mayor— de mi hijo, me dice: «Si seguís, le vas a sacar brillo». O sea, a mí me pareció muy interesante su chiste. No, que no hay que mostrar eso en público.

ANDRÉS: Qué tristeza, ¿no?

EDUARDO: Muy triste, muy triste. Además, es una persona que yo quiero mucho y admiro mucho, pero su comentario fue muy… Fue un ejemplo de esto, de la actitud que el hombre debe tomar, no mostrar amabilidad como hombre ni mucho menos como escritor. Y venimos de ese mundo. O sea, yo recuerdo a mi abuela, por ejemplo —mi abuela siria, que era de Alepo—, contarme —ella me contaba todo el tiempo— que su padre (o sea, mi bisabuelo) jamás le permitió darle un abrazo o besarlo: solo podía besarle la mano. O sea, venimos de una tradición y mis abuelos también. Mis abuelos, ambos, el polaco y el libanés, siempre había una distancia y, especialmente, física, de ellos. No mostrar el amor que posiblemente —y seguramente— sentían hacia mí. Pero estamos en un mundo machista; o sea, estamos introduciendo a nuestros hijos en este mundo machista, y estamos escribiendo en ese mundo machista. Y estoy seguro de que las lecturas, algunas lecturas, de nuestros libros van a demostrar eso. Yo no sé si te ha pasado a ti.

ANDRÉS: Sí. Te estoy escuchando con muchísimo interés, y un poco, también, de estremecimiento. Porque, digo, todavía hoy, sé que esto que me cuentas en el pasado era muy habitual, pero que todavía hoy sea objeto de recelo la afectividad con una criatura pequeña es desolador.

EDUARDO: Es desolador.

ANDRÉS: En mi caso, me gusta mucho lo que dices del cambio de pañales, y me voy a detener un poco en eso. Yo, como sabes, vengo de una familia que, por parte paterna, comparte mucho con la tuya en cuanto a orígenes, relación conflictiva con el judaísmo, migraciones, desarraigos. Tenemos mucho en común. Pero debo decir que, en cuanto a la demostración del afecto, mi padre era —y es, por suerte— un hombre muy afectuoso físicamente, cariñoso, además. En mi familia los hombres hemos sido muy cariñosos siempre. Y eso no era, en teoría, un problema. No estamos a salvo del patriarcado —para nada, el patriarcado te atrapa por algún lado, y si no es por este es por el otro—, pero lo que sí me interesa es lo de los pañales porque, fíjate que tú decías que, de algún modo —si no te entendí mal—, la paternidad te había permitido acercarte, reconciliarte, con tu padre. Estoy simplificando, claro, porque no es que uno se vaya a reconciliar, pero, por lo menos, te hizo verlo con una cierta comprensión. A mí me ha pasado casi el proceso inverso, curiosamente. Y es que me han aparecido como reclamos, lagunas, que yo no sabía que tenía. Como en mi casa el personaje de mi padre era un hombre cariñoso, etcétera, entonces había reclamos que yo nunca le había hecho. De pronto, cuando mi padre nos preguntó cómo se cambiaban los pañales para poder cambiarle los pañales a sus nietos —cosa que me encanta que haga—, yo pensé: «Ah, ¿cómo? ¿No me cambiaba los pañales?». Pensé: «Pero ¿cómo? ¿Cómo que no sabes cambiar pañales?». Además, no dijo: «Bueno, no me acuerdo, hace mucho tiempo», no, dijo algo como: «Bueno, me tienes que enseñar a hacer esto». Entonces, yo sentí, de pronto, un enojo retrospectivo. Diciendo: «¿Cómo? ¿En una casa como la nuestra?» —que tenía ciertas convicciones, en teoría, un poco menos tradicionalistas—,«¿qué quiere decir que no sabes cambiar pañales? ¿Cómo puede ser eso?». No le dije eso, pero me enojé internamente. Mientras una parte de mí se enojaba o se sentía poco atendida —hace 45 años, fíjate qué absurdo—, otra parte de mí se conmovía y se sentía agradecida de que a la edad de mi papá él quisiera aprender a cuidar y a criar mejor. Es como que se abrió un horizonte conflictivo hacia atrás y de esperanza hacia adelante. Y en cuanto a lo otro, creo que —de nuevo— hay pocos libros, sobre todo, que tengan que ver con la relación entre hombres y bebés. Estoy insistiendo en los bebés porque mi hijo acaba de dejar de ser un bebé. No lo digo tanto por mi situación, sino porque sí hay padres en la literatura —y esto es más que nada por los hijos—, sí hay padres hablando de sus hijos, también, pero creo que hay poca literatura sobre eso, de cambiar pañales, de cortar uñas, que es uno de los capítulos de mi libro que más me interesaba escribir, porque, de pronto, trataba de acordarme de algún referente del que pudiera agarrarme y no podía recordar un solo poema, una sola escena de un libro de un hombre haciendo algo que, por lo que veo ahora al menos, es bastante más común de lo que creemos, que es que los padres se encargan de cortar las uñas a las criaturas. No sé si hay algo simbólico ahí del manejo del daño. Pero en las parejas a mi alrededor es más común de lo que yo imaginaba que el padre asuma, cuando la criatura es un bebé, la tarea de cortarle las uñas. Y me parece que estos pequeños misterios que encierran muchas preguntas afectivas, ideológicas, no son y no han sido abordadas tradicionalmente en la literatura. No solamente, como decía, por el reparto de roles tradicionales, que es obvio, sino por otra cosa también, que es ¿qué es lo que la literatura, lo que el canon literario, ha considerado digno de ser escrito? Porque claro que había padres que cambiaban pañales antes. No eran el 50 %, en relación con la madre, pero pongamos que sí había una pequeña legión honrosa de padres que toda la vida cuidó, durmió, dio de comer, pero ¿por qué se escribía poco y se hablaba poco sobre eso? ¿Por qué no se ha considerado un gran tema? ¿Estábamos muy distraídos hablando de Kant? ¿Era más importante el imperativo categórico? ¿Era algo que se hacía pero no se decía? Así pues, la cuestión no es solamente cómo cambian nuestras costumbres como padres y escritores, sino cómo cambia el foco, qué es lo que es digno de ser narrado. Y a mí, de pronto, ahora me dan muchas ganas de escribir sobre estas cosas. Y supongo que eso sí forma parte de un proceso histórico.

EDUARDO: Sí, sí, muy interesante. Yo no corto uñas. Yo no corto uñas porque digamos que su mamá tiene mejor destreza fina que yo. Hay ciertos roles, Andrés. Ese es uno de ellos. Pero yo soy el cocinero. Es decir, yo soy el que lo alimento, por ejemplo, que tampoco es un rol muy tradicional que el padre sea el que cocina. Pero hay un rol muy interesante y es que mi hijo se volvió mi cuidador. Me explico, me explico. Tú ya lo sabes, yo viajo muy mal, me mareo muy fácil en coches, en aviones, en barcos. Así, mi hijo, que no heredó eso, desde hace años adoptó, aceptó, su rol de cuidador de papá en todo viaje. Y se sienta a mi lado, me agarra la mano y me va cuidando. Es extraordinario.

ANDRÉS: Es hermoso.

EDUARDO: Es hermoso. De verdad lo hace con seriedad, no es un juego para él. Y es una seriedad que seguramente irá creciendo, porque me lo voy a llevar en mis viajes. Necesito ese cuidador en el avión que me ayude a llegar a salvo al destino. Una pregunta, antes de que Javier nos haga la próxima. Tú y yo escribimos estos libros que acabamos de publicar, ¿seguís escribiendo sobre tu hijo? Contesto yo y luego contestas tú. Yo no. Estos textos los terminé hace un año o dos, como a un año de escribir el último, que sucede en Berlín, donde termina el libro, y de pronto me cambié y estoy tratando de escribir otra cosa. Estoy terminando una novelita corta. Lo uso como ejemplo, porque, como mi hijo sigue metido en esta novelita corta, o sea, ya no tiene nada que ver con él, es otra cosa, pero de pronto te lo cuento como ejemplo. Él estaba en casa un día, tomando fotos —aprendió a usar el móvil para tomar fotos—. No sé, tomaba una foto a su pie, una foto a su mano, una foto a la calvicie de papá.

ANDRÉS: Los grandes temas.

EDUARDO: Los grandes temas, especialmente la calvicie de papá, eso es un tema muy importante y de mucha preocupación en su futuro, si heredó o no la calvicie del papá. No creo. Bueno, vi las fotos y recordé algo que había olvidado: mis primeras fotos cuando yo era niño. Yo tenía, tal vez ocho años, siete u ocho años, cuando mis padres me regalaron una cámara de estas que son un botón. Y lo primero que hice fue salir al jardín de casa. Esto es a finales de los 70. Tú naciste en el 77. Era el 78 o 79, porque ya en la guerra civil ya estaba ahí; es decir, ya había soldados por todos lados, ya había peligro, ya había las bombas, etcétera. Yo estoy en el jardín, con mi cámara, y me metí en un arenero que teníamos en el jardín, que era un neumático de camión pintado de rojo. Y tenía soldaditos de metal en los bolsillos. Y empecé a poner a los soldaditos de metal en la arena y a tomarles fotos. Yo sabía, yo tenía en mi cabeza, una historia que quería contar con esos soldaditos y estaba fotografiando las escenas de la historia. Yo había olvidado esto. Corro a casa, le entrego la película a mi mamá para que la revele, la revela. Una semana después, entró a mi cuarto, furiosa, furiosa. Y esto es lo que yo había olvidado; yo creo que decidí olvidarlo. Estaba fuera de sus casillas mi mamá, tenía las fotos en la mano y las estaba sacudiendo, así, mientras me gritaba, y me decía: «¡Qué desperdicio!». Y yo no entendía. No entendía, ¿desperdicio de qué?, ¿de película?, ¿de cámara?, ¿de imaginación? Y las tiró a la basura. Y era una historia que yo quería contarle a ella y que ella no recibió, pero todo esto lo tenía olvidado. Forma parte, es un capítulo, de lo que estoy escribiendo ahora. Entonces, mi hijo no está en este nuevo libro.

ANDRÉS: Pero puso en marcha esto.

EDUARDO: Pero puso en marcha esto, por esto que yo te decía, de ver nuestra infancia, de ver hacia atrás. Que el hijo puede servir casi como espejo retrovisor en ciertos casos. ¿Tu hijo sigue estando o no sigue estando? Yo sé la respuesta, pero te la pregunto igual.

ANDRÉS: Comentaste antes cómo tu hijo te toma la mano en los viajes y te protege. Me conmovió muchísimo eso. A todos los niveles, no solamente por la escenita en sí que nos describías, que es adorable, sino por la repercusiones también a mayor escala que tienen. Porque, dentro de los roles o de los estereotipos paternos que la literatura nos ha dado en general, yo he contabilizado sobre todo tres tipos de padres —igual que se sabe que los personajes femeninos tradicionales son putas, brujas o santas—. Los padres clásicos suelen ser: terribles, bíblicos, como el padre de Kafka; el padre ausente, que es probablemente el que más historia, más narrativa, ha generado…

EDUARDO: Como la mía.

ANDRÉS: Como la tuya y un tal Pedro Páramo que ciñe la literatura mexicana. Quiero decir, el padre ausente es el punto de partida de muchísima obra artística, el fantasma que daña por omisión, y después está el padre heroico, el padre salvador, el padre que provee todo, provee la seguridad nacional, por así decirlo. Es un padre muy Hollywood este último padre, que a mí me irrita profundamente, solo es posible si el padre adopta el lugar de la ley. La ley que, en el caso del héroe, es restaurada. De este modo, el padre heroico que parece ser menos tóxico que el ausente, o el bíblico, que es tóxico a un nivel más sutil porque enseña un modelo donde la vulnerabilidad —que es de lo que estábamos hablando— no es posible o es como mucho un problemita pasajero, el héroe deja escapar una lagrimita, un momento, pero por supuesto va a terminar encarnando la fuerza. Por eso, pienso que, muchas veces, el lugar que los padres han adoptado, incluso avalándolo con toda clase de teorías pedagógicas, que tiene que ver con que un padre no puede ser un amigo, que se dice mucho, con que un padre está para enseñar lo que está bien y lo que está mal. El querer encarnar la ley tiene que ver con el pánico, con la propia vulnerabilidad, y la ley no duda. Ese es un lugar, en un punto, muy cómodo, porque te exime de la propia vulnerabilidad. Cuando tú dices que tu hijo te toma la mano, que alguien podrá pensar: «Bueno, es que el señor debería estar cuidando a su hijo, no al revés», a mí me parece que le estás enseñando, aunque no sea tu intención. O mejor dicho, tu hijo está aprendiendo. Porque el que sepa que su padre no es un héroe, sino un señor frágil y neurótico como todos, como todas las personas de este mundo, y que necesita ayuda aparte de cuidar o alimentar, me parece que condiciona su relación con el prójimo. Es muy bueno que sepa que su padre no es ni fuerte, ni heroico, ni autosuficiente. Así, me parece extraordinario ese nivel, también el nivel del rol que implícitamente le enseñas. Yo te lo quería decir porque yo también trato de hacer eso con mi hijo con ese tipo de cosas. Y me parece que, en el buen sentido, que conozca la fragilidad del padre —y ni que hablar, por supuesto, de la madre— es parte de su educación y no solo de encontrar un lugar de mayor bienestar para nosotros. Sigo escribiendo sobre mi hijo. Fíjate que sí, e involuntariamente, porque *Umbilical* tomó más o menos un año, un año y pico de escritura. Me interesaba empezar con el embarazo, durante el embarazo. El libro empieza con la primera ecografía y termina cuando mi hijo se empieza a poner en pie. Digamos que va de la gestación a lo bípedo. Me interesaba ese arco cronológico, primero porque no se suele escribir sobre cómo vivimos los hombres el embarazo, qué pensábamos, qué sentimos, qué tenemos. Desde el lugar que nos corresponde, o sea, no hablar en nombre de la madre, sino desde el lugar que nosotros tenemos o podemos ocupar, y contar esa parte. Bueno, que la está viviendo Javier ahora, de la intensidad de todo, de estar al límite físico, emocional y también sensorial. Pero cuando se cerró el libro, yo no necesitaba seguir tomando notas, pero no he podido evitar hacerlo, porque muchas veces no es que no teníamos tiempo de escribir. Que es cierto, pero creo que lo que cambia es el espacio mental, porque cuando dormimos por fin a mi hijo, le damos de cenar, lo bañamos, lo acostamos… Y yo que soy un noctámbulo, en teoría, podría quedarme unas horas «en paz» (entre comillas), pero durante el primer año de vida de nuestro hijo, cuando me quedaba, en teoría, «en paz», estaba no solamente tan exhausto, sino tan conmovido y tan removido, que lo único que podía era sentarme en el sofá, mirar al techo y tratar de asimilar lo que me estaba pasando. Y ese tiempo que, en teoría, sí tenía ahí, se me escurría por falta de espacio interior. Yo estaba, digamos, tan ocupado por el aprendizaje de la paternidad que no entraba nada más. Ese espacio de tiempo, pero también de espacio, y, sin embargo, he seguido tomando notitas, no sé si con el propósito de publicarlas o no, es lo de menos en este momento. Por ejemplo, ayer escribí sobre la obsesión que tiene mi hijo por las campanas. Tan obsesionado está y tanto le gustan, como si supiera que hay algo trascendente en esos sonidos, a pesar de que no vive en una familia para nada religiosa. Esto es lo curioso. ¿Viste que una criatura es detectora, a veces, de los arquetipos junguianos? Que no entran por la casa, entran por otro lado. En casa no vamos a la iglesia, en teoría no nos interesan las religiones como fenómeno cotidiano o moral, y, sin embargo, él sabe que las campanas, que en las campanas viaja algo superior. No solamente persigue todas las campanas que se va encontrando —que esto supongo que es común—, sino que nos suplica que le pongamos videos de campanas todo el tiempo. Entonces, nuestra casa se ha convertido en un campanario. Y, claro, estamos saturados auditivamente de las campanas, y yo ya las escucho permanentemente. Pienso: «Bueno, estas son las campanas de la alerta a la emoción y la trascendencia de la paternidad repiqueteando veinticuatro horas al día». Y, bueno, me producía curiosidad su curiosidad, y justo el otro día escribí un parrafito sobre eso. No sé qué haré con ese párrafo, no importa.

EDUARDO: Qué bonito. Lindo.

JAVIER: Veo cómo se relaciona en este caso y, más que nunca, la pregunta es si la vivencia íntima, la experiencia de ser padres, se refleja en la literatura. Creo que la mezcla va en los dos sentidos. Por lo que contáis, es imposible, a veces, diferenciar qué es ficcional y qué es biográfico, de alguna de las formas, cómo se conjuga. Y me interesaba mucho eso, que en parte decíais los dos y que Andrés ha tratado de clasificar: ¿qué tipo de paternidad, qué tipo de paternidades o qué tipo de padres ha contado hasta ahora la literatura hispanoamericana? ¿Y cuáles son aquellos que aún quedan por narrar? ¿Qué tipo de padres? ¿Qué tipo de personajes padres aún quedan por narrar? ¿Y cómo se puede contribuir, de alguna forma, a normalizar esas nuevas paternidades que vemos día a día en las nuevas generaciones? O al menos, poco a poco, de otra forma. ¿Cómo puede contribuir la literatura a eso?

EDUARDO: Yo no sé si tengo una respuesta. No. Sé que no tengo una respuesta porque no es un tema que yo tenga ni reflexionado ni visto. Los padres que mencionaba Andrés, estos tres grandes arquetipos que tenemos clarísimos, siempre han estado ahí y seguirán estando ahí. Cuáles hacen falta, poco me importa. Porque, si es que escribo más sobre este tema, sobre el tema de la paternidad, lo haré desde un punto de vista muy íntimo y muy personal. No buscando ese vacío, no buscando qué pide la literatura, ni qué quiere la literatura, ni qué le hace falta a la literatura, sino qué me hace falta a mí. Ya sea —posiblemente, aún más— ver hacia arriba, ver hacia mi padre; o sea, porque ya vi hacia mi hijo y ahora yo creo que toca o tocaría, quizá, revisitar la figura de mi propio padre, de alguna manera. Pero más que eso, no sé. Andrés, ¿tú?

ANDRÉS: No, yo coincido en una parte de lo que dices, que es que la literatura responderá de manera no programática a esto. Pero creo que la literatura va a reflejar esto no porque sea una voluntad o una ansiedad sociológica, sino porque es casi una fatalidad histórica. O sea, va a pasar, está pasando. Mira esta conversación. O sea, insisto, tú y yo hemos tenido millones de mesas redondas sobre temas igualmente interesantes, pero sobre los que ya habíamos hablado, del extrañamiento, de la lengua materna, del dialecto materno, del estar en dos orillas y en ninguna, he sido un latino en Estados Unidos y en Europa, un europeo y un gringo aquí, etcétera, etcétera. O sea, hay muchas cuestiones sobre las que hemos conversado y no terminaremos nunca de conversar y que, de hecho, se pueden cruzar. Ahora, me gustaría decir algo sobre eso. El tema de la paternidad y el tema del conflicto, de la pertenencia, pueden unirse, pero, para no perder el hilo, creo que de manera natural este tipo de conversaciones se van a dar, sí. Es curioso que se estén dando, porque hijos se han tenido siempre. Desde una mirada conservadora, se podría decir: «Bueno, ¿qué tiene de especial si hijos ha habido siempre?». Sí, claro, pero no paternamos igual que en la Edad de Piedra. Esa es la cuestión. Tampoco maternamos igual. Y lo que quería decir es que me parece que hay un posible diálogo interesante entre la literatura de las llamadas o autodenominadas «malas madres» que, a grandes rasgos, podríamos entender quizá como la rebelión ante el mandato colectivo de cómo es o cómo debe ser una madre. Así, ante eso, ante esa presión, hay una saturación, una protesta, una dimisión, una contestación fuerte. A mí me interesa mucho el fenómeno de las autodenominadas «malas madres», y me interesa mucho la literatura de las personas sin hijos porque he sido casi toda mi vida una de ellas. Y es curioso que lo que parecería opuesto, en realidad creo que es complementario. Y es la literatura, entonces, de los padres vulnerables, de los padres que crían, y que, desde la vulnerabilidad, creo que eso tiene en común con las malas madres, la desobediencia al mandato tradicional. Hay una desobediencia emocional que de un lado se manifiesta en el hartazgo de la madre que todo lo puede o todo lo hace, y, al mismo tiempo, la necesidad y la curiosidad del padre de indagar en un costado de su, llamémosla de algún modo, masculinidad, que la tradición se ha encargado de barrer debajo de la alfombra sistemáticamente. Creo que eso. Pero no es que yo crea que se necesita o se debe, creo que va a pasar y está pasando. Es como una especie de movimiento colectivo que tiene que ver casi con una inercia social. Además, creo que, desde ese punto de vista, sí se podría improvisar una respuesta, en este sentido. Pero lo que quería decir —antes de pasar a los últimos temas y como de puerta de entrada quizá a otras temáticas— es que, en mi caso —no sé en el tuyo, Eduardo, que en tu casa son una pareja gringo-hispana— tenemos una familia porteño-andaluza. Entonces, claro, a la hora de criar a tu hijo, él está escuchando dos acentos. Tú eres bilingüe, pero en tu vida cotidiana hablas español. Él está escuchando dos acentos muy distintos de la misma lengua. Él sabe que su madre no tiene el mismo acento que su padre.

EDUARDO: Lo tiene, sí, lo tiene. Si tú te acuerdas que es guatemalteca. Igual, o sea, el acento de casa es español. Es el mismo, más o menos.

ANDRÉS: Es el mismo. ¡Ah!, okey. Pensé que ella tenía un poquito más de habla. Bueno, entonces, en tu caso el tema podría ser, ahora que están en Berlín, dónde se pone esa otra lengua. Él tiene el tema del alemán ahora, igual que tú tienes el tema del inglés y del español. Tú tienes una relación, y tu pareja también, con España, es a eso a lo que me refería. De manera que ustedes son como una familia muy desarraigada en cuanto a cuál es nuestro lugar. O sea, ¿es Guatemala? ¿España? ¿Alemania? ¿París? Han estado en diversos lugares, han hablado francés, alemán, etcétera. Tu hijo ha estado expuesto a muchas lenguas. Y eso le va a trasladar una pregunta acerca del desplazamiento, del desarraigo, que ha estado en toda tu literatura cuando no eras padre. A eso me refería. Y del mismo modo que nosotros, en mi caso, sí tenemos una familia muy hispanoargentina. Mi pareja es andaluza. Además, es poeta, con lo cual, esto además ha sido descrito por ella muchas veces. Yo, cuando le quiero decir cómo se llama una fruta o una prenda de ropa o cualquier cosa, se me bifurca el idioma inmediatamente, y vuelvo a un conflicto que yo había tenido de niño, que es la sensación de extranjería con respecto a mi lengua materna. Esto ya no es un problema solo mío, o en mi escritura, que yo he ido encontrando como un artefacto literario para hacer algo con eso, sino que es una duda de crianza. Y me veo todo el tiempo diciéndole: «¿Quieres que vayamos a los columpios (que en Argentina se dicen 'hamacas')?». Todo el tiempo necesito decirle la palabra argentina, además de la española. Y mi hijo, aparte de dejarme gloriosamente huérfano de nuevo, me ha vuelto a extranjerizar. Yo me percibo a través de su oído y su mirada. En este sentido, también un hijo arraiga. Por un lado, me siento mucho más unido de Granada y a Andalucía que nunca. Yo siempre pensé salir, pensé: «Bueno, en algún momento tengo que ir a Argentina o a algún otro lado». He vivido en muchos países además de Argentina, pero siempre en Granada, y ahora, de pronto, Granada es la tierra donde nació mi hijo. Y ese es un vínculo poderosísimo, pero al mismo tiempo ese hijo me va a devolver una imagen mía de extranjero que hacía mucho tiempo que yo no tenía en España. No sé si esto es un tema para ti.

EDUARDO: Un tema enorme. Y me encanta que lo hayas traído a cuenta. Hace unos días me preguntaron, estando en Madrid, si la paternidad finalmente me haría sentir arraigado a algo. Porque mis doctoras lo saben. Tú lo sabes. Este es mi vagar por el mundo, esta es mi diáspora permanente. Lleva mucho tiempo atrás, mucho tiempo, desde mi infancia que estoy flotando por todos lados, que no me siento en casa en ninguno. Y es un tema que yo había llevado, aparentemente, bastante bien. O sea, no con demasiada carga, por lo menos no conscientemente. Seguro que por debajo sí, pero conscientemente, el no tener una tierra daba igual. Y no solo el ser padre no me ha arraigado más, sino que me ha arraigado menos. O sea, jamás me he sentido más desubicado. Estoy en Berlín, una ciudad minada para un judío. O sea, no podría estar en un lugar más extraño. Pero mi hijo nació en Nebraska, vivió un año en Nebraska, vivió un año en Iowa, un año en París, un año en el sur de Francia, un año en Berlín. Habla cuatro idiomas: el inglés, de nacimiento; el español, en casa; el sistema francés, dos años en el cole; y, ahora, alemán. O sea, esta sensación de permanente desarraigo se la estoy heredando a mi hijo, estoy educándolo en ese mismo *lungo drom*, como dicen los gitanos, ese largo camino que no termina nunca. Y me pesa, me pesa porque yo sé que es algo que yo quería evitarle. Yo quería mi Granada, que tienen ustedes, yo quería darle esa seguridad de una ciudad y de una casa y de una tierra propia. «Hecha tus raíces, mi hijo.» Y no se lo he dado, le he dado lo opuesto, le he dado mi misma infancia. Sí, es un tema que me…

ANDRÉS: Qué interesante. Mi temor es el contrario.

EDUARDO: ¡Es el contrario!

ANDRÉS: Su mamá es de Granada. Él, de momento, es andaluz. Mi pregunta es: ¿cómo hago? Sin desarraigarlo, porque para mí el desarraigo fue una fuente de sufrimiento. Digamos, yo sí tuve una casa y la perdí, por así decirlo. ¿Cómo? ¿Qué hago para, sin desarraigarlo, abrirle un puente? Un puente que lo conecte con la relativización del lugar y con la extranjería que estaba dentro de su familia y de su historia familiar. No solamente por mí, sino por la inmensa mayoría de ancestros. Esto lo hemos hablado alguna vez. Mis cuatro abuelos eran argentinos, pero mis ocho bisabuelos eran extranjeros.

EDUARDO: Lo sé.

ANDRÉS: Esto lo hemos hablado mucho. Desde que publicaste *El boxeador polaco,* hemos hablado mucho de estas cuestiones. El paso que hay entre los ocho bisabuelos extranjeros, entendiendo por extranjeros no nacidos en el país de origen, y los cuatro abuelos que ya, sí, hay una narrativa entera. ¿Cómo conectar a Telmo? Que se llama Telmo por el barrio de infancia…

EDUARDO: San Telmo es tu barrio, ¿no?

ANDRÉS: Por supuesto. Pero también porque es el santo de la gente del mar y de la música, y de inmigrantes y músicos ha estado llena mi familia. Si nos escucha algún andaluz, podrá añadir que el palacio de San Telmo es el lugar del Gobierno de la Junta de Andalucía. Digamos que San Telmo está ahí, por muchos lugares, digamos que su nombre fue una manera de decir: «Bueno, si algún día quieres conocer la historia de tu nombre, tienes un posible puente». No como una obligación, ni como un mandato, ni como un destino, pero sí como un puente por cruzar. Así pues, mi duda es, sin violentar, sin forzar, ¿cómo hacer para comunicarle que su papá no viene de donde él viene, y gestionar eso como una riqueza y no como un conflicto? Yo mismo a veces le hablo de *tú*, a veces de *vos*. O sea, no sé cómo hablarle a mi hijo. Esto me devuelve a la adolescencia, cuando estaba en el puto instituto de Granada y no sabía cómo hablar. Ahora sí, ya sé cómo hablar, en el sentido de que hablo argentino contigo, con vos, e ibérico con mi gente de España. Pero a mi hijo no le puedo hablar al mismo tiempo de dos maneras, es sumamente confuso. En este sentido, estamos aprendiendo a hablar juntos, me digo yo.

EDUARDO: Bien, y tienes que llevarlo a San Telmo. ¿O ya lo llevaste?

ANDRÉS: Todavía no, porque es muy chico. Quiero que lo recuerde. Pero estoy deseando que llegue el momento. No sé, tres, cuatro años, y que tenga uso de memoria, ¿no?

EDUARDO: Sí, estamos en el mismo tema de los opuestos. Veremos. Vamos a tener parte dos en algunos años, de esta conversación, y revisitamos. ¡Ah!, y recuerda que no solo sé la historia de tus abuelos, sino que una de ellas está en monasterio, de salvarse a través de dónde viene el Neuman.

ANDRÉS: De cambiar el nombre.

EDUARDO: De cambiar el nombre, ¿te recuerdas?

ANDRÉS: Por supuesto.

JAVIER: Si os parece, por cuestiones de tiempo que ya habíamos hablado antes de comenzar esta conversación que ha ido como yo me imaginaba de manera muy fluida y espontánea, conectando un tema con otro, con esa idea también de sin yo sacar el tema del desarraigo haber sacado vosotros, cómo se puede dar el uso del desarrollo (o no) a los hijos y cómo seguirá (o no) en las siguientes generaciones. Os doy muchísimo las gracias a los dos, Eduardo Halfon y Andrés Neuman, por esta tan interesante y enriquecedora charla, por este diálogo. Y espero que podamos tener la ocasión de seguir conversando y alargando esta conversación en otro momento, quizá de manera presencial, sería todavía más interesante. Me despido, y os doy de nuevo las gracias, y también a los organizadores. Si queréis añadir algo más, aquí os doy las últimas palabras.

ANDRÉS: No, que para mí ha sido un gozo compartir conversación con ustedes, con Eduardo y contigo, Javier. Muchas gracias, Gonzalo, por organizar eso. Y mi último turno de palabra casi lo emplearía, si es que hay un minuto, en romper el protocolo, porque tengo mucha curiosidad por saber cómo el doctor Ferrer está gestionando o va a gestionar la cuestión lingüística. Dado que tú también tienes esta cuestión ahora en tu casa, ¿no?

JAVIER: Sí. Bueno, la cuestión germano-hispana es todavía más complicada, pero, sí, se ve también como decíais los dos. Y se seguirá viendo. Cómo se van mezclando palabras, como decía Andrés. Más aún ese arraigo de palabras que había perdido, que utilizaba en España y no utilizo aquí, y que uno intenta inculcarlas de una forma, volver a la memoria y llevarla a esa pequeña criatura. Ese conflicto.

EDUARDO: Javier, pero tú sí hablas alemán.

JAVIER: Sí, yo hablo alemán con mi pareja, y español con el niño y ella alemán. Pero con mi pareja, sí, alemán.

EDUARDO: En este caso, Andrés, en casa se ha dado un término muy interesante —y termino con esto— y es que alemán no habla nadie más que mi hijo. Ya habla alemán, entonces él es nuestro traductor. Y le gusta, se siente empoderado, porque tiene su idioma que no habla ni mamá ni papá.

ANDRÉS: El que ejerce un rol sensacional, revolucionario, en tu hijo, que es enseñarle a hablar a su mamá y a su papá. Me parece maravilloso. Fíjate, eso es algo que le compensa el desarraigo, de algún modo, porque ese desarraigo le permite ocupar lugares que no son convencionales.

EDUARDO: Sí. O sea, no es todo malo con el desarraigo. Hay mucho en el moverse, en el desplazarse, que le va a quedar. Es cuatrilingüe este niño. Entonces, el alemán en casa es su espacio: él lo domina, él manda en ese espacio, es su reino. Y, bueno, me sumo a los agradecimientos, ha sido maravilloso, Andresito, como siempre. Esta es nuestra nueva versión de *lobby*. No contaremos qué es eso, pero…

ANDRÉS: No, no, cuéntalo.

EDUARDO: En festivales, que es donde más coincidimos con Andrés, o coincidíamos antes de la pandemia, uno está muy ocupado. Entonces siempre quedábamos en el *lobby* al final del día, a la noche, para poder tomar algo y charlar en privado. Se volvió nuestra rutina. «Hacer *lobby*», le decíamos.

ANDRÉS: Y decíamos «*lobby* judío» y la gente que lo escuchaba descontextualizadamente se sentía escandalizada. Y a veces ofendida, sin sospechar a qué nos referíamos realmente. «Hacer *lobby* judío» era que Eduardo y yo nos juntáramos en el *lobby* del hotel a tomar un *whisky* y a hablar de nuestras raíces judías.

EDUARDO: O sea, que esto ha sido la versión *online* de nuestro *lobby* judío, sin el *whisky*.

JAVIER: Así es. Bueno, pues, espero que pronto podáis tomaros un *whisky* y seguir con esa tradición de ese *lobby* judío. Y nada más. Y, una vez más, os deseo todo lo mejor y hasta espero que sea más pronto que tarde. Gracias.

EDUARDO: Gracias.

ANDRÉS: Gracias, un abrazo fuerte.

# Costuras atlánticas: cantar el mar desde Galicia

## GUADI GALEGO

### Conducido por **Teresa Cuíñas**

*La tercera edición del festival «Paris ne finit jamais» llega a su fin de la mejor manera posible, con música, con «Costuras atlánticas», que tiene mucho que ver con la poesía y que nunca pierde de vista el horizonte marino que se divisa desde la costa de Galicia, el* finis terrae *europeo. Así es el cancionero de la compositora gallega Guadi Galego, que se dio a conocer dentro del grupo fusión de* World Music *y música tradicional gallega Berrogüetto, y que obtuvo una nominación a los Grammy Latinos en 2002, en paralelo a diversos proyectos musicales. En el marco de su carrera en solitario, ya ha firmado un EP y cinco discos. El penúltimo,* Immersion, *publicado en 2019, reinterpreta varios temas de su repertorio reciente con la suma de alguna pieza inédita, y en siete lenguas de la península ibérica. Por esta obra recibió el Premio a la Promoción de la Realidad Multilingüe del Estado Español que otorgan las comunidades autónomas españolas adheridas al protocolo de colaboración en materia de política lingüística. Su sexto trabajo verá la luz a comienzos del año que viene y, por el momento, ya ha dado a conocer* Alegoría, *una de sus nuevas composiciones.*

TERESA CUÍÑAS: Gracias, *grazas,* por acompañarnos, Guadi Galego.

GUADI GALEGO: ¡Hola!

TERESA: Guadi, precisamente, esta primera canción, este adelanto es una adaptación de un poema de la autora gallega Antía Otero, de quien ya tomaste prestados otros versos en tu disco anterior, *Costuras,* publicado en 2020. ¿Qué tiene la poesía de Otero que regresas a ella?

GUADI: Estoy encantada de estar en este festival, que me representa por todo lo que tiene que ver con la poesía y, en este caso, con la música. En cuanto a mi vinculación con Otero, yo creo que a pesar de que Antía es bastante más joven que yo —como casi diez años, ella acaba de cumplir los cuarenta y yo tengo cuarenta y ocho—, me siento muy representada porque la veo como coetánea. Sus poemas tienen mucho que ver con el espíritu de mi música, pero están escritos por una poeta. Por lo tanto, yo no podría escribirlos así, porque yo no soy poeta. Con los años me he dado cuenta de la diferencia entre escribir canciones y escribir poemas. No tienen mucho que ver. Ocurre con los poemas de Antía: algunos son poemas y algunas pueden ser canciones. Es decir, algunos poemas pueden ser canciones y otros no, en el caso de Antía.. Yo soy capaz de conectar con el espíritu de la poeta, incluso con su lenguaje. Está en mi lengua, de una manera bastante asequible para mí, y yo creo que para el global. Y meterme en su espíritu y ser capaz de musicarlos —que no es, a veces, fácil—, pero a mí con ella me resulta fácil.

TERESA: En el marco de la programación de este festival, «París ne finit jamais», hemos tenido la oportunidad de atender a la conversación, que queda ya para la posteridad de los archivos de este evento cultural, entre el investigador Rubén Pujante y el poeta Antonio Gamoneda, quien definió la oralidad como esencia primigenia de la poesía. Este paradigma, Guadi, parece el puente perfecto para que los versos caminen hacia las melodías. Así, ¿qué es lo que te lleva de una cosa a la otra? ¿Qué crees que es lo que conecta el verso y la melodía? ¿Qué los distingue? Parece que tú tienes clara esa distinción.

GUADI: Yo me he forjado en la música tradicional de mi país, compuesta en versos octosílabos, cuartetas de versos octosílabos, y he adaptado muchísimas canciones a ese formato. Es decir, a la rima en el segundo y en el cuarto. Ese tipo de oralidad es muy sencilla para musicar. Rosalía de Castro, que tiene muchísimos poemas que están basados en esa oralidad, es fácil de musicar. Lo difícil es cuando te vas a poemas que no tienen que ver con esa rima, sino que la rima es interna, o que no hay una medida exacta. Pero yo sí estoy de acuerdo con la precisión de Gamoneda, absolutamente.

TERESA: Guadi, a este lado de la página y del altavoz, las canciones y los poemas no solo hablan de nosotros y de nosotras, sino que hablan por nosotros y nosotras. En tu caso, ¿qué función cumple la poesía o la literatura en general en tu vida y en tu carrera? Si es que se puede hacer una distinción, entre estos dos ámbitos, en tu caso.

GUADI: Yo lo dije el otro día en un evento. Me han dado un premio por la difusión de la lengua gallega. La poesía y la música tienen una función que a mí me parece importante, que es conectar con la emoción del que la lee, del que la escucha. Ser capaces, desde esa emoción, pasar a una reflexión, creo que ese es el objetivo de cualquier músico, música o poeta. Es decir, es la belleza, pero ahí hay un contenido que te emociona porque está basado en esa belleza, o que conecta con las emociones. Pero luego está el segundo paso, que es la reflexión de lo que se dice, cómo se dice y por qué se dice. Para mí, esa es la función de todo esto, cuando el texto tiene mucho peso.

TERESA: Guadi, estás a punto de comenzar una nueva etapa marcada por el fin de la gira. *Costuras,* tu último disco hasta la fecha, y el lanzamiento de uno nuevo, que es el sexto en tu carrera en solitario, ¿se trata de un descanso para renovar fuerzas?

GUADI: Se trata de una necesidad, ya no solo para renovar fuerzas, sino parar para tragar y para pensar cómo quieres volverte a situar en el panorama, lo que quieres decir, cómo lo quieres decir y cómo lo quieres transmitir. Esto está un tanto distante de los criterios de la industria, o de lo que todo el mundo hace. ¿Por qué todos vamos por el mismo camino y tenemos que ir en la misma dirección? Hacerlo a tu manera, con tu gente, cómo lo sientes y cómo crees que debe decir las cosas o transmitirlas. Porque mi próximo disco es un disco denso, creo que bastante profundo, y la manera de comunicarlo es fundamental para conectar con la gente. Entonces, estoy en esta película, que no es fácil.

TERESA: Cada disco tuyo es, sin duda, una evolución. En el anterior vimos una transición también hacia los sonidos de tipo más electrónico. Fue una sorpresa encontrar esa sonoridad en tu repertorio. Acabas de decir que el próximo va a ser un disco denso. La profundidad es marca de la casa. Pero ¿qué otras cosas más nos aguardan? Prepáranos un poco para la próxima escucha del siguiente álbum.

GUADI: Yo creo que es un disco denso, necesario, con un contenido de letras muy especial. Y yo creo que tiene lo que tienen mis discos, que necesitan varias escuchas, mucha emoción y una importante reflexión. La gente que escucha mis discos, este disco en concreto, que yo os he dado a compañeras, lo hace, y me han dicho exactamente eso. Y aprecio, pues, me han dicho exactamente eso. Yo creo que es un disco que necesita varias vueltas. Es un vinilo, además. Ponerlo varias veces y ponerte un café, o lo que cada uno quiera beber, y darle unas escuchas para entrar en ese mundo que es un poco experimental. No es un disco de pop, como tal.

TERESA: En el recital con el que nos vas a obsequiar y que, como avanzamos al comienzo, clausura la tercera edición de este festival, vas a estar acompañada por Guille Fernández, que es guitarrista. Yo creo que es tu mano derecha, de alguna manera, compañero ya desde los tiempos de Berrogüetto.

GUADI: Sí, hace veinticinco años que somos compañeros en este camino. A veces nos separamos para crear, y luego nos volvemos a juntar para reproducir. Y, bueno, para vivir, sobre todo para vivir. Me va a acompañar Guille, en un formato que es casi inédito, porque no lo hacemos casi nunca, que es guitarra, piano y voz.

TERESA: ¿Te apetece presentar las canciones de este repertorio que has escogido para esta ocasión?

GUADI: Pues sí. Hemos escogido una versión de Antonio Vega, que yo creo que es un poeta de la canción, que, por desgracia nos abandonó hace unos años, que se llama *El sitio de mi recreo*. Después, un tema de Berrogüetto que se llama *Setestrelo*, que es uno de los temas de mis inicios, que tiene mucho más que ver con la poesía, esa que conecta directamente con la oralidad. Es una Guadi que tiene veintidós años cuando hace este tema, por lo tanto, no es la misma que ahora. *Matriarcas*, que es uno de mis temas estrella que, como dicen aquí, no es como el tema más popular que tengo en mi repertorio. Es un canto de amor a las mujeres de mi vida, que está conectado con la maternidad directamente, cuando yo fui madre, y que tuvo su polémica en su momento. Ese posicionarse. La maternidad te revuelve y te inclina, si puede ser, más hacia la balanza de las mujeres. Y *Balada de verano*, que es un tema también vinculado al amor propio, a la reivindicación de ser lo que somos sin querer buscar ningún tipo de perfección, sino buscando el ser dentro de la propia imperfección de ser mujer y de vivir en este mundo en el que estamos.

TERESA: Pues, no demoramos más el momento de encontrarnos con tu voz y con tu música, con vuestra música. Muchísimas gracias. Muchísimas gracias, Guadi Galego. También a Guille Fernández, por este regalo maravilloso con el que, ahora sí, concluye la tercera edición del festival «Paris ne finit jamais». Y a todos ustedes, gracias por su atención y su interés durante todos estos días. Muchas gracias.

*Agradecimientos*

*Nuestro más profundo agradecimiento a todas aquellas personas e instituciones que han contribuido a la realización de este festival, pues, sin ellas, no habría sido posible.*

*Un especial agradecimiento para Yolanda Castaño, Teresa Cuíñas y Álvaro Rebón, por su gran implicación en este festival.*

*Muchas gracias a todas las personas que han intervenido en todas y cada una de las sesiones que nos han acercado al goce y el placer de la literatura, que nos han mostrado la vinculación de esta con otras artes y que, desde París, nos han ayudado a descubrir nuevos horizontes para hacer de este mundo, un mundo mejor.*